Falls Du ein Smartphone besitzt, kannst Du Dir gratis die UrbMap App downloaden. Dort sind alle Karten abrufbar, und Du kannst im Notfall kontrollieren, ob Du auf dem richtigen Weg bist!
www.urbmap.at

Die Informationen in diesem Buch wurden mit größter Sorgfalt erarbeitet und recherchiert. Dennoch können Fehler nicht vollständig ausgeschlossen werden. Verlag und Autorin übernehmen keine juristische Haftung für eventuell verbliebene Fehler und deren Folgen.

1. Auflage März 2016

Autorin: Melanie Knies
Grafikdesign: Jine Knapp
Lektorat: DI Mag. Johanna Maria Niklas und Loris Knoll
Coverfoto-Vorderseite: ©ksuksa - Fotolia.com, Rückseite: ©Rita Kochmarjova - Fotolia.com
Pläne aus Vorlagen der OpenStreetMap-Mitwirkenden/www.openstreetmap.org
Für deren Richtigkeit wird keine Haftung übernommen.
Druck und Bindung: GRAFIČKI ZAVOD HRVATSKE d.o.o., Zagreb, Croatia
ISBN: 978-3-902999-04-7

Kommentare und Fragen gerne an: Rittberger+Knapp OG, Kranzgasse 18, 1150 Wien, info@wildurb.at.

www.wildurb.at
www.rittbergerknapp.com

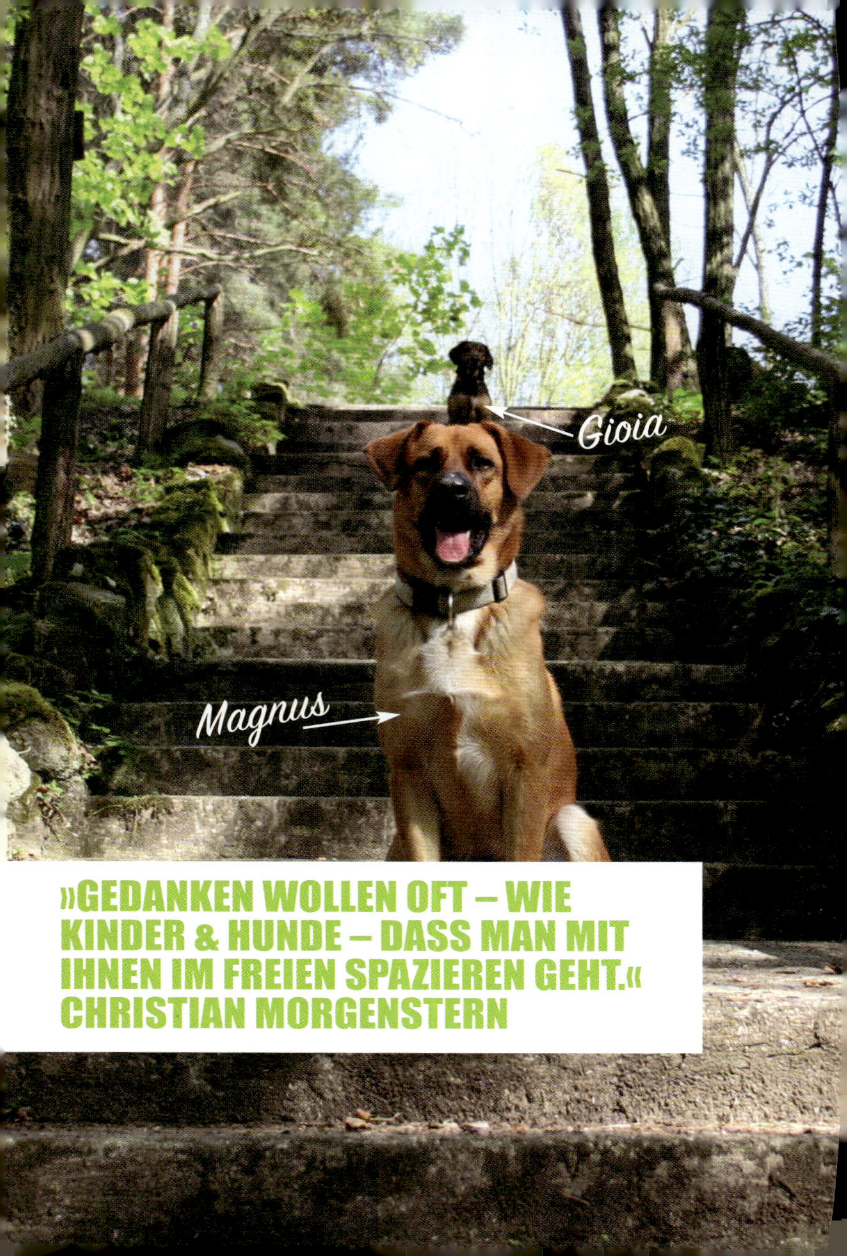

»GEDANKEN WOLLEN OFT – WIE KINDER & HUNDE – DASS MAN MIT IHNEN IM FREIEN SPAZIEREN GEHT.«
CHRISTIAN MORGENSTERN

LOS GEHTS!

ABENTEUER GASSI GEHEN

»Entschuldigung, wissen Sie, wem dieser Hund gehört?« Verständnislose Augen blicken mich an. Das liegt zum einen daran, dass die Einwohner von Afythos auf der Chalkidiki im wunderschönen Griechenland relativ wenig deutsch sprechen. Zum anderen liegt es daran, dass der Hauptsächlich-Schäferhund-Welpe neben mir einer von zahlreichen Streunern auf hellenischen Straßen ist. Wem soll der schon gehören? Niemanden.

Falsch. Ab sofort gehörte dieser Hund mir, hieß Tayo und reiste mit mir von Griechenland über Deutschland bis Portugal, Spanien und Italien. Dort ist er geblieben. Begraben unter einem Olivenbaum mit Blick auf Mittelmeer. Zwei hundelose Jahre folgten, bis die Sardin Gioia bei mir einzog. Und das war gut so. Für mich ist ein Hund die Versicherung, in der schnellen Zeit, in der wir heute leben, nicht zu burnouten, Tempo rauszunehmen, runterzukommen. Wie wunderbar, immer einen Partner an der Seite zu haben, nicht alleine GEHen zu müssen und einen guten Grund neben sich zu wissen, neugierig zu sein, entdecken zu wollen, einfach rauzuGEHen.

In der Hauptstadt ist das Leben mit einem Hund mitunter eine Herausforderung – sowohl für den Zwei- als auch für den Vierbeiner. Sie müssen viel Trubel aushalten – auf den Straßen als auch um ihre »Person«.

Über Vierbeiner wird viel diskutiert, geregelt, verständnislos aber auch verständnisvoll. Aber egal, welche Kuh gerade wieder durch das Dorf getrieben wird: Er ist es wert, der Vierbeiner an Deiner Seite. Der Dich auch im Regen rauslockt, so dass Du den Wald für Dich alleine hast. Der neben Dir durch den See schwimmt, wenn eine gelbe Sonne die Stadt auf 30 Grad aufheizt. Der Dich gleichzeitig zur Weißglut treibt und zur Ruhe zwingt. Für den Du die Verantwortung trägst, auch wenn er mal so tut, als sei er Chef im Ring. Durch den Du im Park neue Freunde gefunden hast. Und der mit Dir zusammen die 16 Touren auf den nächsten Seiten entdecken wird, so dass das Buch Eurer gemeinsamen Erlebnisse um einige Kapitel bereichert wird. Habt ganz viel Spaß dabei.

Eure Melanie Knies

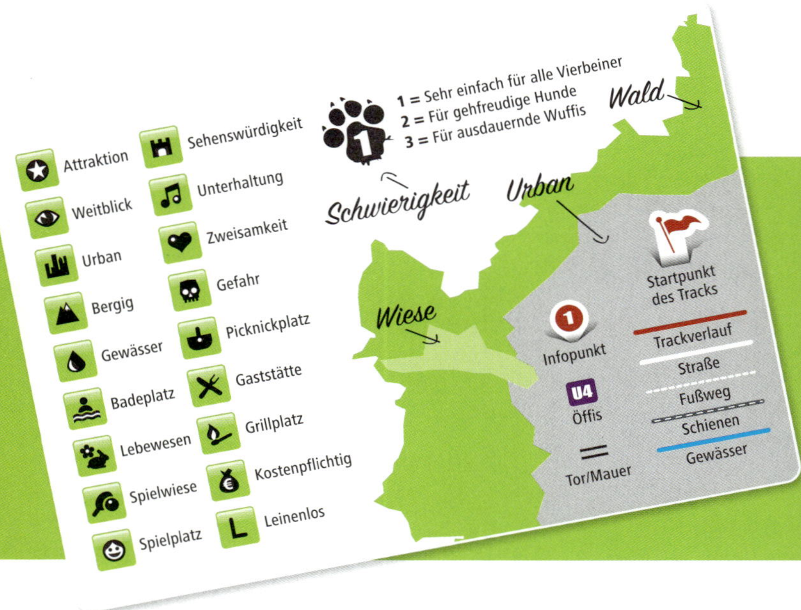

INHALT

TOUREN

THEMEN

SONSTIGES

Übersichtskarte auf Seite 176!

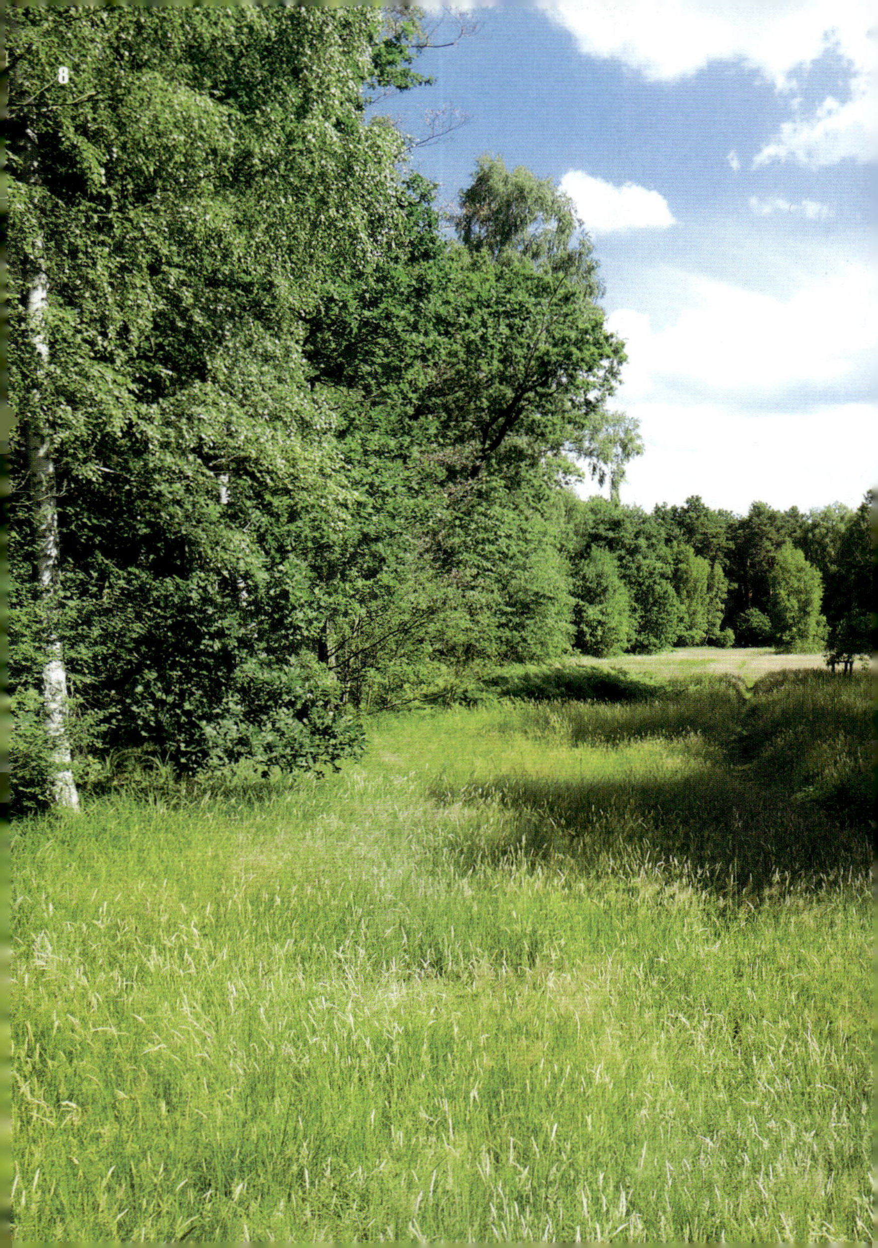

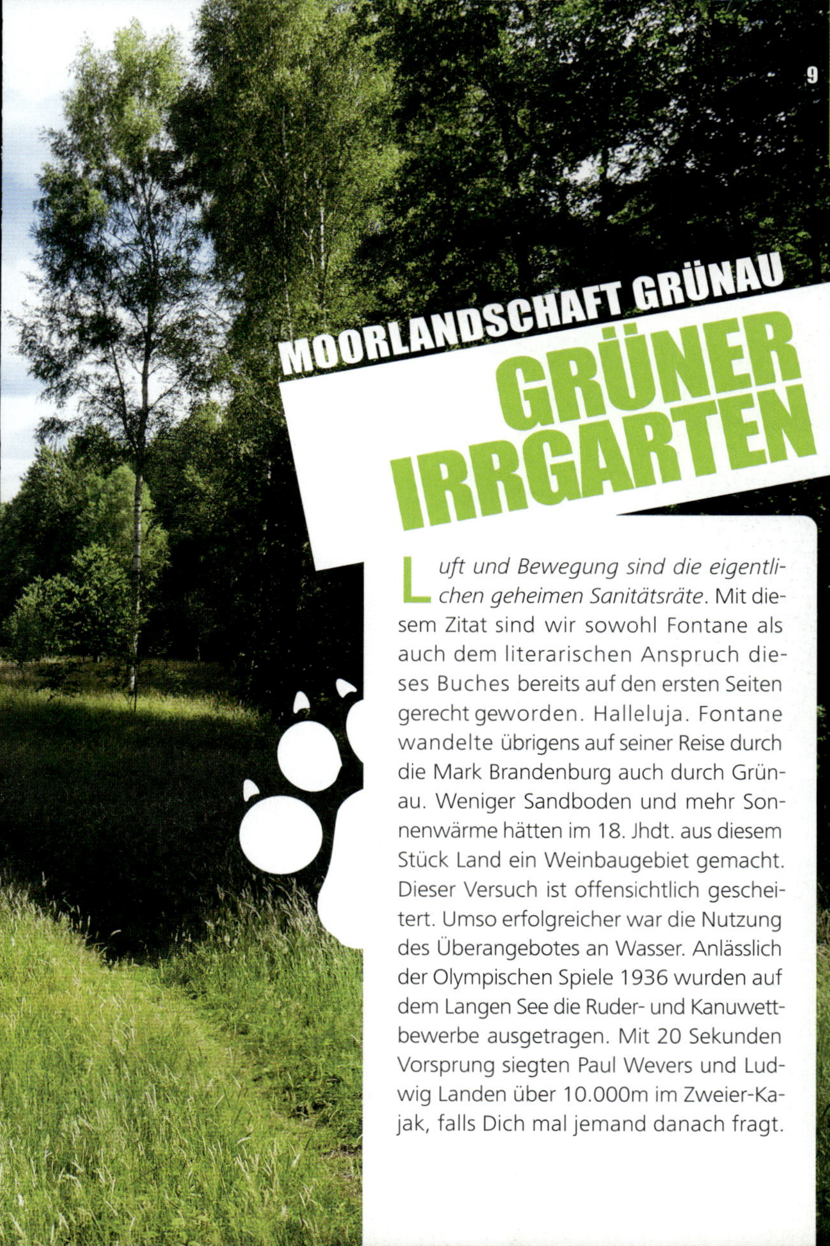

MOORLANDSCHAFT GRÜNAU

GRÜNER IRRGARTEN

Luft und Bewegung sind die eigentlichen geheimen Sanitätsräte. Mit diesem Zitat sind wir sowohl Fontane als auch dem literarischen Anspruch dieses Buches bereits auf den ersten Seiten gerecht geworden. Halleluja. Fontane wandelte übrigens auf seiner Reise durch die Mark Brandenburg auch durch Grünau. Weniger Sandboden und mehr Sonnenwärme hätten im 18. Jhdt. aus diesem Stück Land ein Weinbaugebiet gemacht. Dieser Versuch ist offensichtlich gescheitert. Umso erfolgreicher war die Nutzung des Überangebotes an Wasser. Anlässlich der Olympischen Spiele 1936 wurden auf dem Langen See die Ruder- und Kanuwettbewerbe ausgetragen. Mit 20 Sekunden Vorsprung siegten Paul Wevers und Ludwig Landen über 10.000m im Zweier-Kajak, falls Dich mal jemand danach fragt.

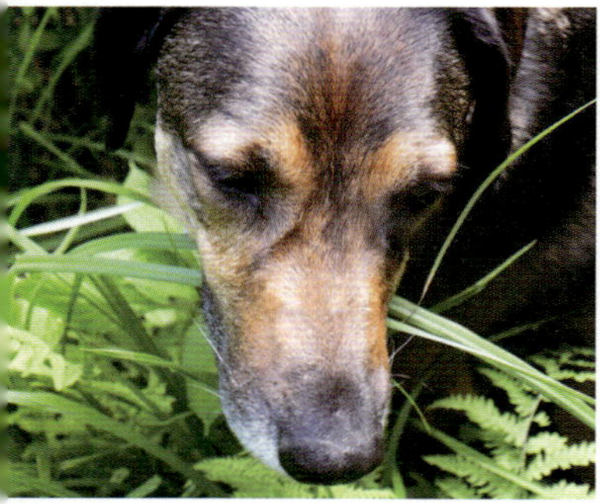

TRACKINFO

Verlauf:	Rabindranath-Tagore-Straße, Waldwege, Krumme Lake, Hanff's Ruh
Art:	Rundwanderung, einfach
Tracklänge:	6,8km
Start:	Rabindranath-Tagore-Straße 20
Öffis:	Tram 68 ➾ Station Regattastraße/Sportpromenade

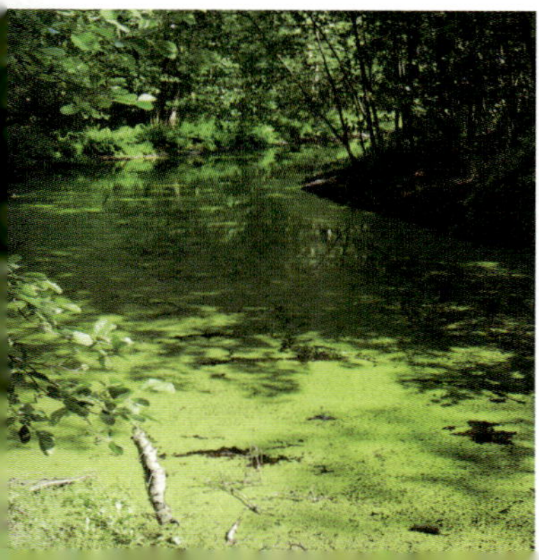

Eine Moorlandschaft zum Schauen und Schnuppern

Wir starten auf dem Parkplatz, der sich in der ersten Linkskurve der Rabindranath-Tagore-Straße befindet. Von hier aus gehen wir den gut befestigten Weg in den Wald hinein Richtung Restaurant Hanff's Ruh, biegen aber nach wenigen Metern auf einen Trampelpfad rechts ab. Dieser Waldweg macht wiederum nach einigen Metern eine Linkskurve, der wir folgen. Ab jetzt geht es immer geradeaus. Nach einiger Zeit verläuft der Geradeaus-Weg etwas versetzt nach rechts und der Wald wird hier dichter. Am Ende dieses Waldstücks kommen wir an eine T-Kreuzung, an der wir links abbiegen.

An der nächsten Kreuzung laufen wir auf dem 2. Weg rechts weiter. Dort steht der Markierungsstein 55/54. Nach einigen hundert Metern geht ein Weg rechts ab, dem wir nun folgen. Im Herbst, wenn der Weg voller Laub liegt, ist er nicht so gut zu erkennen. Nun befindet sich auf unserer linken Seite die Krumme Lake, und das bleibt auch so, bis wir nach einigen Kilometern erneut an eine T-Kreuzung kommen und uns dort für links entscheiden. Wir gehen über die kleine Holzbrücke und die erste Möglichkeit dahinter links auf einen kleinen Trampelpfad am Fließ entlang. Hier steht ein Wasserschutzgebiet-Schild. Wir sind nun auf dem Rückweg und halten uns so eng wie möglich am Wasser. An der 1. Kreuzung gehen wir geradeaus, wenige Meter über die Kreuzung und dann links auf dem Trampelpfad weiter.

Dieser Weg spült uns automatisch auf eine Wiese, auf der ein paar Findlinge einen guten Picknickplatz bilden. Gerade im Sommer macht es Spaß, hier zu verweilen. Am Ende der Wiese plumpsen wir wieder in den Wald, gehen zunächst nach links, bleiben auch über die nächste Kreuzung hinweg auf dem Weg, bis wir die Holzbrücke sehen. Hier führt zwischen zwei großen Bäumen hindurch ein Trampelpfad rechts weg, so dass wir weiterhin rechts vom Fließ bleiben. Hier sind wir dem Wasser manchmal ganz nah, aber denk dran: Sommer + Wasser + Wald = Mücken. Vorsorge ist besser als kratzen.

Irgendwann erreicht der Trampelpfad den Hauptweg, dem wir nach rechts folgen. Wenn Du möchtest, kannst Du hier geradeaus einen Abstecher zum Langen See machen. Wenn nicht, dann geht es die kleine Anhöhe hinauf und gegenüber von dem Baum, der in der Mitte aussieht wie ein Frauenbecken, biegt wieder ein Trampelpfad links ab. Automatisch verlassen wir auf ihm die Lake und kommen an einer Lichtung vorbei. Unser Geradeaus-Weg geht vielleicht zehn Meter rechts versetzt weiter. Auch

HEINRICH THEODOR FONTANE

Fontane hüpfte am 30. Dezember 1819 auf die Welt und zwar in Neuruppin. Wesentlich daran beteiligt waren sein Vater Louis Henri Fontane, Apotheker, und seine Mutter Emilie Fontane. Theodor schritt in die Fußstapfen seines Vaters und ward Apotheker. Von seinen fünf Kindern überlebten drei, von zahlreichen Jobs keiner. Schlussendlich wurde er freier Schriftsteller und reiste u.a. zu Kriegsschauplätzen nach Paris oder Kopenhagen. Zwischen 1862 und 1889 erschienen die fünf Bände seiner Wanderungen durch die Mark Brandenburg, sein umfangreichstes Werk, noch heute von großer Bedeutung. Danke, Fontane.

Wenn Du mit wachen Augen durch die Landschaft streifst, wird Dir die eine oder andere Köstlichkeit begegnen. Manche kannst Du sogar essen. ▼

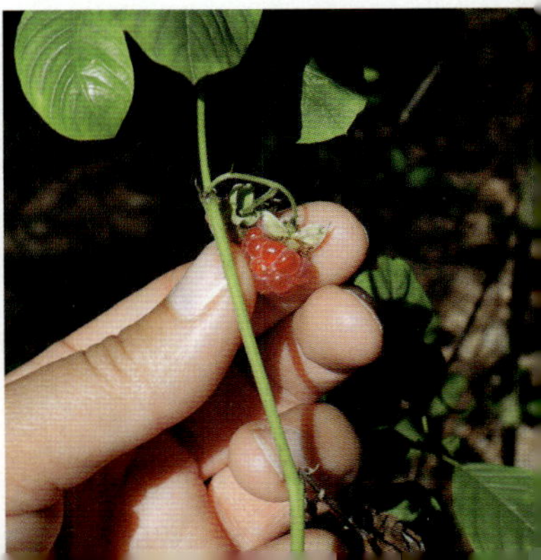

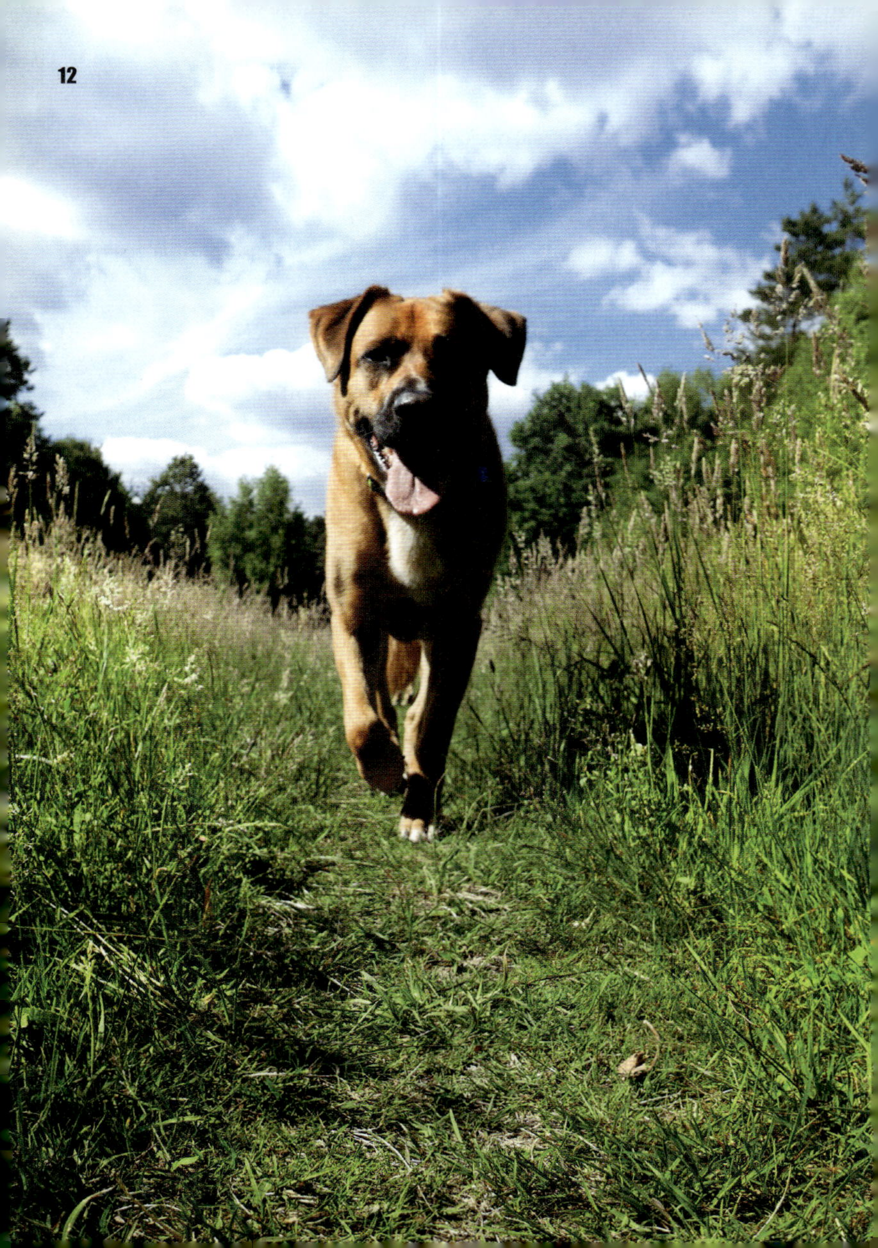

auf diesem Weg können wir nach einigen Metern wieder links auf einen Trampelpfad abbiegen. Das machen wir, ja? Wir umrunden nun diverse Lichtungen, bis wir an eine T-Kreuzung kommen, an der links ein alter Baum mit großer Krone steht. Hier biegen wir links ab, gelangen auf den Hauptweg und auf diesem rechts hinunter zur Gaststätte Hanff's Ruh oder zum Parkplatz bzw. zur Straßenbahn.

Noch mehr Flair

Die Welt im Wald war einen Happen schöner, als Bäume noch mit der Hand gefällt und mit Pferden abtransportiert wurden. Heute brettern Harvester ganz neue Furchen ins Dickicht. Lass' Dich davon nicht ablenken. Die Strecke hat übrigens zu jeder Jahreszeit ihren Reiz. Ich genieße sie aber doppelt und dreifach, wenn im Herbst leichter Nebel über dem Fließ wabert. Spooky.

Umgebungs- & Einkehrtipps

Waldgaststätte Hanff's Ruh
Rustikales mit Selbstbedienung
12527 Berlin, Rabindranath-Tagore-Str. 25
www.hanffs-ruh.com

Bademöglichkeit Langer See
12527 Berlin, Sportpromenade 13-15

Westernrestaurant »Richtershorn am See«: Burger, Line Dance, Otto & Luise, Dogs welcome
12527 Berlin, Sportpromenade 15
www.richtershorn.de

RANDNOTIZ

An einem Spätsommernachmittag: »Polizeinotruf, was können wir für Sie tun?« »Hallo, ich heiße Melanie Knies, stehe mitten im Wald in Grünau und habe einen verletzten Greifvogel gefunden. Alle Stellen, die ich bereits kontaktiert habe, sagten, das wäre Sache der Polizei« »Können Sie den Vogel zu uns bringen?« »NIEMALS!« »Gut, ich schicke einen Wagen.« »Polizeioberwachtmeister Müller, wir sind unterwegs zu Ihnen. Können Sie uns ihren Standort erklären.« »Haben Sie Google Maps?« »Nein!« »Können Sie mich orten?« »Wir sind nicht bei Berlin C.I.S. Können Sie unser Blaulicht sehen?« »Nein. Können Sie mein Pfeifen hören?« »Ja.« »Gut, dann pfeife ich jetzt alle 30 Sekunden, bis Sie hier sind!« Vogel gerettet.

Alte, verstorbene Bäume sind keinesfalls überflüssig, bieten sie doch geschützten Lebensraum für Waldbewohner. Foto ja, Anfassen nein. ▼

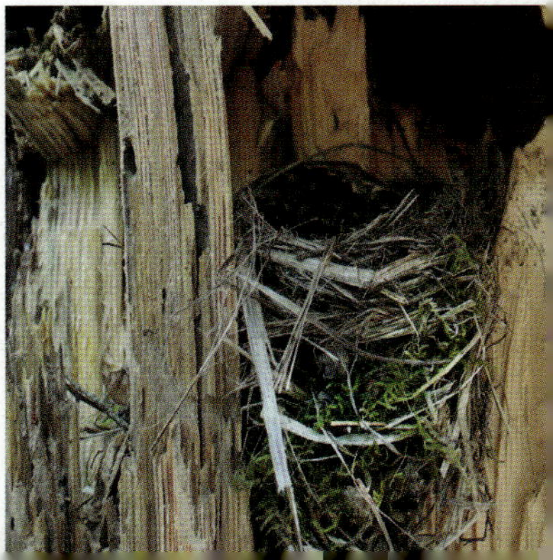

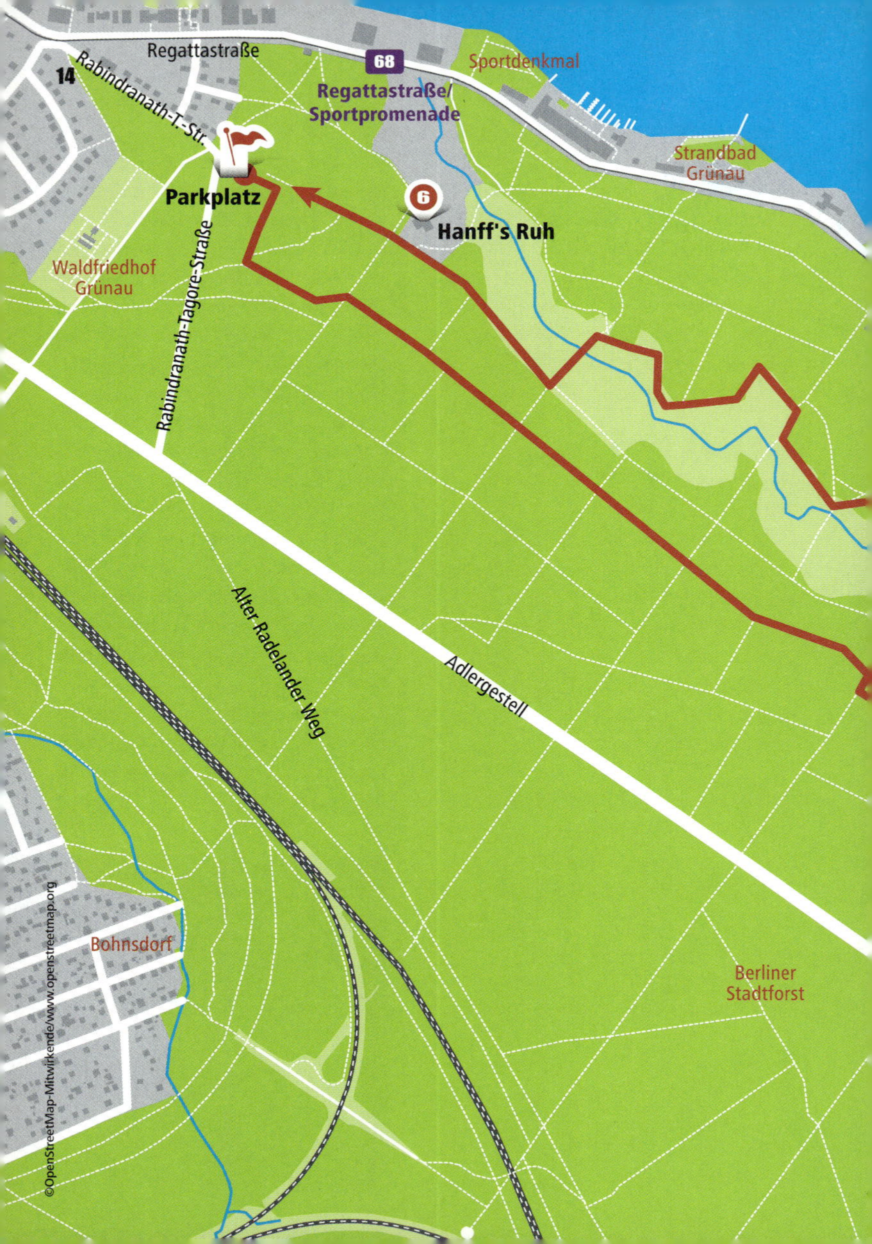
14
Regattastraße
Rabindranath-T.-Str.
68
Regattastraße/
Sportpromenade
Sportdenkmal
Strandbad
Grünau
Parkplatz
6
Hanff's Ruh
Waldfriedhof
Grünau
Rabindranath-Tagore-Straße
Alter Radelander Weg
Adlergestell
Bohnsdorf
Berliner
Stadtforst
©OpenStreetMap-Mitwirkende/www.openstreetmap.org

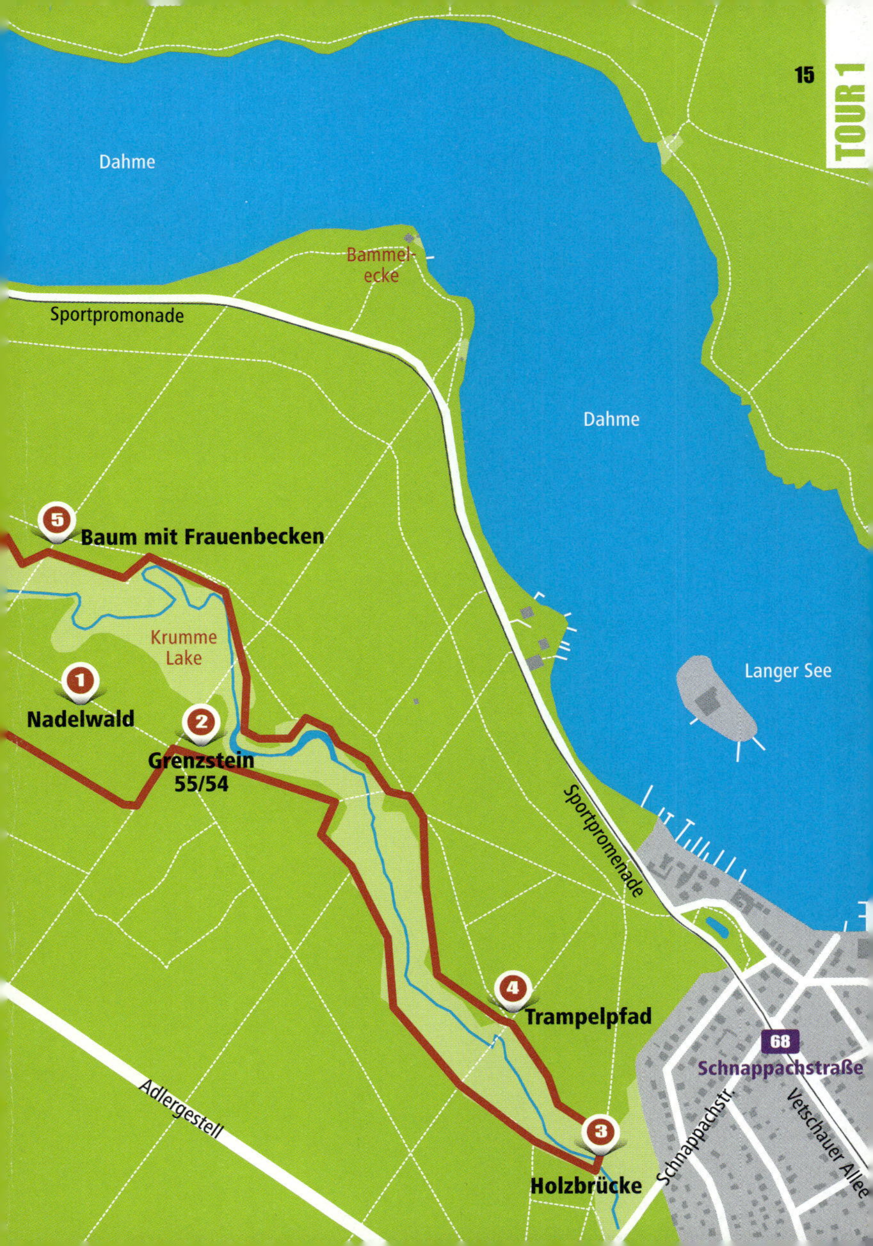
Dahme
Bammel-
ecke
Sportpromonade
Dahme
5
Baum mit Frauenbecken
Krumme
Lake
Langer See
1
Nadelwald
2
Grenzstein
55/54
Sportpromenade
4
Trampelpfad
68
Schnappachstraße
Adlergestell
3
Holzbrücke
Schnappachstr.
Vetschauer Allee

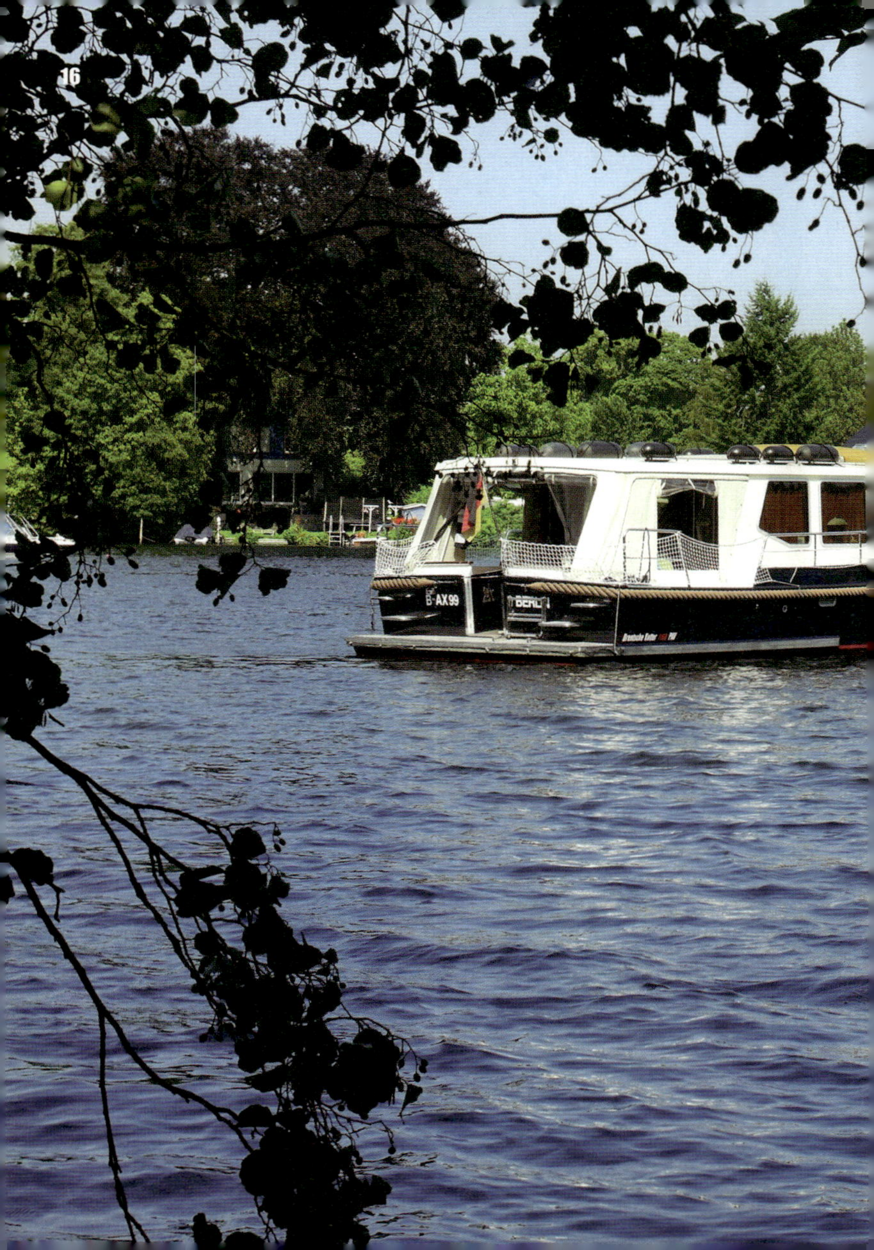
B-AX99

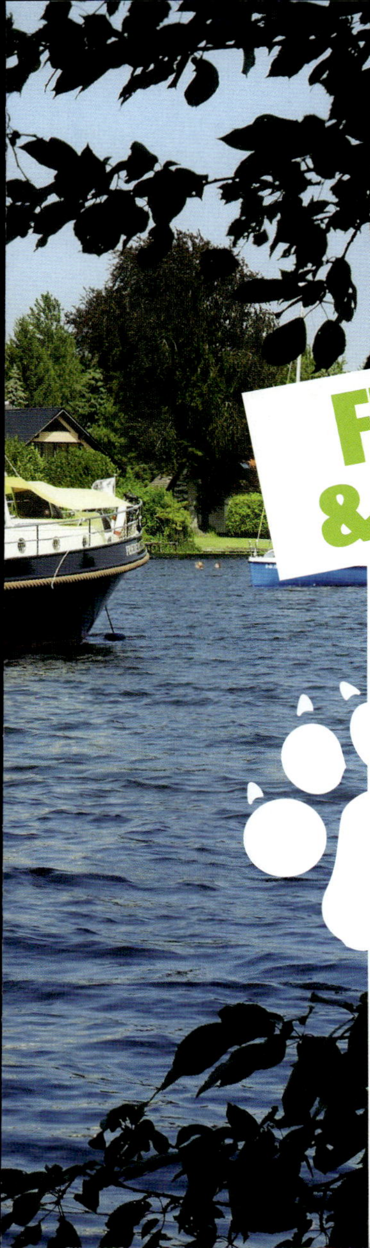

MÜGGELHEIM

FEINER SAND & BLAUER SEE

Eine Landschaft, die man einfach ablecken möchte, so schön. Mich erfreut jede Gassitour, bei der sich Wald und Wiese abwechseln, ein See eine Hauptrolle spielt, ich dem einen oder anderen Hauptstädter durch die Gardinen gucken kann, etwas völlig Überraschendes entdecke, für Leib und Lab gesorgt ist und das Ganze mehr als zwei Stunden dauert. Dafür ist diese Route perfekt.

Wenn sich das Jahr im letzten Drittel befindet oder es die vergangenen Tage viel geregnet hat, dann ziehe unbedingt Gummistiefel oder wasserdichte Schuhe an, sonst bekommst Du auf den Müggelwiesen nasse Füße. Und wenn die Sonne heiß vom Himmel rockt, dann vergiss die Schwimmflossen nicht. Gelegenheit zur Nutzung wird es geben.

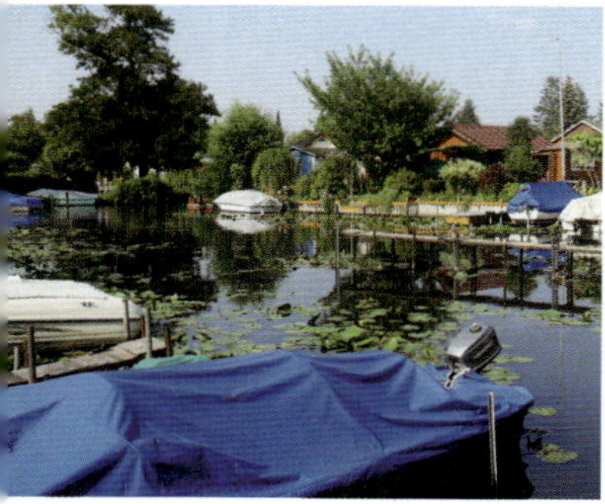

TRACKINFO

2

Verlauf: Müggelhort, kleiner Müggelsee, Krumme Laake, Hinter der Düne

Art: Rundwanderung, mittel

Tracklänge: 9,2km

Start: Straße zum Müggelhort 18

Öffis: Fähre 23 (Sommer) ➔ Station Müggelhort oder Bus X69 ➔ Odernheimer Str.

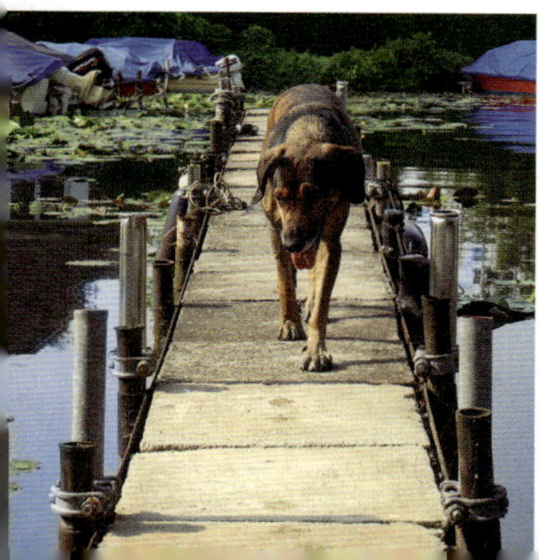

Mit der neugierigen Spürnase durch Müggelheim wandern

Der Track beginnt ein Stück die Straße zum Müggelhort zurück. Auf der linken Seite zweigt nach wenigen Metern ein Trampelpfad ab. Auf diesem wandern wir ganz automatisch am Ufer des kleinen Müggelsees entlang. Am Ende des Uferweges überqueren wir die Düne, nahe am Wasser bleibend, bis wir wieder auf eine asphaltierte Straße treffen. Diese bringt uns zum Restaurant Neu Helgoland. Wir überqueren den Parkplatz. Ein Stück nach links versetzt befindet sich der nächste Trampelpfad, auf dem wir weiter geradeaus laufen. Wenn wir an der Villa Hermine vorbei sind, sind wir richtig. Der Weg trägt uns vorbei am Bauersee wieder auf eine Straße. Dieser folgen wir ein wenig. Links biegt »Zur Fähre« ab. Ein Abstecher wird mit einem Blick nach Rahnsdorf – Klein Venedig – und auf die mit Ruderboot betriebene Fährlinie F24 belohnt. Zurück auf der Straße folgen wir der alten Richtung und sehen auf der linken Seite schon die ersten Müggelspreewiesen. Wir biegen erst hinter dem kleinen Zaun auf die Wiese ab und überqueren diese auf einem kleinen Trampelpfad. Am Ende des Trampelpfads geht es über einen Baumstamm, dann links Richtung Siedlung. Die erste Möglichkeit, Straße 41, biegen wir rechts ab, halten uns rechts und haben dann die nächste Wiese vor uns. Hier geht es nur einmal quer rüber, es gibt keinen Weg. Auf der anderen Seite der Wiese sehen wir einen neuen Hochsitz – unser Ziel. Wenn wir diesen erreicht haben, laufen wir ein paar Schritte daran vorbei. Hinter dem Zaun geht es dann links entlang, Weg und Zaun folgend. Automatisch gelangen wir auf die nächste asphaltierte Straße. Entweder folgen wir dieser ein paar Meter links runter oder wir nehmen den Trampelpfad an den Häusern entlang. Aber Achtung: auf einem dieser Grundstücke lebt ein Rudel Schäferhunde, weder schüchtern noch leise. Die erste Möglichkeit biegen wir links ab in die Siedlung und folgen dem Schild, das uns zu »Dolce Mone« lockt. Nach einer Stärkung folgen wir der Straße weiter Richtung Wasser. Vor der Straßenbiegung geht es an einem grünen Maschendrahtzaun rechts ab, auf einem ganz kleinen Trampelpfad zwischen zwei Hecken hindurch. Am Ende des Weges wartet eine Überraschung: die kleine Insel Walloch. Das Betreten des Hafens ist aber verboten. Ein schneller Blick, ein heimliches Foto und dann sollten wir den Anwohnern ihr Paradies wieder überlassen. Wir verlassen den Ort über den anderen Weg. Nach ein paar Schritten biegen wir links ab, danach rechts. Wir laufen wieder Richtung Straße. Diese gehen wir zurück bis zu der Stelle, an der wir zu »Dolce Mone« abgebogen sind. Dieses Mal geht es hier links in den Wald. Nach

MÜGGELSPREE

Die Spree ist neben der Havel und der Dahme der dritte Fluss, der die Hauptstadt wässert. Sie ist rund 400km lang und davon können ca. 180km mit einem Wasserfahrzeug erkundet werden. Hier im Südosten Berlins nennt sich die Spree mitunter Müggelspree. Diese wiederum ist in drei Abschnitte eingeteilt. Einer davon verbindet den Dämeritzsee, der halb zu Berlin und halb zu Brandenburg gehört, mit dem Großen Müggelsee in Berlin. Er ist der größte See der Stadt. Im Vergleich dazu verfügt der Kleine Müggelsee nur über 15ha Fläche. Er entbehrt Jahr für Jahr Wasser als Trinkwasser und schluckt im Gegenzug einiges aus der Regenkanalisation. Wie sein großer Bruder auch gilt er als anerkanntes EU-Badegewässer.

Ein sonniger Tag in der Müggelspree-Gegend hat etwas von Urlaub. ▼

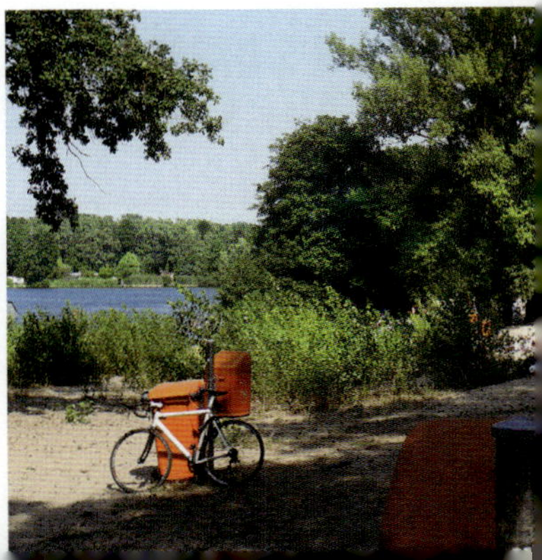

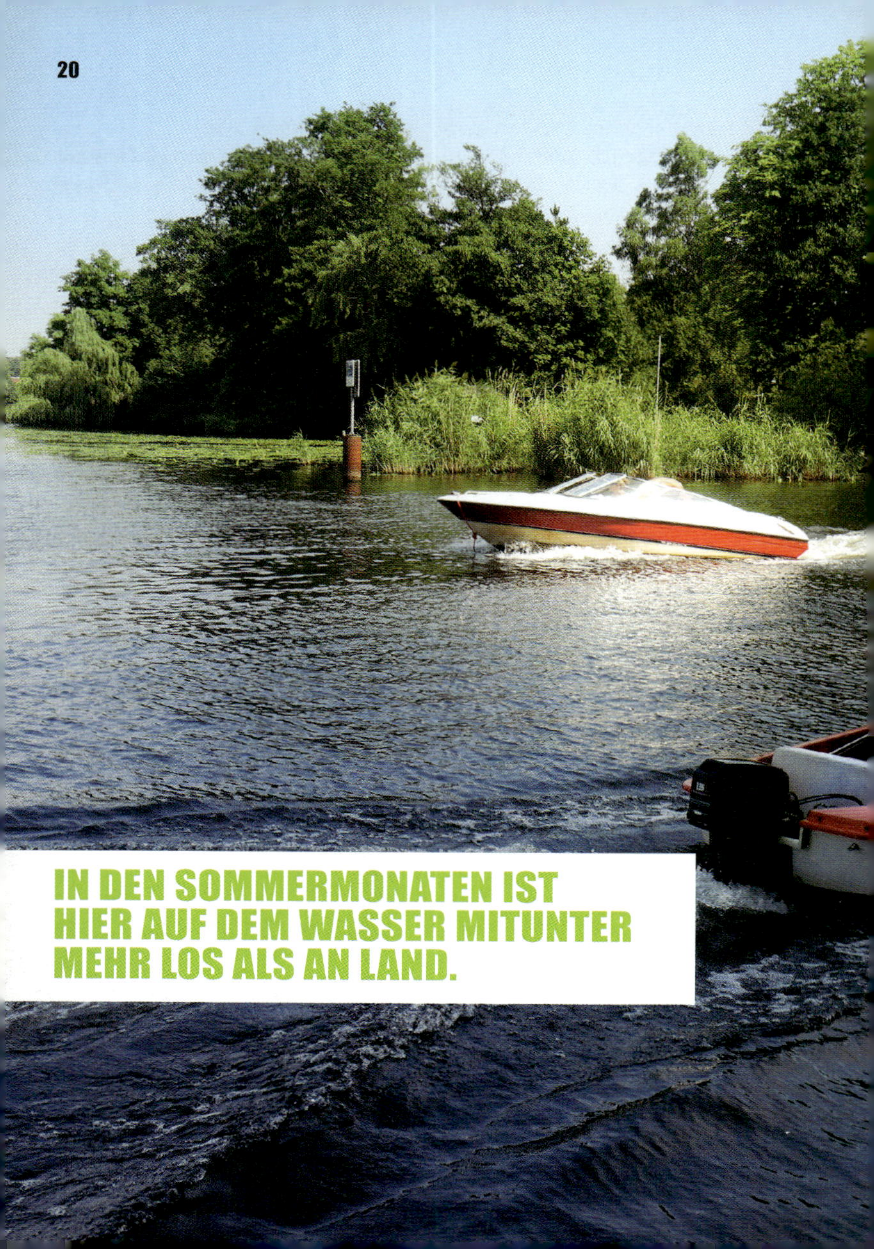

IN DEN SOMMERMONATEN IST HIER AUF DEM WASSER MITUNTER MEHR LOS ALS AN LAND.

einigen hundert Metern kommen wir an eine Doppelkreuzung. Die erste überqueren wir, die zweite direkt dahinter biegen wir rechts ab. Eine Kreuzung weiter geht es noch einmal nach rechts und zwar am Zaun, nicht den Weg mit dem Hochsitz nehmen. Wir laufen auf das Fließ zu, und der Weg wird zu einem Trampelpfad, auf dem wir uns links halten. Automatisch erreichen wir so die Krumme Laake. Herrlich, sommers wie winters. Wir gehen rechts am Ufer des Sees entlang, halten uns am ersten Abzweig links, um gleich danach rechts abzubiegen. Nun geht es immer geradeaus bis zur Schönhorster Straße, weiter links auf »Hinter der Düne«, bis diese zu einer Privatstraße wird. Wir biegen rechts ab zurück in den Wald und erklimmen nach kurzer Zeit die Anhöhe der Düne. Ab hier kennen wir uns aus und laufen zurück, wie wir gekommen sind.

Umgebungs- & Einkehrtipps

Waldrestaurant Müggelhort
Sprunghafte Öffnungszeiten, aber toller Blick und gut erzogene Hunde sind immer willkommen.
12559 Berlin, Straße zum Müggelhort 1
www.mueggelhort.de

Dolce Mone alias Hollands Pannekoekehuis
Saisonale Öffnungszeiten beachten.
12559 Berlin, Spreestraße 22
www.hollands-pannekoekhuis.de

HUND UND WASSER

Der Frage, ob Hunde ins Wasser urinieren oder koten, haben wir uns in Berlin 2015 zwangsweise stellen müssen, als es um die heftige Auseinandersetzung »Hunde am Schlachtensee – ja oder nein« ging. Ein Argument der Hundegegner war die Verunreinigung der Badegewässer durch Hundekot und -urin. Die Befürworter hingegen argumentierten mitunter frech, dass es unter Wasser keine Bäume gäbe, an denen Fiffi das Beinchen heben könnte. Ebenso wenig könnte Lassie sich beim Schwimmen gemütlich »zum Kackerln« hinhocken. Gibt man allerdings bei Google »kacken Hunde ins Wasser« ein, so wird man mit den Problemen von Besitzern konfrontiert, deren Hunde dieses offensichtlich tun. Kinder übrigens auch, wie ich aus eigener Erfahrung weiß. Und sogar manch Erwachsener. Und nun?

Ist Gioia mit ihren Pfoten im Wasser, ist es wirklich warm. ▼

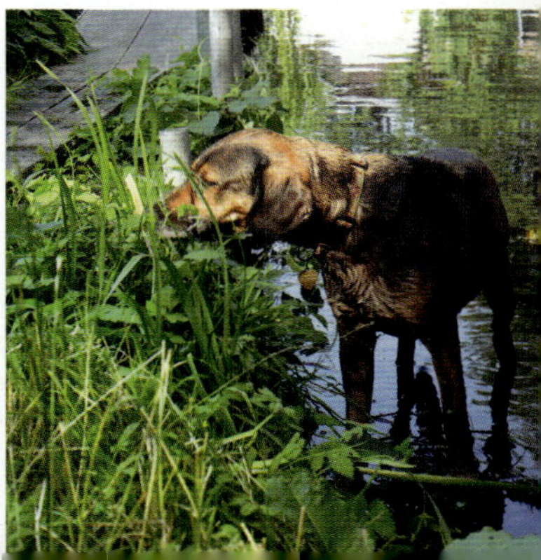

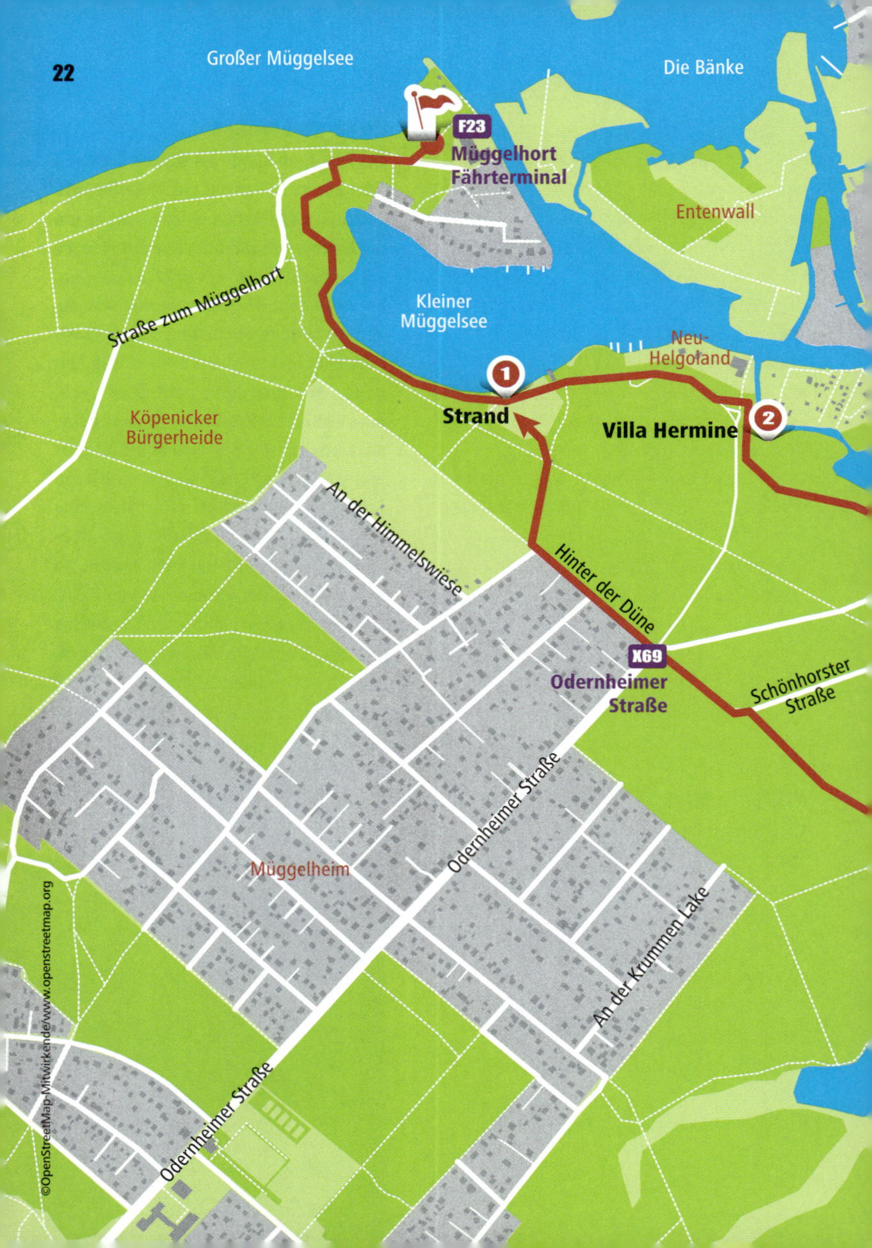
Großer Müggelsee
Die Bänke
F23
Müggelhort Fährterminal
Entenwall
Straße zum Müggelhort
Kleiner Müggelsee
Neu-Helgoland
1
Strand
2
Villa Hermine
Köpenicker Bürgerheide
An der Himmelswiese
Hinter der Düne
X69
Odernheimer Straße
Schönhorster Straße
Odernheimer Straße
Müggelheim
An der Krummen Lake
Odernheimer Straße
©OpenStreetMap-Mitwirkende/www.openstreetmap.org

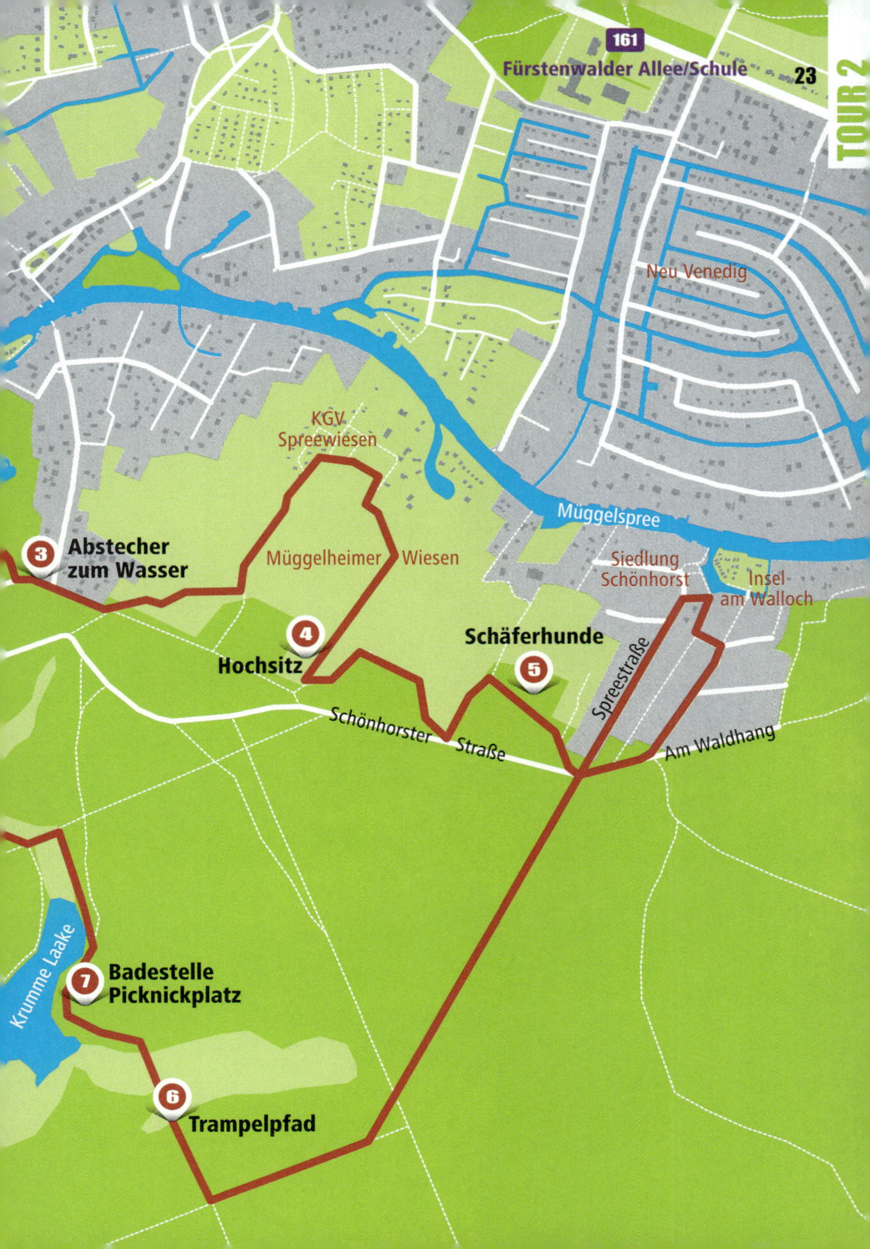
161
Fürstenwalder Allee/Schule
Neu Venedig
KGV
Spreewiesen
Müggelspree
3 Abstecher zum Wasser
Müggelheimer
Wiesen
Siedlung
Schönhorst
Insel
am Walloch
4 Hochsitz
Schäferhunde 5
Spreestraße
Schönhorster
Straße
Am Waldhang
Krumme Laake
7 Badestelle
Picknickplatz
6 Trampelpfad

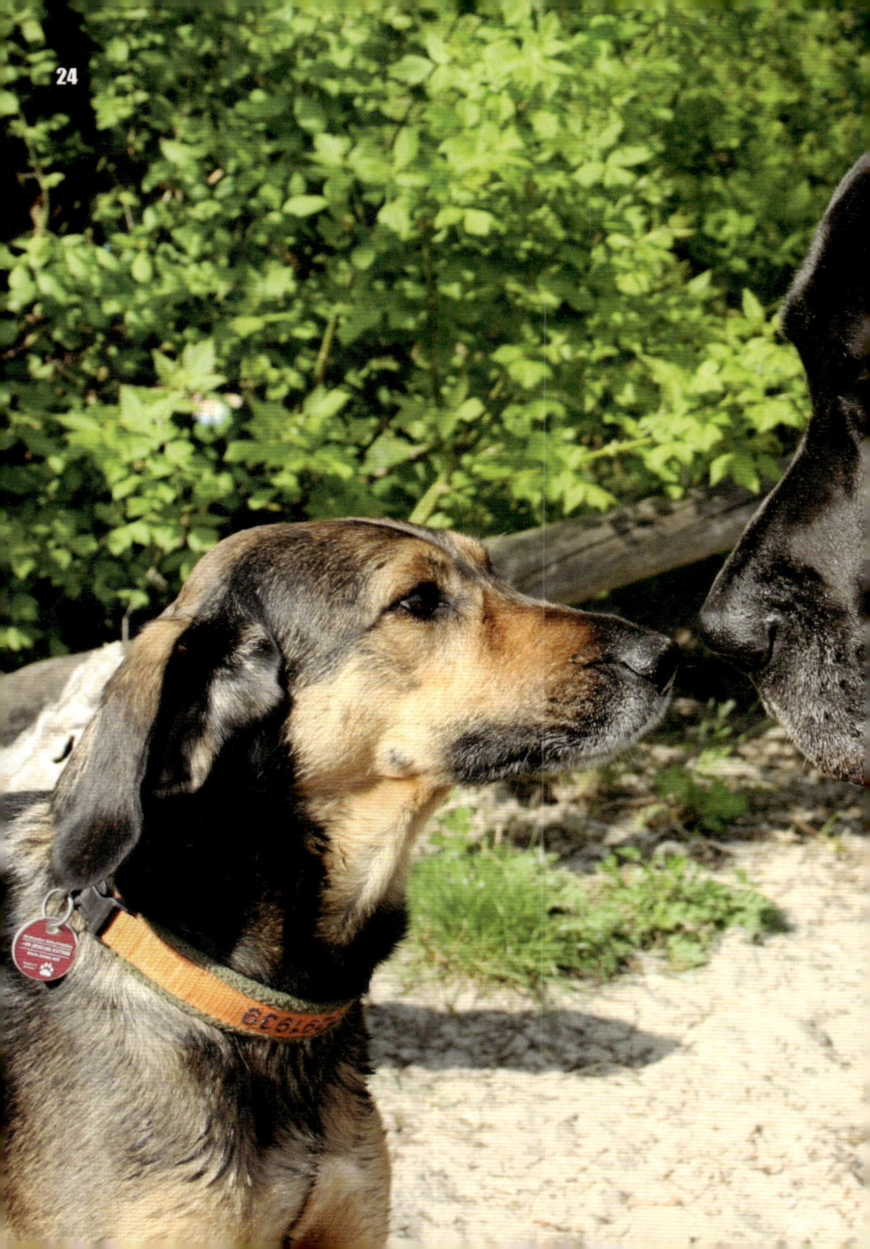

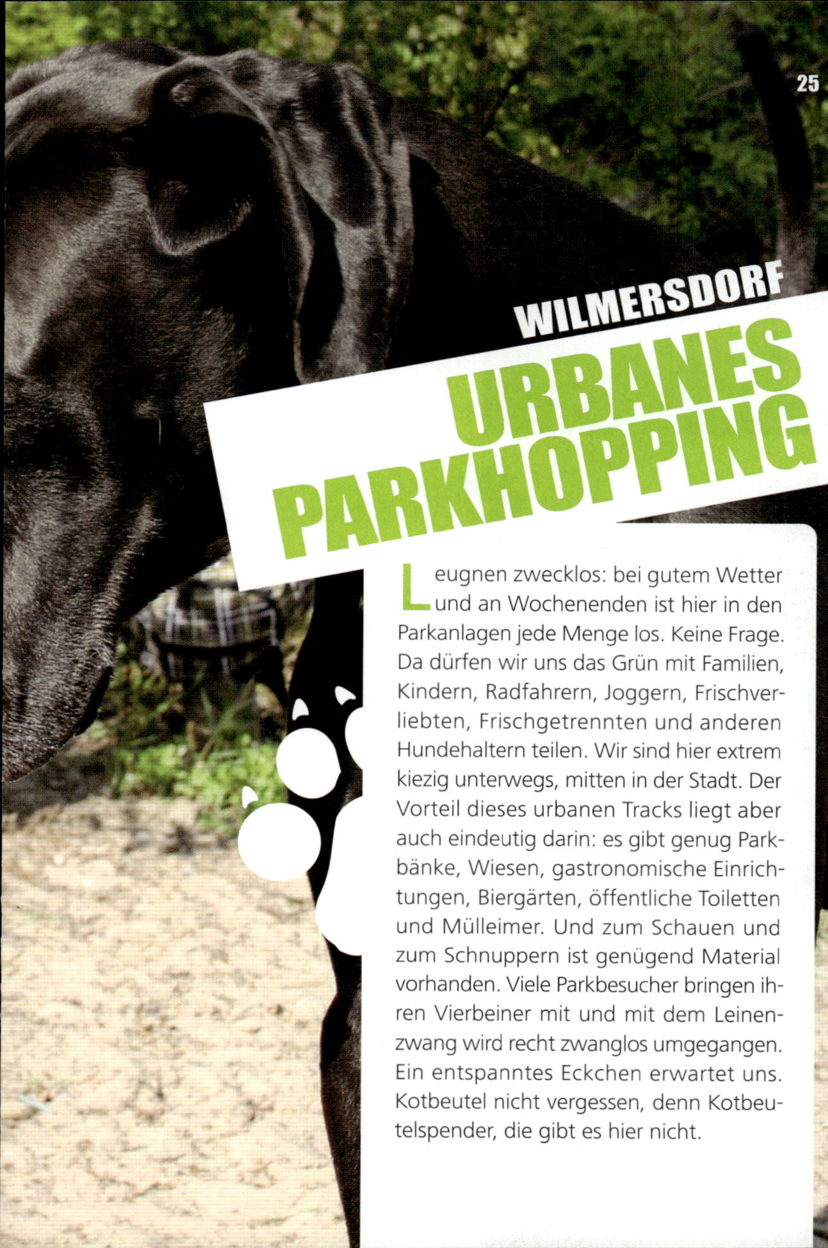

WILMERSDORF

URBANES PARKHOPPING

Leugnen zwecklos: bei gutem Wetter und an Wochenenden ist hier in den Parkanlagen jede Menge los. Keine Frage. Da dürfen wir uns das Grün mit Familien, Kindern, Radfahrern, Joggern, Frischverliebten, Frischgetrennten und anderen Hundehaltern teilen. Wir sind hier extrem kiezig unterwegs, mitten in der Stadt. Der Vorteil dieses urbanen Tracks liegt aber auch eindeutig darin: es gibt genug Parkbänke, Wiesen, gastronomische Einrichtungen, Biergärten, öffentliche Toiletten und Mülleimer. Und zum Schauen und zum Schnuppern ist genügend Material vorhanden. Viele Parkbesucher bringen ihren Vierbeiner mit und mit dem Leinenzwang wird recht zwanglos umgegangen. Ein entspanntes Eckchen erwartet uns. Kotbeutel nicht vergessen, denn Kotbeutelspender, die gibt es hier nicht.

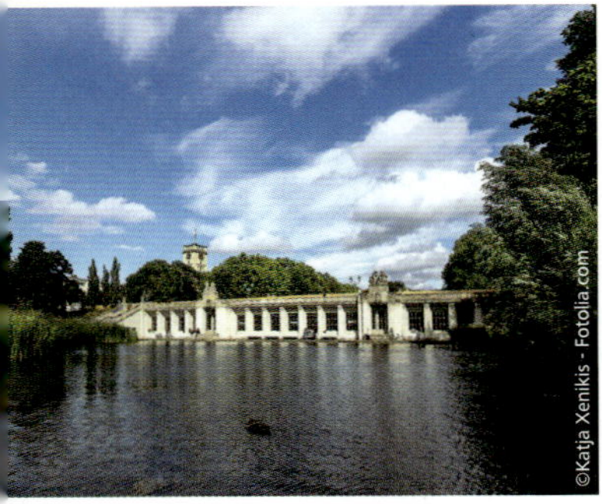

TRACKINFO

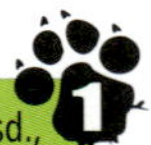

Verlauf: Fennsee, Volkspark Wilmersd., Rudolph-Wilde-Park, Rathaus Schöneberg

Art: Rundwanderung, einfach

Tracklänge: 5,7km

Start: Ermslebener Weg/Wallenbergstraße

Öffis: U2, U3, S41, S42, S46, Bus 249
➭ Station Heidelberger Platz

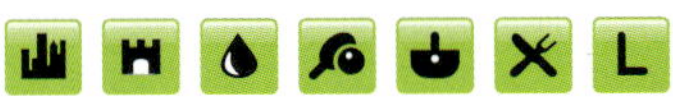

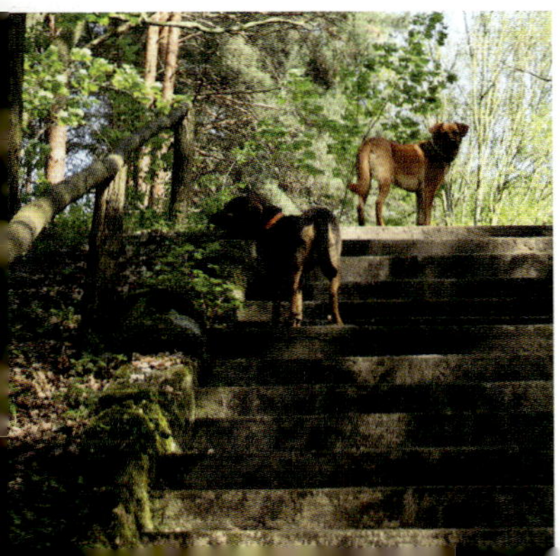

Innerstädtisches Grün & interkulturelle Begegnungen

Die knapp 6km von Park zu Park können hervorragend als Familienausflug, als Picknickausflug oder als Quatschen-und-dabei-langsam-Gehen-Ausflug genutzt werden. Perfekt ist diese Strecke auch für einen Trainingsgassigang. Hier darf der Vierbeiner an der Leine daran erinnert werden (oder gar neu erlernen), wie eine Begegnung mit anderen Hunden abzulaufen hat, wie er sich an einer Ampel verhalten muss und dass es hupende und quietschende Autos gibt. Gerade in Bezug auf andere Hunde ist es hier perfekt, denn die triffst Du immer, an- und abgeleint.

Wir starten den Track in einer ruhigen Seitengasse (Ermslebener Weg) und laufen nach rechts, den See entlang, so nahe wie möglich am Wasser. Die erste Querstraße, die es zu überqueren gilt, ist die Barstraße. Teilweise werden wir von sehr schönen Altbauten begleitet. Überhaupt lohnt sich immer wieder mal ein Blick an die Fassaden, wenn es denn interessiert. Hinter der Barstraße geht es für uns weiter durch den Volkspark Wilmersdorf bis zur aufgeregten Kreuzung Uhlandstraße/Blissestraße. Diese gilt es zu überqueren, so dass wir in dem gegenüberliegenden Park auf der rechten Seite der Wiese weiterwandern können. Kurz bevor dann die Bundesallee vor uns auftaucht, erblicken wir rechts den Turm der Heilig-Kreuz-Kirche. Es handelt sich um eine römisch-katholische Kirche der Gemeinde Maria unter dem Kreuz.

Wir überqueren die Bundesallee der Einfachheit halber über die Fußgängerbrücke und stolpern an ihrem Ende direkt über einen kleinen, eingezäunten Hundefreilauf. Na immerhin... Zu unserer Rechten steht die Skulptur eines Speerwerfers, hinter der wir entlanggehen, um auf der rechten Seite des Parks zu wandeln. Die andere Seite entdecken wir auf unserem Rückweg. Wenn Du aufmerksam durch die Torbögen auf Deiner rechten Seite linst, erkennst Du hinter einem davon zwei Skulpturen. Bei näherer Betrachtung entpuppen sich die Figuren als Fische. Spannender finde ich aber die Balkon- und Terrassengestaltung einiger Bewohner hier. Nach dem Abstecher kehren wir zurück auf unseren Weg und laufen am Café Pusteblume vorbei

DIE RIAS-ENTE

Auf die Anfrage der westlichen Siegermächte, nach dem 2. Weltkrieg Sendezeit im Berliner Rundfunkt zu bekommen, antwortete die Sowjetische Militäradminstration mit einem deutlichen »Нет« – Nein. Nun gut, gründete man eben seine eigene Station und nutzte dafür die Telefonkabel. Im Februar 1946 ging RIAS auf Sendung. Wenn anfangs das Programm in Ost und West zu hören oder in den Zeitungen zu lesen war, änderte sich das 1949. Die DDR enttarnte RIAS als Propagandainstrument, verbot das Lauschen in der »Ostzone« und stellte es unter Strafe. Die RIAS-Ente war geboren, denn so wurde die DDR-Propaganda gegen den »Rundfunk Im Amerikanischen Sektor« genannt. Störsender und Strafandrohung halfen der SED nix. RIAS hat die Mauer überlebt.

Der Brauch der Liebesschlösser kommt vermutlich aus Italien. Klar. Bell'amore und Bacio! ▼

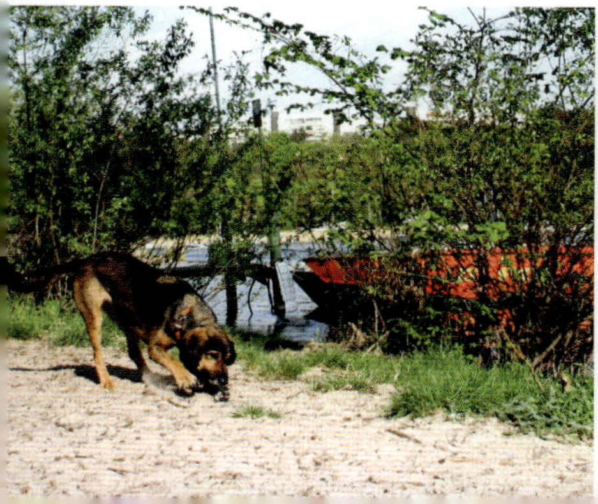

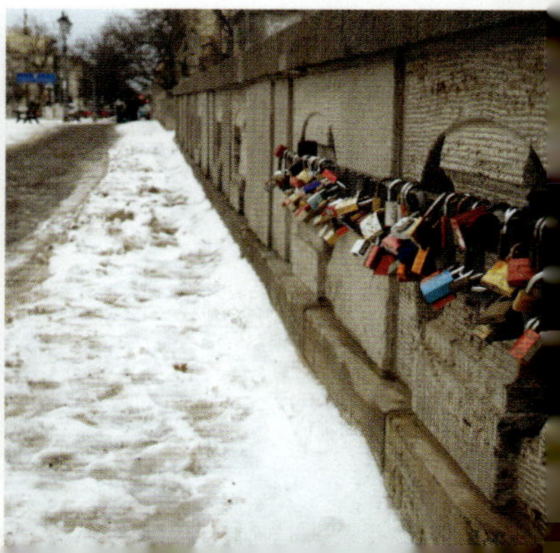

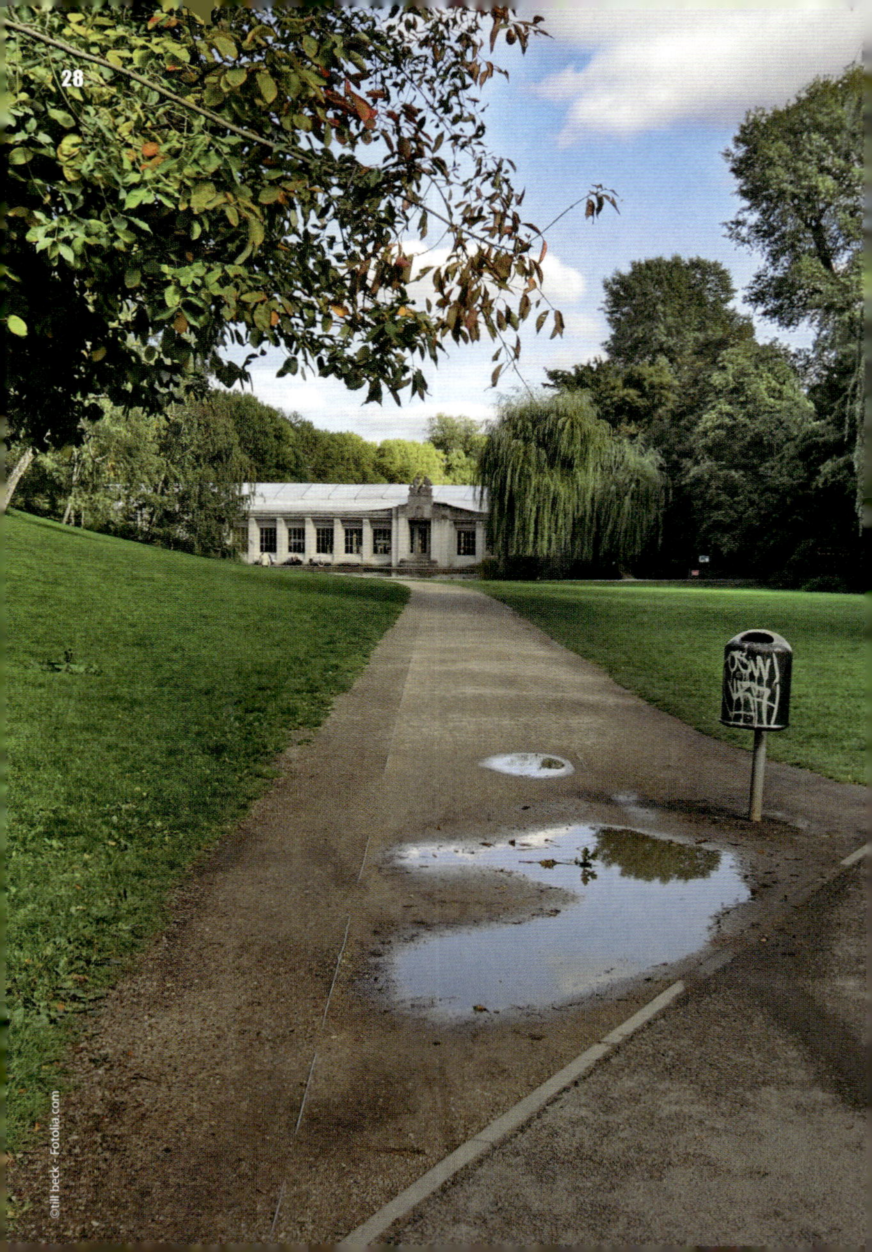

©till beck - Fotolia.com

oder erst hinein und dann vorbei. Vor uns haben wir das riesige Gebäude des ehemaligen Sender RIAS. Auf der Autobahn sieht man den Schriftzug immer von Weitem, hier ist er nun direkt vor unserer Nase. Wir machen eine schöne Außenkurve um den Park, spazieren über den U-Bahnhof Schöneberg und gelangen dann am Ende zum Brunnen mit dem goldenen Hirsch und zum Rathaus Schöneberg. Der Weg geht auf der anderen Seite parallel wieder zurück. Einfacher könnte ein Track nicht sein. Viel Spaß und ganz viele nette Begegnungen sind gewünscht.

Umgebungs- & Einkehrtipps

Café Pusteblume
Hunde sind erlaubt und das Frühstück ist einfach bombe.
10715 Berlin, Durlacher Straße 2
www.parkcafe-pusteblume.de

Berlin Cold Dog – Barfladen
Inklusive Hundeeistruhe
10715 Berlin, Livländische Straße 14
www.colddog-hundefutter.de

Hundehalsband-030
Fashion für Hand & Hals
10719 Berlin, Emser Straße 43
www.hundehalsband-030.de

Natural & B.A.R.F.ood
Laden mit biologisch artgerechtem Futter, der auch montags geöffnet ist.
10715 Berlin, Berliner Straße 159
www.natural-barfood.de

HUNDE IN DER GROSSSTADT?

Auszug aus einem Interview mit dem Tierschutzbeauftragten Berlins a. D., Dr. Klaus Lüdcke: »Tiere gehören in die Gesellschaft und der Hund gehört in die Stadt. Was bringt es denn, wenn wir alle als Singles alleine zu Hause vor der Glotze sitzen? Hunde verbinden die Menschen« begeistert sich Lüdcke. »Wenn ich eine Tochter hätte mit krummen Beinen, die schielt, ich würde ihr einen Hund kaufen, damit sie Kontakte knüpft«. Allerdings konstatiert Lüdcke im nächsten Satz, dass seiner Meinung nach 60-70% der Hundehalter ein miserables Wissen über das Tier haben. (…) »Wer sich einen Hund anschafft, der sollte 10% der Tageszeit mit dem Tier draußen verbringen« so Lüdckes Faustformel. »Vollzeitjob und Hund, das geht für mich nicht zusammen.«

Der Hirschbrunnen steht im Rudolf-Wilde-Park hinter dem U-Bahnhof Rathaus Schöneberg. ▼

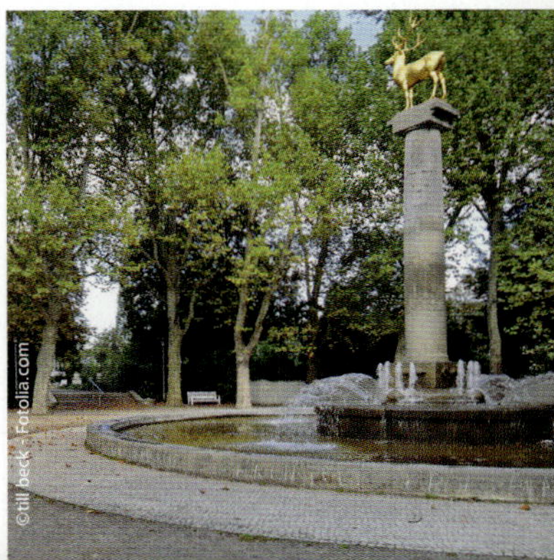

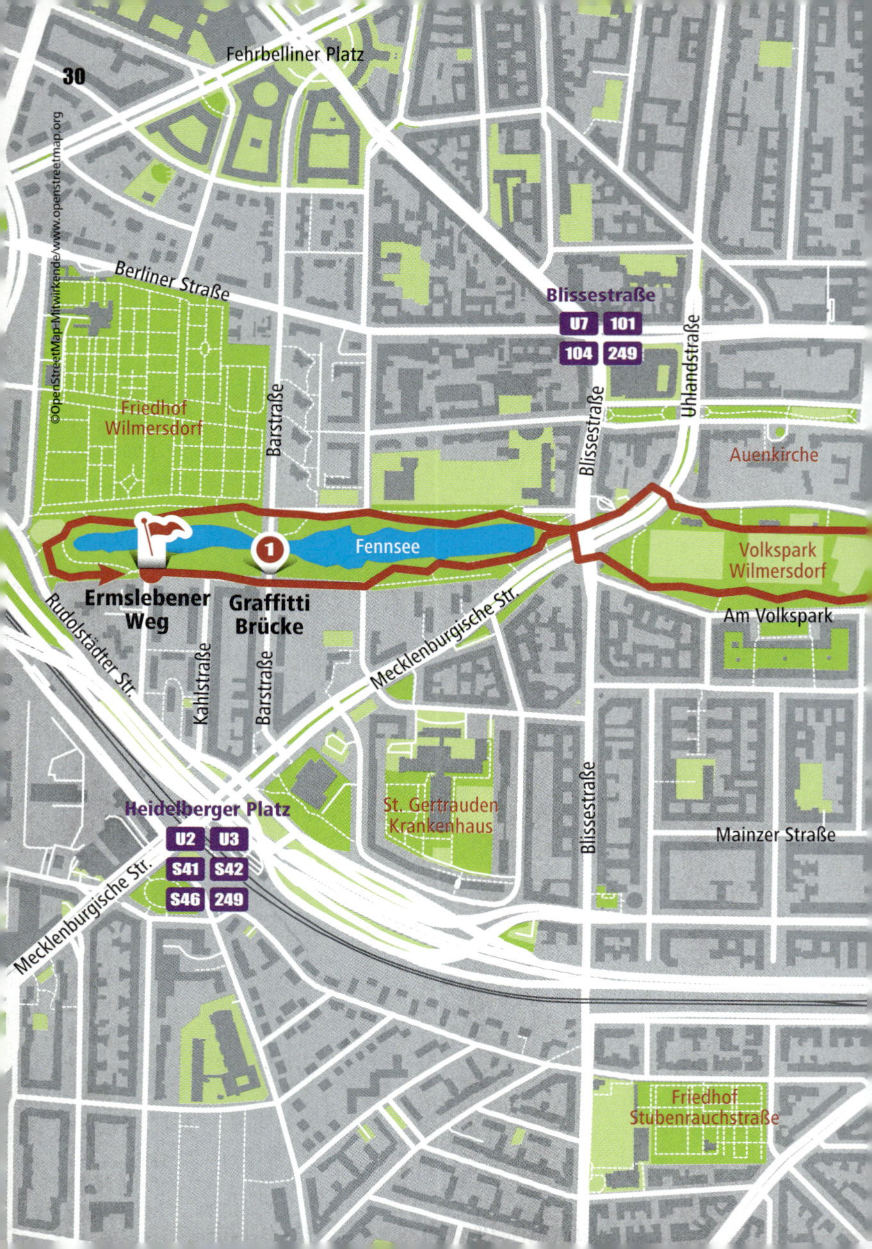
Fehrbelliner Platz
©OpenStreetMap-Mitwirkende/www.openstreetmap.org
Berliner Straße
Blissestraße
U7
101
104
249
Uhlandstraße
Friedhof Wilmersdorf
Barstraße
Blissestraße
Auenkirche
Fennsee
1
Volkspark Wilmersdorf
Ermslebener Weg
Graffitti Brücke
Am Volkspark
Rudolstädter Str.
Mecklenburgische Str.
Kahlstraße
Barstraße
Heidelberger Platz
U2
U3
S41
S42
S46
249
St. Gertrauden Krankenhaus
Blissestraße
Mainzer Straße
Mecklenburgische Str.
Friedhof Stubenrauchstraße

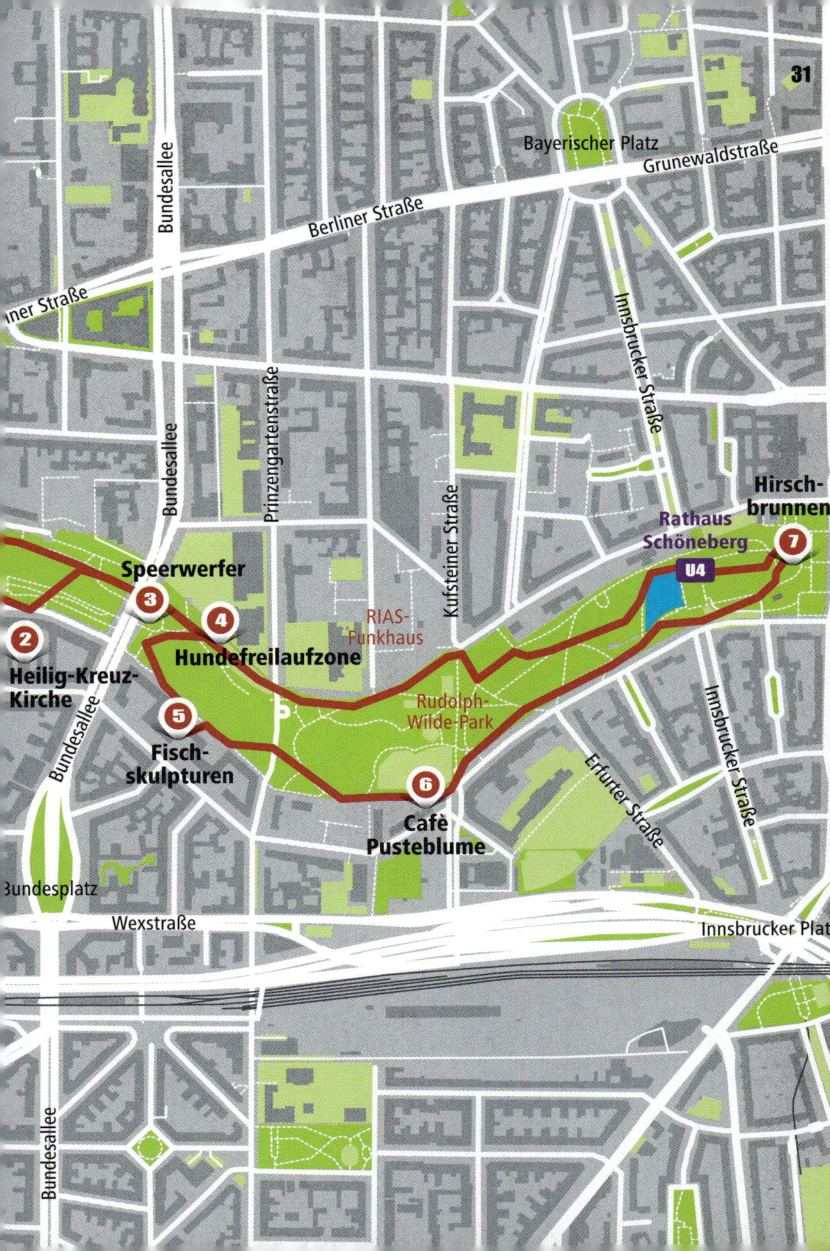
Bayerischer Platz
Grunewaldstraße
Berliner Straße
Bundesallee
Innsbrucker Straße
Prinzengartenstraße
Kufsteiner Straße
Hirsch-
brunnen
Rathaus
Schöneberg
U4
7
Speerwerfer
3
4
2
Heilig-Kreuz-
Kirche
Hundefreilaufzone
RIAS-
Funkhaus
Rudolph-
Wilde-Park
5
Fisch-
skulpturen
6
Cafè
Pusteblume
Erfurter Straße
Bundesplatz
Wexstraße
Innsbrucker Platz

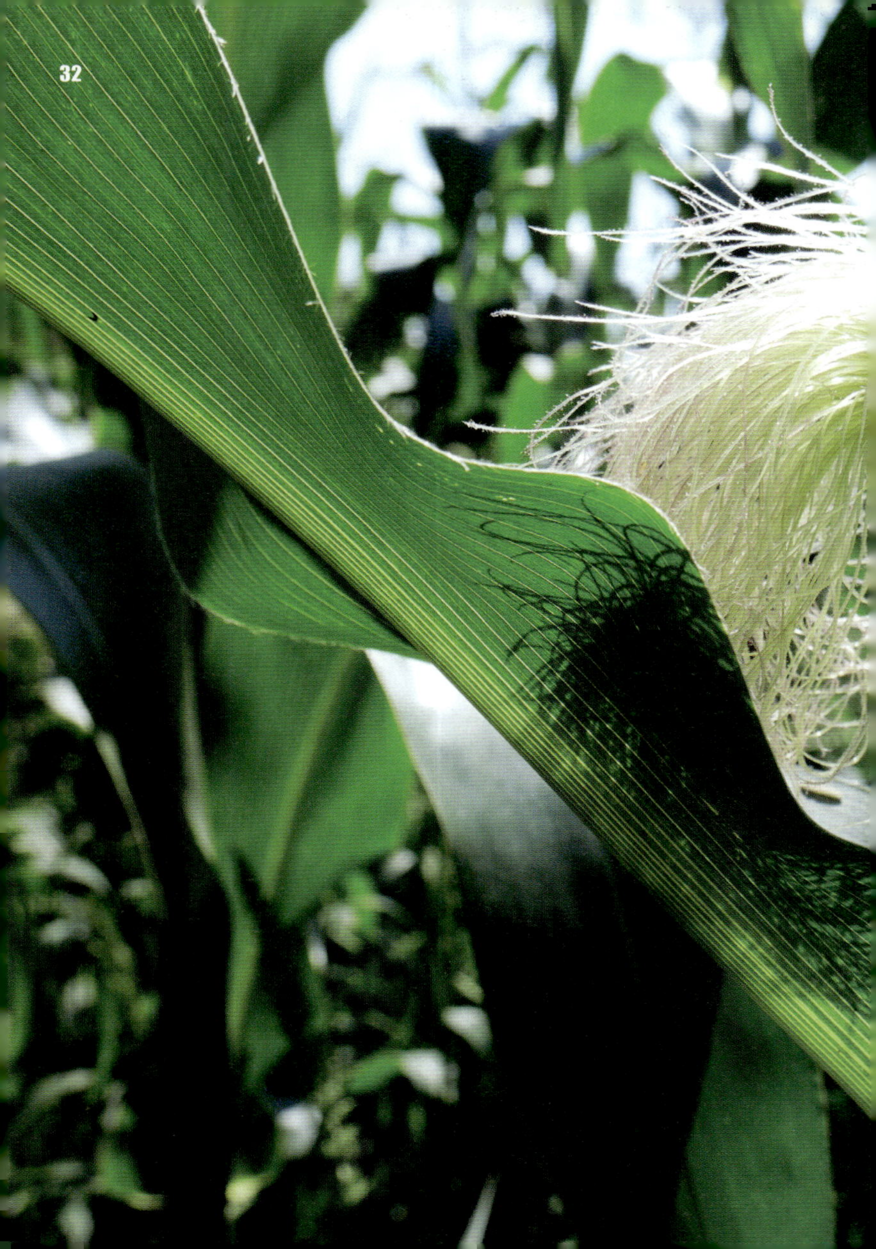

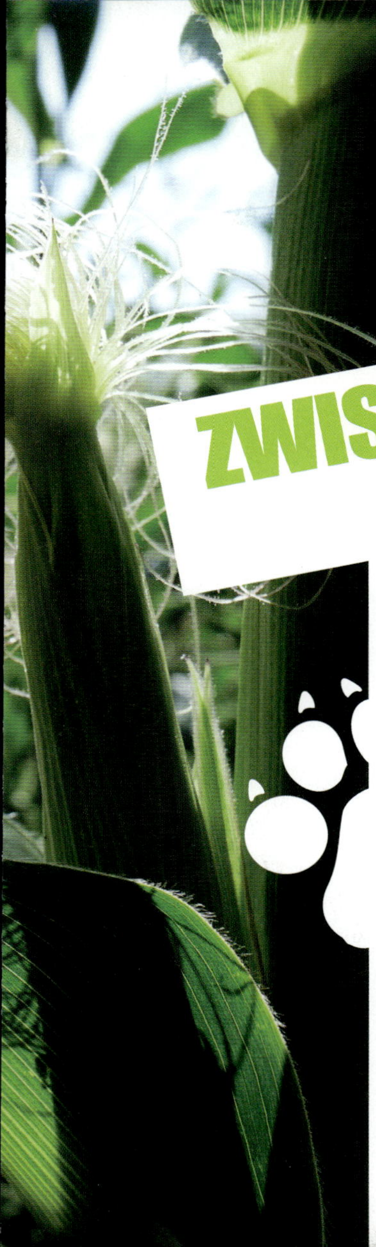

BIRKHOLZ

ZWISCHEN MAIS & SPARGEL

Wir überqueren bei diesem Track, wie so oft, die Landesgrenze von Berlin nach Brandenburg. Auch wenn es im Innenstadtbereich ganz tolle Parkanlagen gibt, so ist es doch die Weite gepaart mit der Ruhe, die Spaß macht und dem geplagten Ohr Erholung verspricht.

Kein Hupen, kein Fluglärm, kein Reifenquietschen, kein Türknallen…die Stille kann so laut sein. Die Felder rund um die kleine Siedlung Birkholz sind schon lange kein Geheimtipp mehr unter den Hundehaltern. Was aber nicht heißt, dass jeder sie kennt. Ich habe ahnungslos drei Jahre mit Hund in Berlin gelebt, bis eine Freundin sich erbarmte, mir dieses Fleckchen Erde zu zeigen. Dennoch ist es hier nicht überlaufen, wenn die Wanderzeit weise gewählt wird.

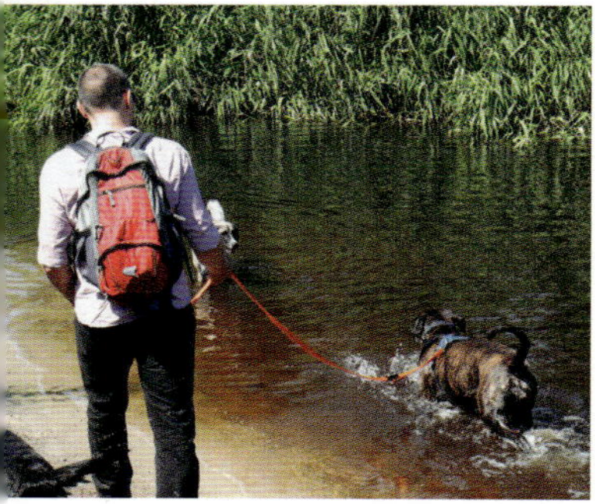

TRACKINFO

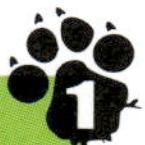

Verlauf: Wolziger Zeile, Mahlower Seegraben, Birkholz, Berliner Mauerweg

Art: Rundwanderung, einfach

Tracklänge: 6,3km

Start: Wolziger Zeile 58

Öffis: Bus 175 ➾ Station Wolziger Zeile oder S2, 172, 175, 275, 743, M76 ➾ Lichtenrade

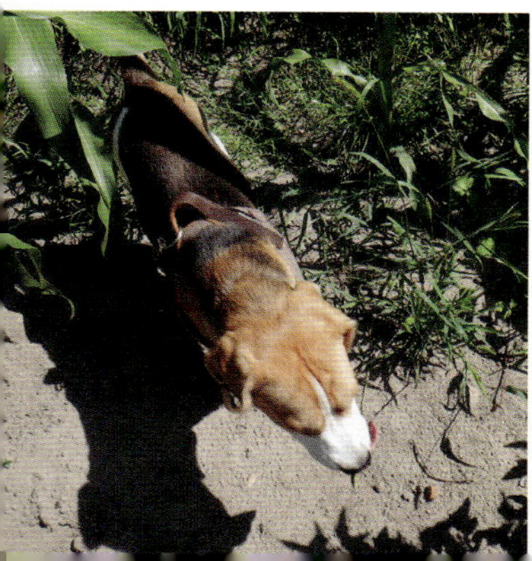

Birkholzer Wild-, Wald- und Wiesenwechsel

Viele Hundewanderer starten ihre Tour am Schichauweg, und genau darum tun wir das nicht. Selbst wenn hier viel los ist, läufst Du auf diese Art nicht den anderen hinterher, sondern an ihnen vorbei. Am Ende der Wolziger Zeile steht eine Verkehrsbarke und dahinter beginnt der Mauerweg. Ein Stück davor, neben dem Abfalleimer, geht es links in den Wald hinein. Diesem Weg folgen wir immer geradeaus. Nach einigen hundert Metern kreuzt vor uns der Mauerweg. Bevor wir auf Asphalt treten, biegen wir rechts ab und laufen auf der Ackergrenze des Feldes am Waldrand entlang. Wenn hier der Mais hochsteht, dann fühlt man sich »verschwunden«. Am Ende des Feldes kommen wir auf eine kleine Lichtung. Vor uns liegt das nächste Feld. Wir biegen vor diesem Feld links ab und folgen dem Trampelpfad Richtung Fließ. Wir haben nun links einen Graben, dahinter ein Feld und auf der rechten Seite erst Feld, dann Wiese. Am Ende gelangen wir wieder auf einen asphaltierten Weg, gehen diesen ein Stück rechts hinunter und achten auf den Trampelpfad, der links in das Wäldchen abbiegt. Wenn wir diesem folgen, kommen wir zu einer kleinen Brücke am Mahlower Seegraben. Hier ist es meistens etwas ruhiger als an der Hauptbadestelle ein Stückchen weiter flußaufwärts. Und idyllischer.

Wir bleiben auf unserer Seite des Grabens und folgen diesem auf einem schmalen, schilfbewachsenen Weg nach rechts. So gelangen wir zu bereits erwähnter Hauptbadestelle, einer kleinen Sandbucht, an der im Sommer round about 15 Uhr einiges los ist.

Weiter geradeaus dem Wasser folgend, passieren wir ein kleines Wäldchen und biegen dahinter rechts ab. So gehen wir zwischen Spargelfeld links und Wäldchen rechts weiter auf Birkholz zu. Am Ende des Pfades biegen wir nach links, laufen an einer Pferdekoppel und einem Gartencenter entlang und sind in Birkholz. Hier geht es rechts an einigen Häusern und einer Gaststätte vorbei und zurück in die Felder. Immer geradeaus laufen wir wieder auf den Mauerweg zu. Bis wir den erreicht haben, sind es aber bestimmt ein, zwei Kilometer. Am Horizont machen sich Hochhäuser und ein Kraftwerk breit. Wenn wir an der 2. Kreuzung

WILD ON TOUR

Aus sicherer Quelle wissen wir, dass hier in dieser Ecke sowohl Wildschweine als auch Rehe zu Hause sind. Weiteres Wild, mit dem wir uns das Gelände teilen, sind natürlich Füchse, Waschbären, Wildkaninchen und Marder. Die größte Herausforderung für einen Wanderer ist sicherlich das Zusammentreffen mit einem Wildschwein. Schätzungen gehen von 5 bis 6 Tausend Wildschweinen in Berlin aus. Die Chancen stehen also gut, mal eines aus der Nähe zu sehen. Der Experte rät dann zu Ruhe und einem geordneten Rückzug. Zehn bis 20 Angriffe von Schwein auf Mensch werden pro Jahr in Berlin gezählt. Sehr oft sind ein abgeleinter Hund und sein entfesseltes Herrchen im Spiel.

Einfach Perfekt: Wasser, Wald, Felder, Wiesen, Hunde – was will der Hundehalter mehr? ▼

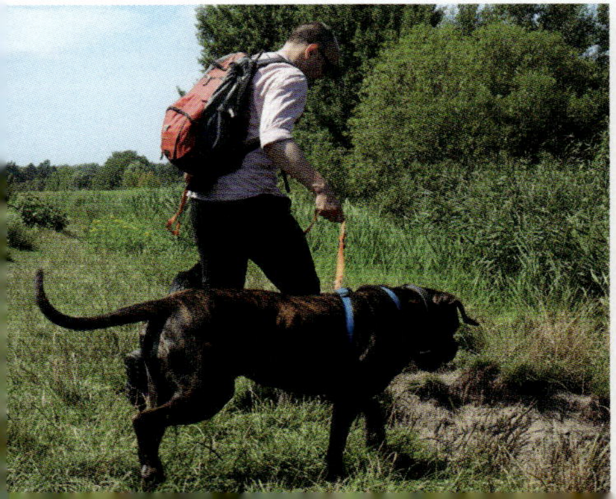

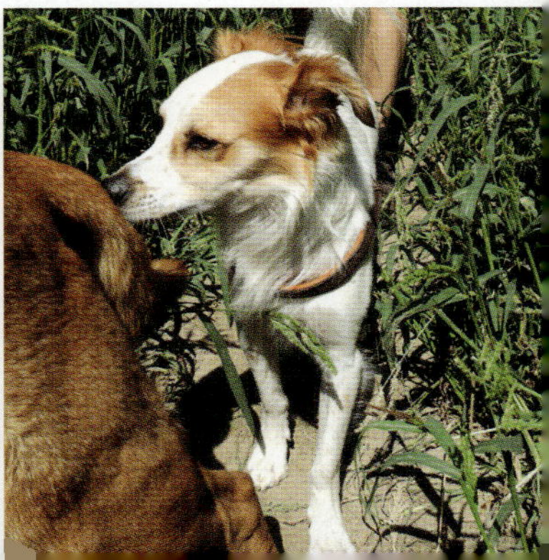

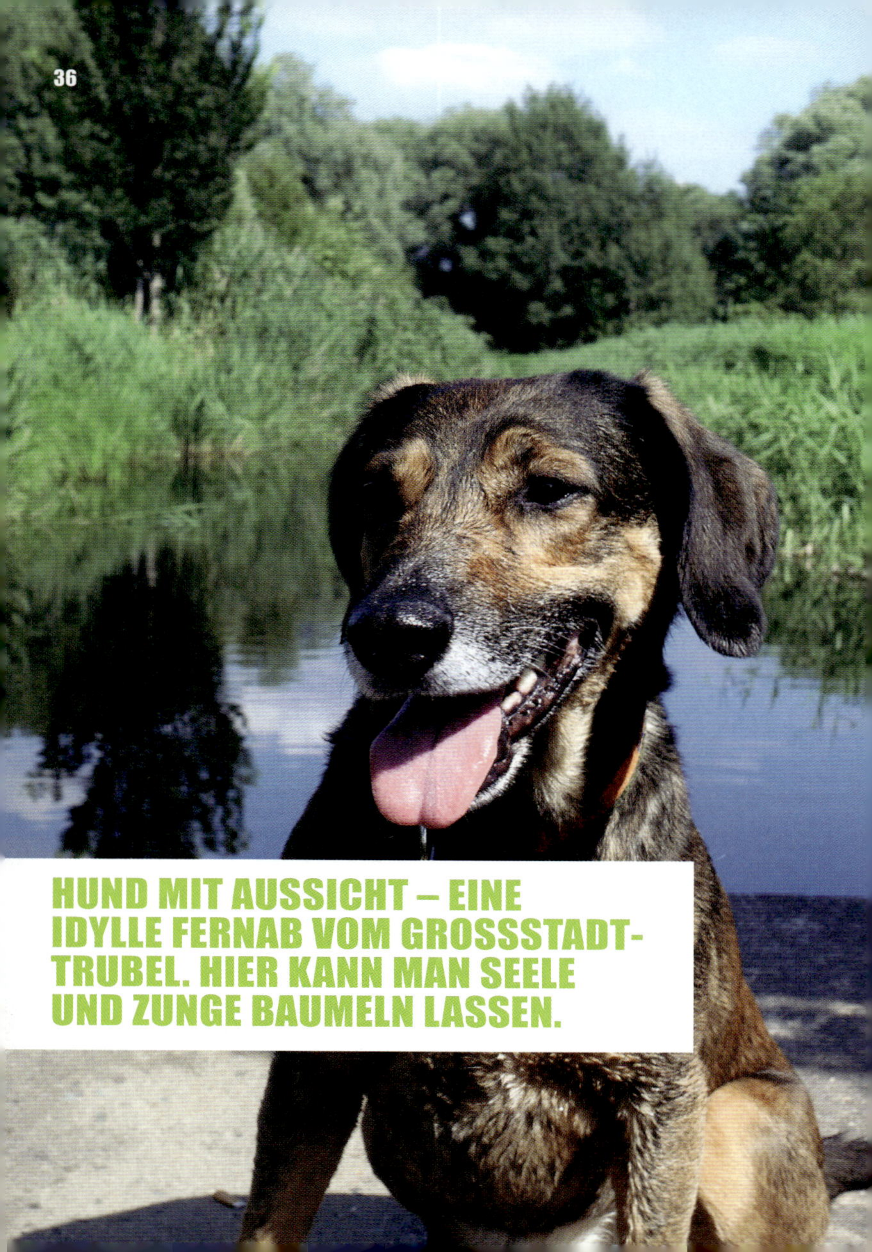

HUND MIT AUSSICHT – EINE IDYLLE FERNAB VOM GROSSSTADT-TRUBEL. HIER KANN MAN SEELE UND ZUNGE BAUMELN LASSEN.

angelangt sind, an der auch ein großes Umgebungsschild steht, biegen wir wieder rechts ab. Allerdings laufen wir nicht auf dem asphaltierten Mauerweg weiter, da hier – für unseren Geschmack - zu viele Radfahrer unterwegs sind. Wir gehen über den Mauerweg hinweg in das Wäldchen und laufen dann rechts hinunter, parallel zum Mauerweg. Auf unserer linken Seite sind anfangs Wald und Wiese zu sehen, die weiter hinten von Lagerhäusern abgelöst werden. Wenn wir ein paar Meter an den Lagerhallen entlanggelaufen sind, nutzen wir eine der Gelegenheiten, rechts auf den Mauerweg zurückzukehren. Rechts neben ihm erstreckt sich wiederum ein Feld. Wir gehen auf der Ackergrenze weiter, also rechts ab vom Mauerweg. Am Ende des Feldes kommen wir auf die Straße, die links entlang nach einigen Metern zur Wolziger Zeile wird.

Umgebungs- & Einkehrtipps

Tierwelt Friederikenhof
und Tierhotel Mama Mo
Hotel und Tagesstätte für Vierpfötler
mit angeschlossenem Tierheim
14979 Großbeeren, Friederikenhof 1
www.tierweltfriederikenhof.de

Sohny's Hexenhaus
Gut erzogene Hunde an der Leine
dürfen mit in den Biergarten.
14979 Birkholz, Birkholzer Straße 4
www.sohnyshexenhaus.de

RAUCHENDE COLTS

Hundehalter haben mitunter schon Horrorgeschichte von Brandenburgs Förstern gehört, deren Finger locker am Abzug ihres Gewehres sitzen soll. Dem Gesetz zu Folge, dürfen Hunde, die wildern und sich nicht im Einflussbereich des Halters befinden, erschossen werden. Und zwar im Sinne der Gefahrenabwehr und zum Schutz des Wildes. Wildern fängt übrigens schon beim Stöbern an und nicht erst bei der Hatz. Da der Jäger sich allerdings immer vorab versichern muss, dass der Hund, auf den er anlegt, weder Jagd-, Rettungs-, Hirten-, Blinden- oder Polizeihund ist und dass keine Menschen verletzt werden können, wird hier nicht wie wild auf jeden freilaufenden Hund geballert. Im Jagdjahr 2012/13 wurden zum Beispiel in Westfalen 77 Hunde geschossen – und über 10.000 Katzen.

Vorsicht: zu falscher Zeit hineingebissen kann sehr sauer sein. ▼

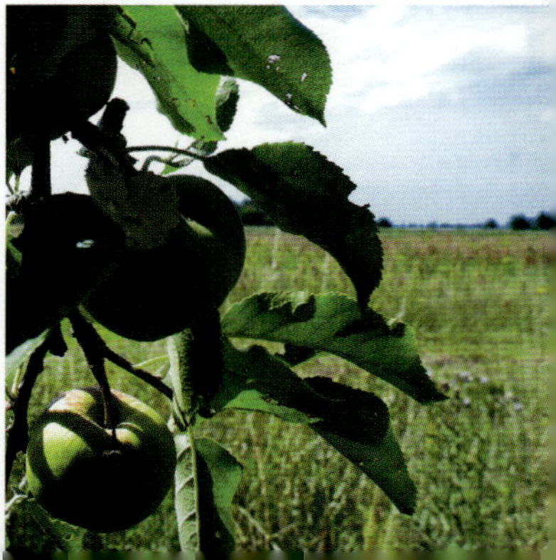

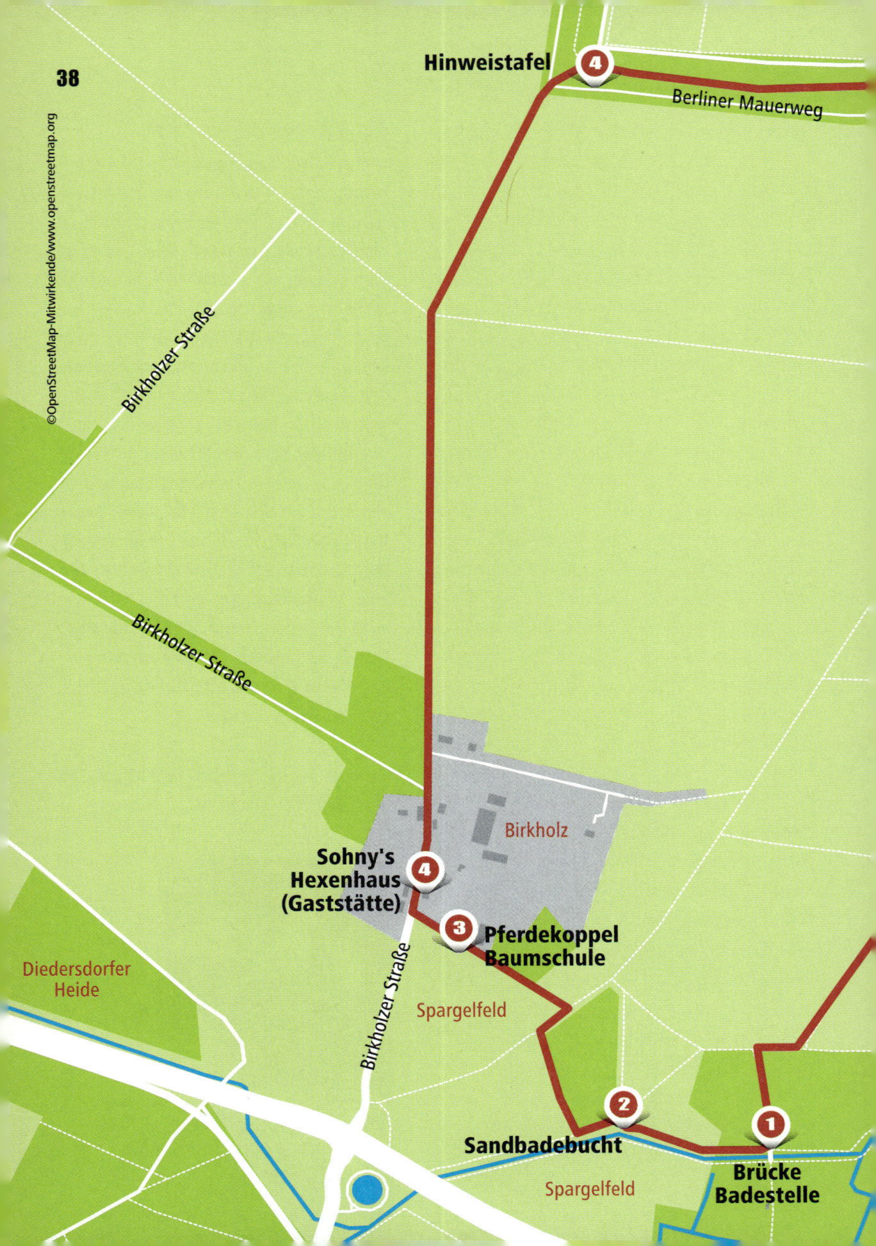
Hinweistafel
4
Berliner Mauerweg
Birkholzer Straße
Birkholzer Straße
Birkholz
Sohny's
Hexenhaus
(Gaststätte)
4
3
Pferdekoppel
Baumschule
Diedersdorfer
Heide
Birkholzer Straße
Spargelfeld
2
Sandbadebucht
1
Brücke
Badestelle
Spargelfeld

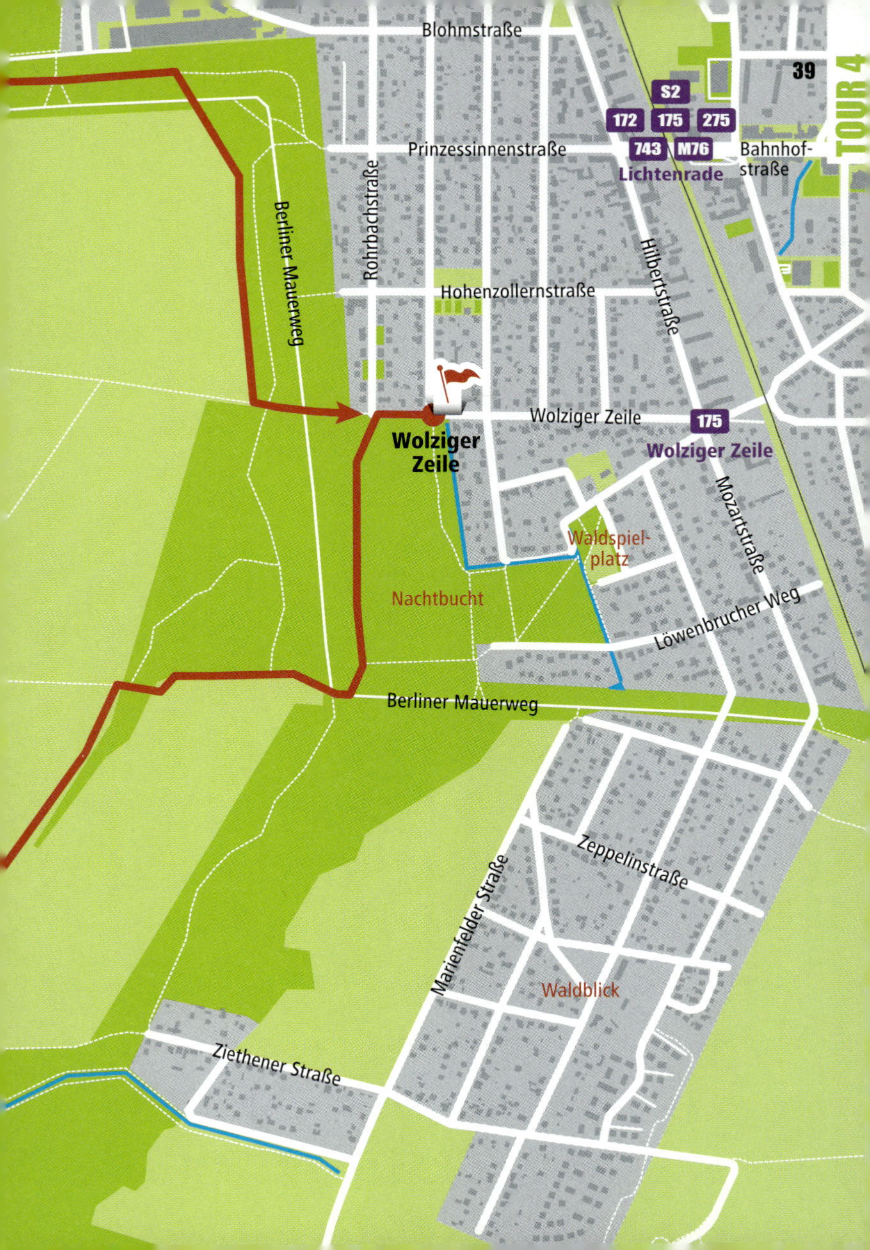
Blohmstraße
S2
172
175
275
743
M76
Lichtenrade
Prinzessinnenstraße
Bahnhof-
straße
Rohrbachstraße
Berliner Mauerweg
Hilbertstraße
Hohenzollernstraße
Wolziger Zeile
175
Wolziger Zeile
Wolziger
Zeile
Mozartstraße
Waldspiel-
platz
Nachtbucht
Löwenbrucher Weg
Berliner Mauerweg
Zeppelinstraße
Marienfelder Straße
Waldblick
Ziethener Straße

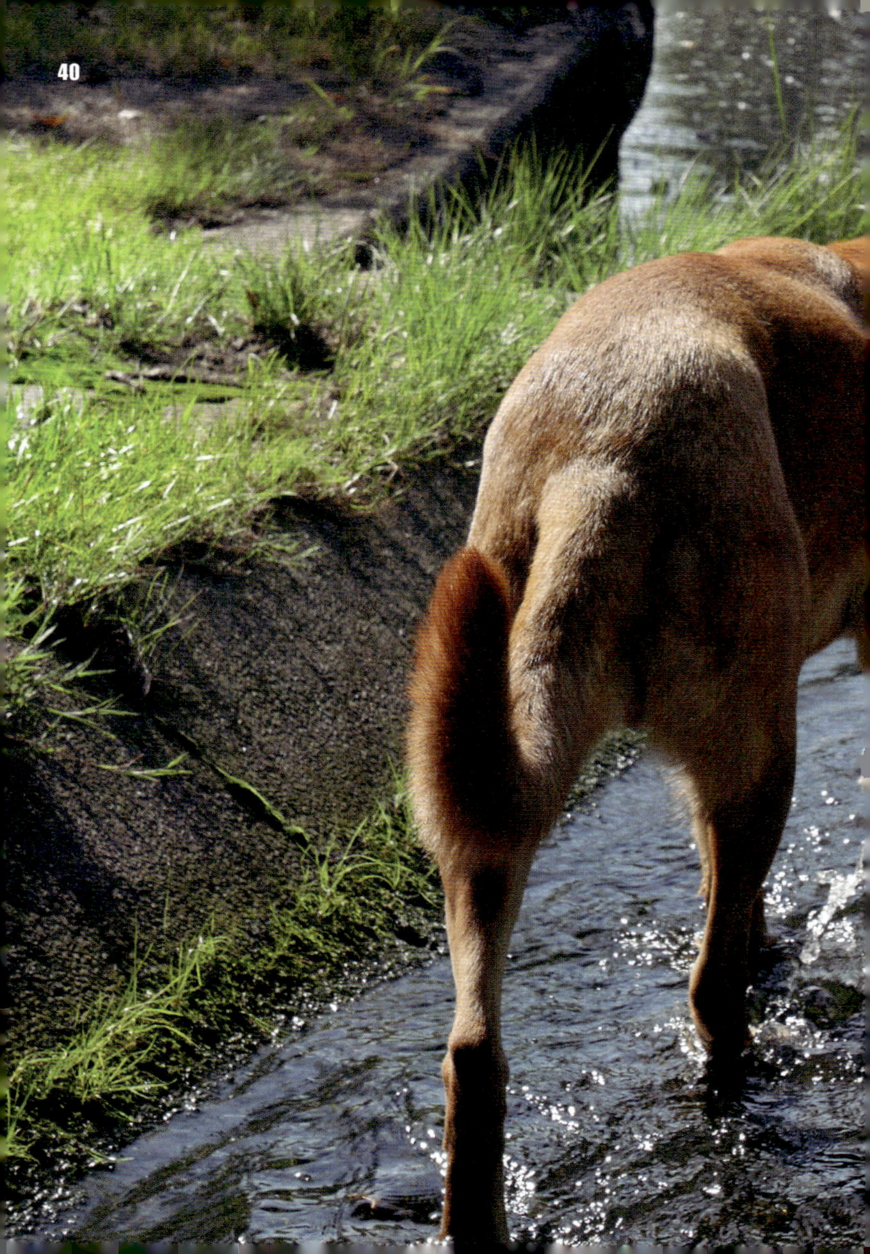

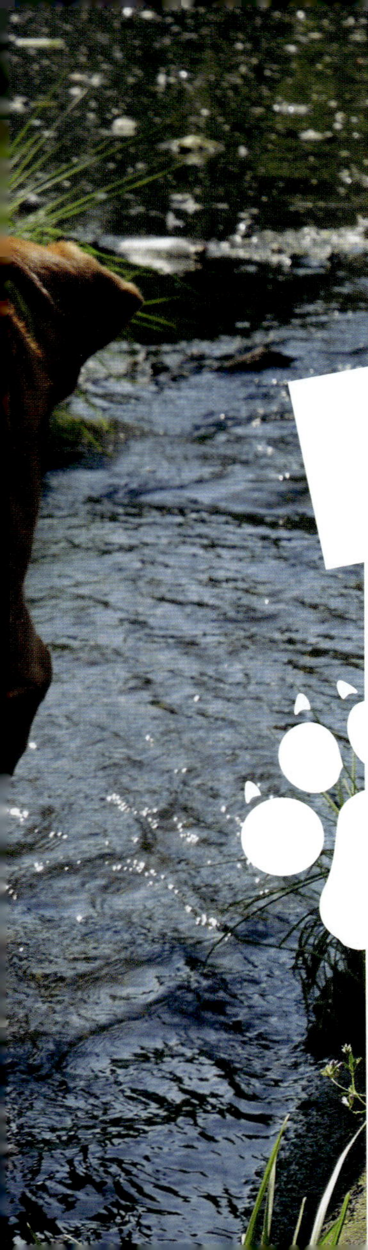

TEGEL – HALLIG

EIN HAUCH VON MEER

Plaudern aus dem Nähkästchen. Als ich noch im *räusper* schönen Wedding wohnte, war das Hundeauslaufgebiet Tegel quasi mein Vorgarten. Ich habe Stunden hier verbracht, Wege vertieft, Wildschweine getroffen, Abenteuerspaziergänge organisiert und und und...

Jedes Mal, wenn ich den nun langen Weg auf mich nehme und zurückkehre, wundere ich mich, dass der Grunewald so voll ist und der Forst hier so leer. Aber vielleicht ist es ja wirklich der weite Weg. Oder das Image. Reinickendorf versus Zehlendorf ist wohl ein unfairer Kampf. Ist ja auch egal. Soll mal ruhig so ruhig bleiben.

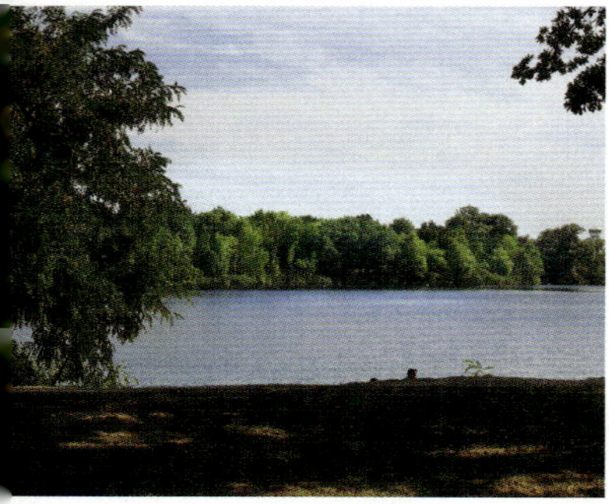

TRACKINFO

Verlauf: Flughafensee, Flughafen TXL, Bernauer Straße, Halligweg

Art: Rundwanderung, mittel

Tracklänge: 12,0km

Start: Seidelstraße 18 (Parkplatz)

Öffis: U6, Bus 133, X33
➾ Station Holzhauser Straße

L

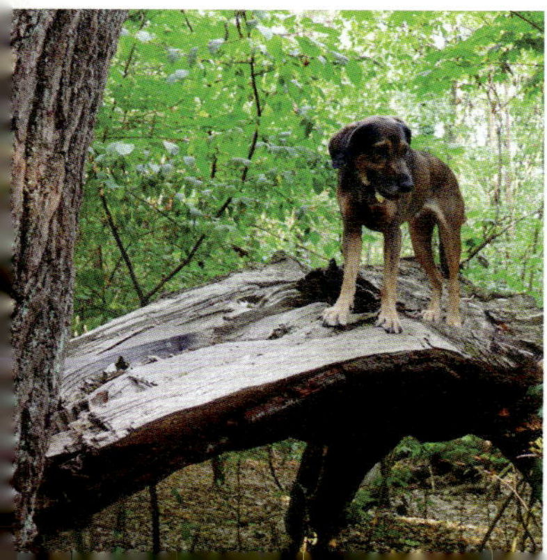

Ein Gefühl von Meer erleben

Der Track führt nicht nur durch das Hundeauslaufgebiet. Wir haben den Weg ein wenig aufgepimpt und um den Flughafensee und die Hallig erweitert. Hallig? Ja genau. Ich war auch überrascht, davon zu erfahren. In Berlin gibt es eine Hallig. Naja, so etwas ähnliches. Ach, schau einfach selber. Wir beginnen an der Seidelstraße am Parkplatz und laufen hier den Hauptweg in den Forst hinein. Auf der linken Seite begleitet uns ein Graben – der Schwarze Graben. Er mündet in eine Arte Schleuse, die besonders im Sommer pittoresk zwischen Graben und See liegt. Also anschauen. Danach kehren wir auf den Hauptweg zurück und bleiben in der Nähe des Flughafensees. Auf der linken Seite befindet sich eine Badebucht, an der der FK-Kultur gefrönt wird. Einige Meter dahinter liegt der große Strandbereich mit Picknickplatz, der im Sommer ordentlich voll ist.

Noch ein paar Schritte weiter, am eingezäunten Vogelschutzgebiet vorbei und rechts vom Hauptweg beginnt das Hundeauslaufgebiet. Hier möchte ich keinen Weg vorgeben, sondern nur die grobe Richtung geradeaus. Wie lange Du hier im Auslauf herumtoben möchtest, ist ganz Dir überlassen, aber verschieß nicht gleich das ganze Pulver. Wir kommen hierher auch wieder zurück. Wenn Du fertig bist, treffen wir uns an der Ampel auf der Bernauer Straße. Als Tipp gegen das Verlaufen: das Gebiet ist eingegrenzt durch den Flughafen auf der linken Seite hinter dem See, auf der rechten Seite durch die Siedlung und am Ende durch die Bernauer Straße. Dazwischen bewegst Du Dich. Wenn Du Dich verlaufen hast, läufst Du einfach so lange geradeaus, bis Du an einem dieser Punkte ankommst. Oder Du lauschst in den Wald. Hörst Du ein Flugzeug starten oder landen oder Verkehrslärm? Wenn Du nichts verkehrt machen möchtest, dann bleibe auf diesem Hauptweg. Der führt zur Bernauer und kommt auch prompt an der Ampel aus dem Wald. Wir überqueren hier die große Straße und biegen auf der anderen Seite gleich links ab, laufen parallel neben der Straße bis zum zweiten Abzweig. Den biegen wir rechts ab in den Wald. Übrigens ist das kein Hundeauslauf mehr hier auf dieser Seite.

Wir kommen am eingezäunten Rückhaltebecken vorbei, gehen daran vorbei bis zur nächsten Weggabelung und biegen dort links ab und zwar hinter dem nächsten eingezäunten Becken. Wir bleiben am Zaun, umrunden das Gelände an der Längsseite bis ungefähr zur Hälfte und biegen dann rechts ab. Wir kommen an einer Bank vorbei und laufen geradeaus weiter auf die Häuser zu. Auf dem Hauptweg geht es dann nach rechts und an der Gabelung mit der Trinkwasser-

HALLIG? IN BERLIN? COOL!

Eigentlich sind Halligen kleine Marschinseln, die vor den Küsten liegen und gerne bei Sturmfluten überschwemmt werden. Und eine Insel beinhaltet ja, dass sie vom Festland losgelöst liegt. Gut. Das ist hier ein bisschen anders. Diese Hallig ist mit dem Festland verbunden. Und auch nicht von Salz-, sondern von Süßwasser umgeben. Und es gibt hier auch keine Sturmfluten. Aber die Hallig war tatsächlich mal eine Insel und wurde dann durch einen künstlich aufgeschütteten Damm zur Halbinsel. Immerhin. Das mit einem weiteren Damm vom Tegeler See getrennte Gewässer heißt Kleine Malche und ist die südlichste Bucht des Tegeler Sees.

Die Kleine Malche ist die südlichste Bucht des Tegeler Sees. Im Hintergrund, hinter der schmalen Öffnung der Bucht in den See, die Insel Maienwerder. ▼

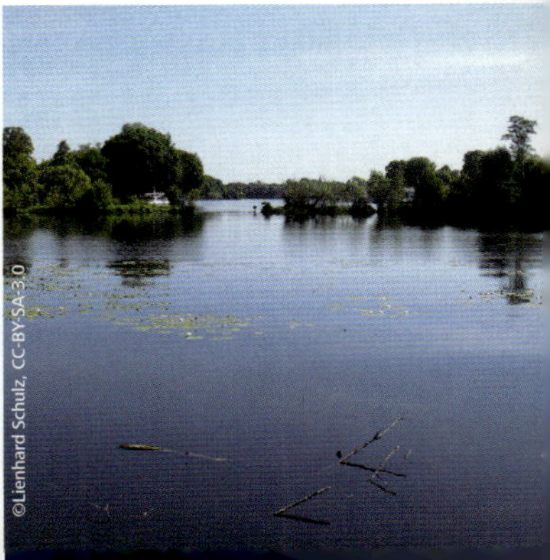

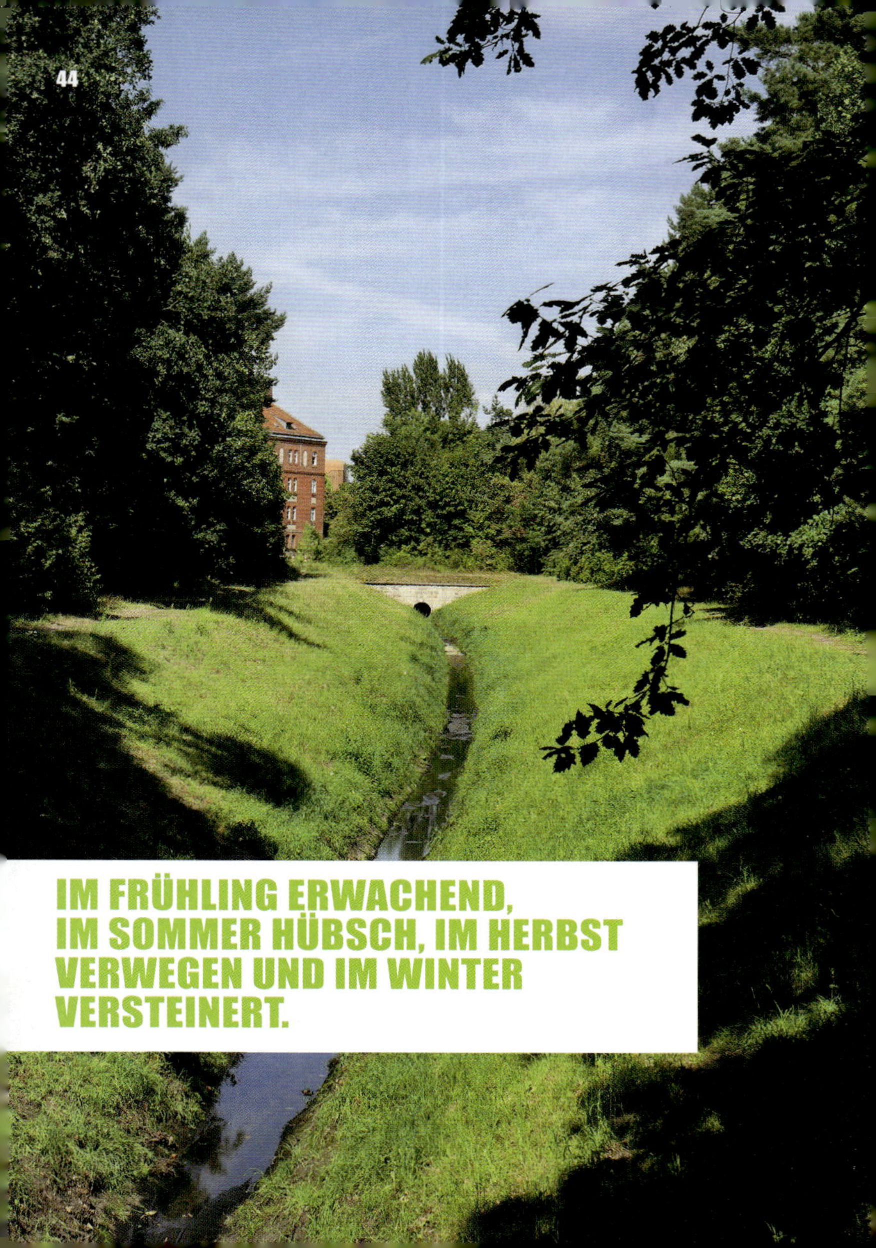

IM FRÜHLING ERWACHEND, IM SOMMER HÜBSCH, IM HERBST VERWEGEN UND IM WINTER VERSTEINERT.

bohrung nach links. Ganz dicht an den Häusern folgen wir dem Trampelpfad nach rechts und gelangen auf die Straße. Entweder kürzen wir den Weg nach links über das Gelände des Jägerhäuschens ab, oder wir gehen außen herum, sprich die Straße entlang, links über den Parkplatz, am Café »Im Bienenstock« vorbei auf die Lindenallee und dann rechts auf den Halligweg. Und nun immer geradeaus und genießen. Danach geht der Weg bis zum Café wieder zurück. Der Einfachheit halber laufen wir nun auf dem Fußweg neben der Straße (Maienwerderweg) entlang. Am Ende sehen wir schon die Ampel an der Bernauer Straße. Und dann geht's Heeme, wie der Sachse sagt.

Umgebungs- & Einkehrtipps

Café im Bienenstock

Menschen mit Handicaps arbeiten im Café, in der Imkerei und auch in der Holzverarbeitung – unterstützenswert und sehr hundefreundlich.
13599 Berlin, Im Saatwinkel 17-19
www.alvus.net

Restaurant Jägerhäuschen

Bootsstand, Wagenlaube to stay
13599 Berlin, Im Saatwinkel 7-9
www.jaegerhaeuschen.de

Dogwalker Berlin

Hundeauslaufservice –
auch im Forst Jungfernheide
12683 Berlin, Irmastraße 24
www.dogwalker-berlin.de

WIEVIEL WASSER BRAUCHEN HUNDE?

Wie der Mensch kann der Hund wochenlang ohne Futter leben, aber nur wenige Tage ohne Wasser. Hunde sind in der Lage, beim Stoffwechsel Wasser zu bilden. Oder sie nehmen es als Trinkwasser bzw. über die Nahrung auf. Beim Barfen (Rohfütterung) gelangt ein erheblicher Teil des Wasserbedarfs in den Hund. Trockenfutter hat davon nur ca. 10%. Also hängt es ganz erheblich von der Fütterung ab, wieviel Wasser der Hund noch zusätzlich braucht und natürlich von seiner Größe und Aktivität. Zu Hause sollte der Hund immer Zugriff auf Wasser haben. Draußen helfen Flüsse, Seen und Bäche aus. Und meine – psstt – dürfen sogar aus Pfützen saufen. So. Wenn große Hitze herrscht, achte ich lieber darauf, dass meine Vierbeiner sich nicht überanstrengen, anstatt darauf, dass sie genug trinken.

Landschaftsschutzgebiet 27: der Berliner Flughafensee im Sommer. ▼

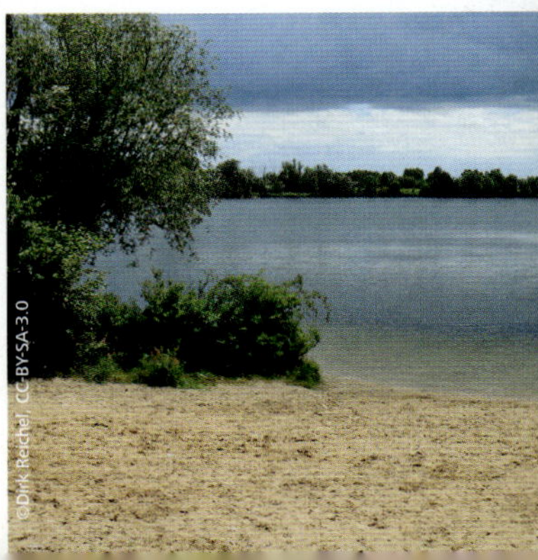

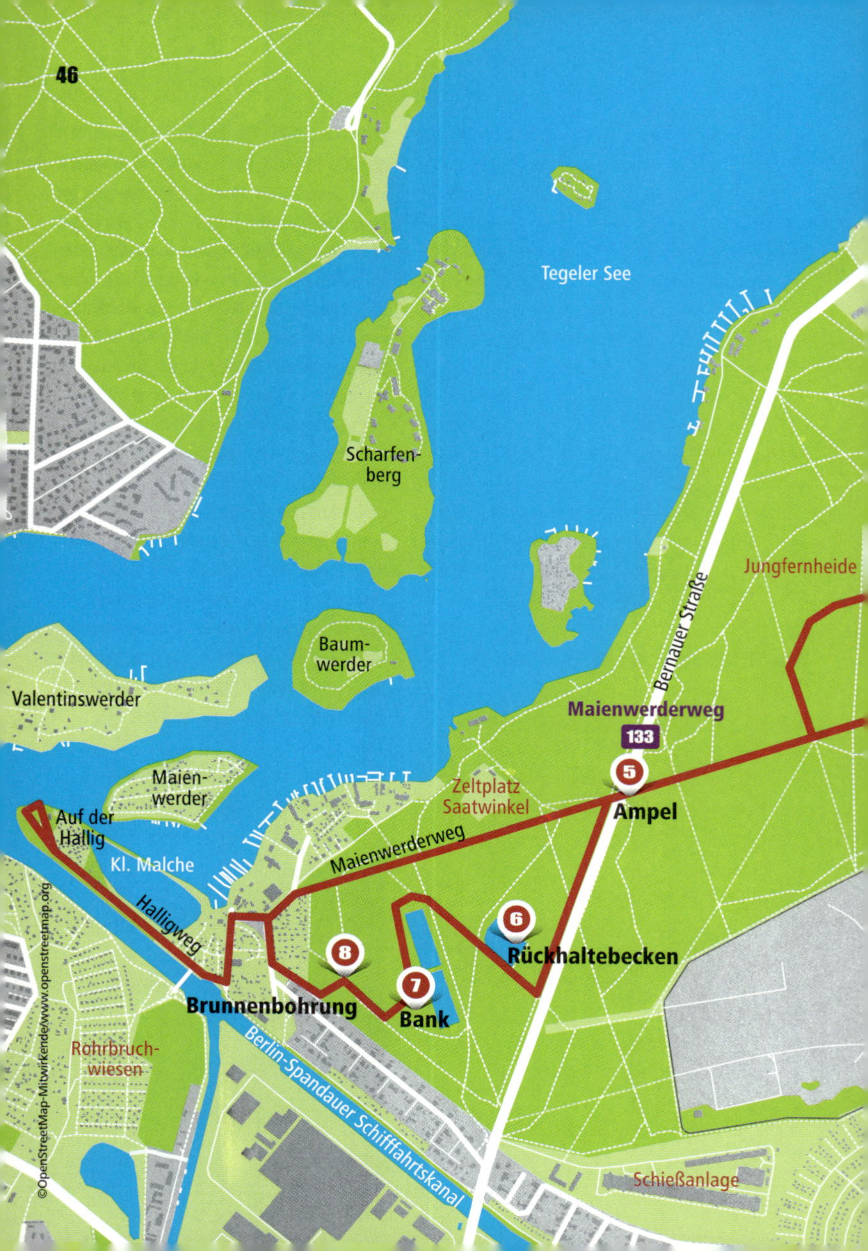
Tegeler See
Scharfen-
berg
Baum-
werder
Valentinswerder
Maien-
werder
Auf der
Hallig
Kl. Malche
Halligweg
Maienwerderweg
Zeltplatz
Saatwinkel
Maienwerderweg
133
5
Ampel
Bernauer Straße
Jungfernheide
6
Rückhaltebecken
8
7
Brunnenbohrung
Bank
Berlin-Spandauer Schifffahrtskanal
Rohrbruch-
wiesen
Schießanlage
©OpenStreetMap-Mitwirkende/www.openstreetmap.org

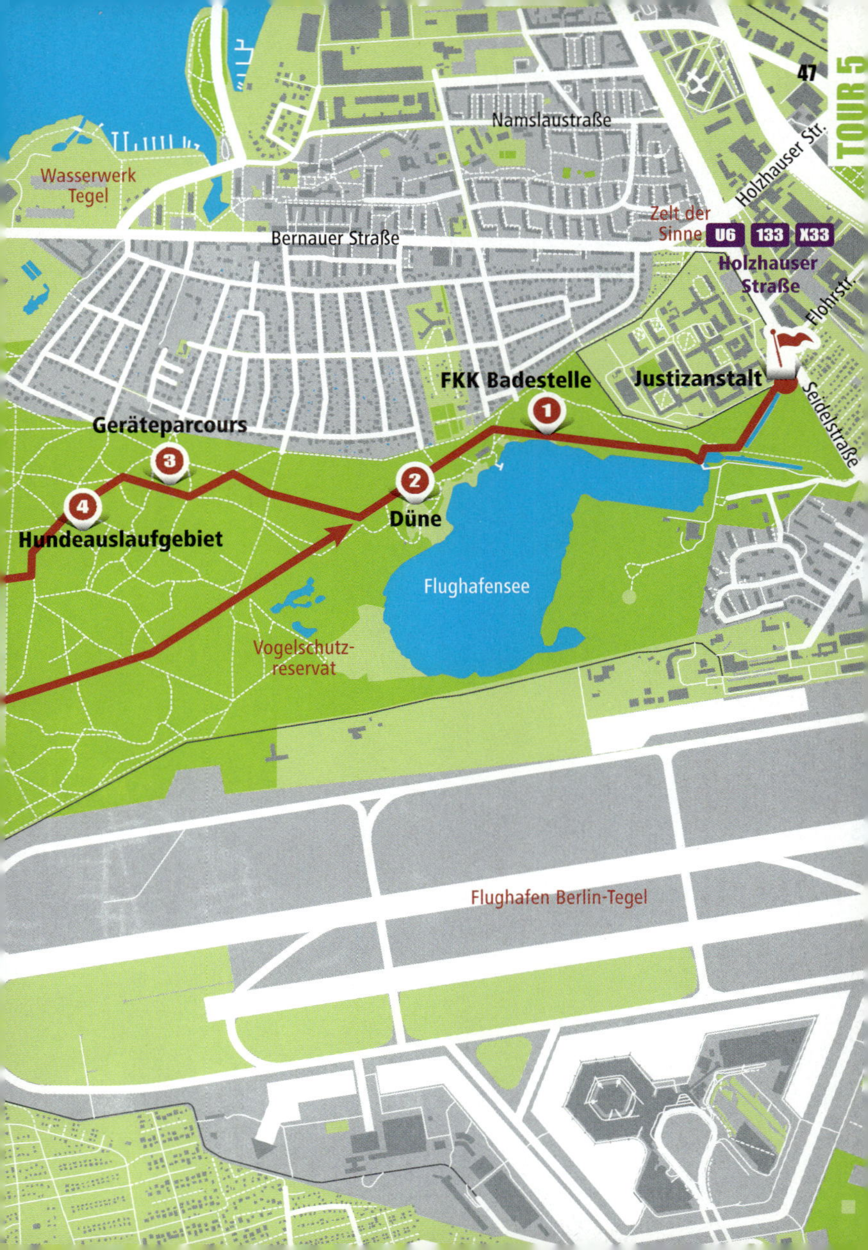
Namslaustraße
Wasserwerk Tegel
Holzhauser Str.
Zelt der Sinne
U6
133
X33
Holzhauser Straße
Bernauer Straße
Flohrstr.
FKK Badestelle
Justizanstalt
Seidelstraße
Geräteparcours
Düne
Hundeauslaufgebiet
Flughafensee
Vogelschutz-reservat
Flughafen Berlin-Tegel

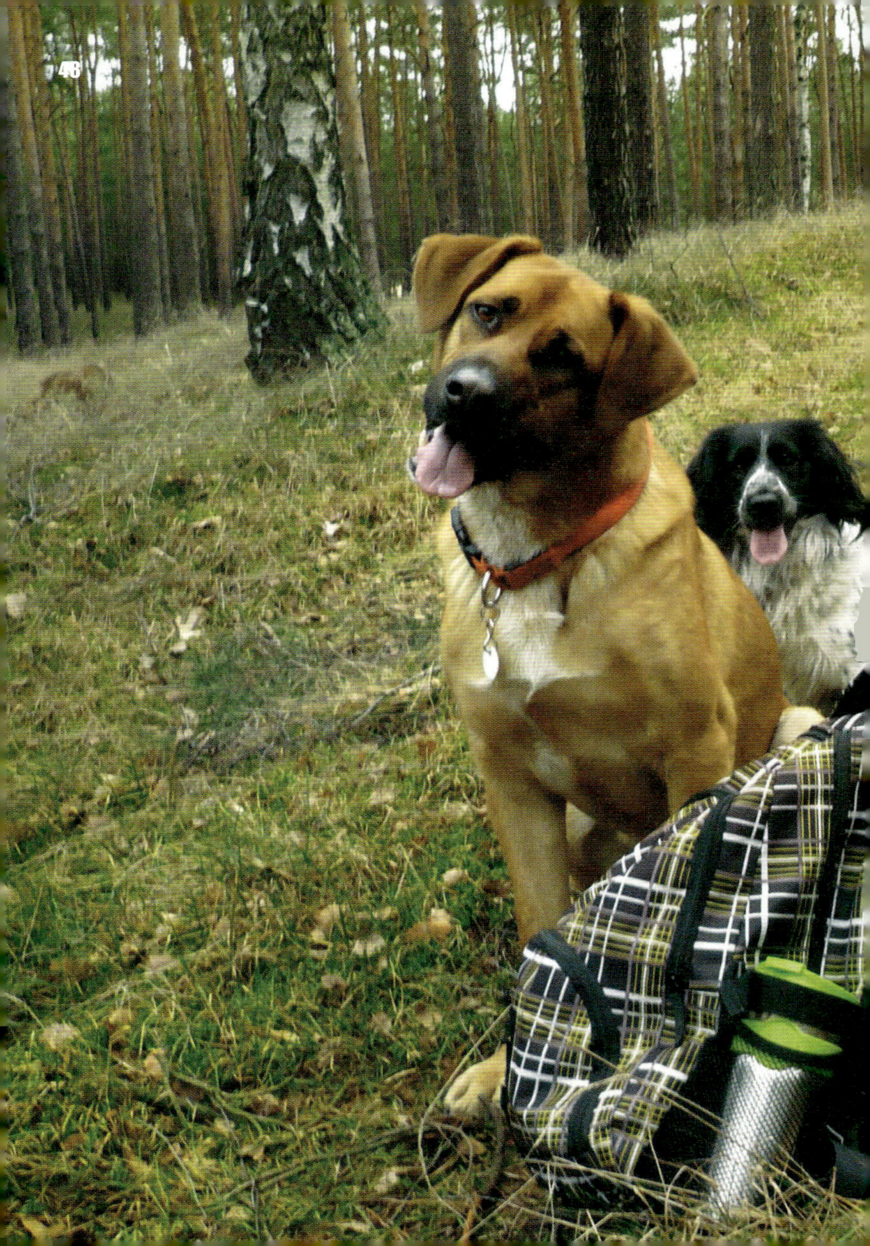

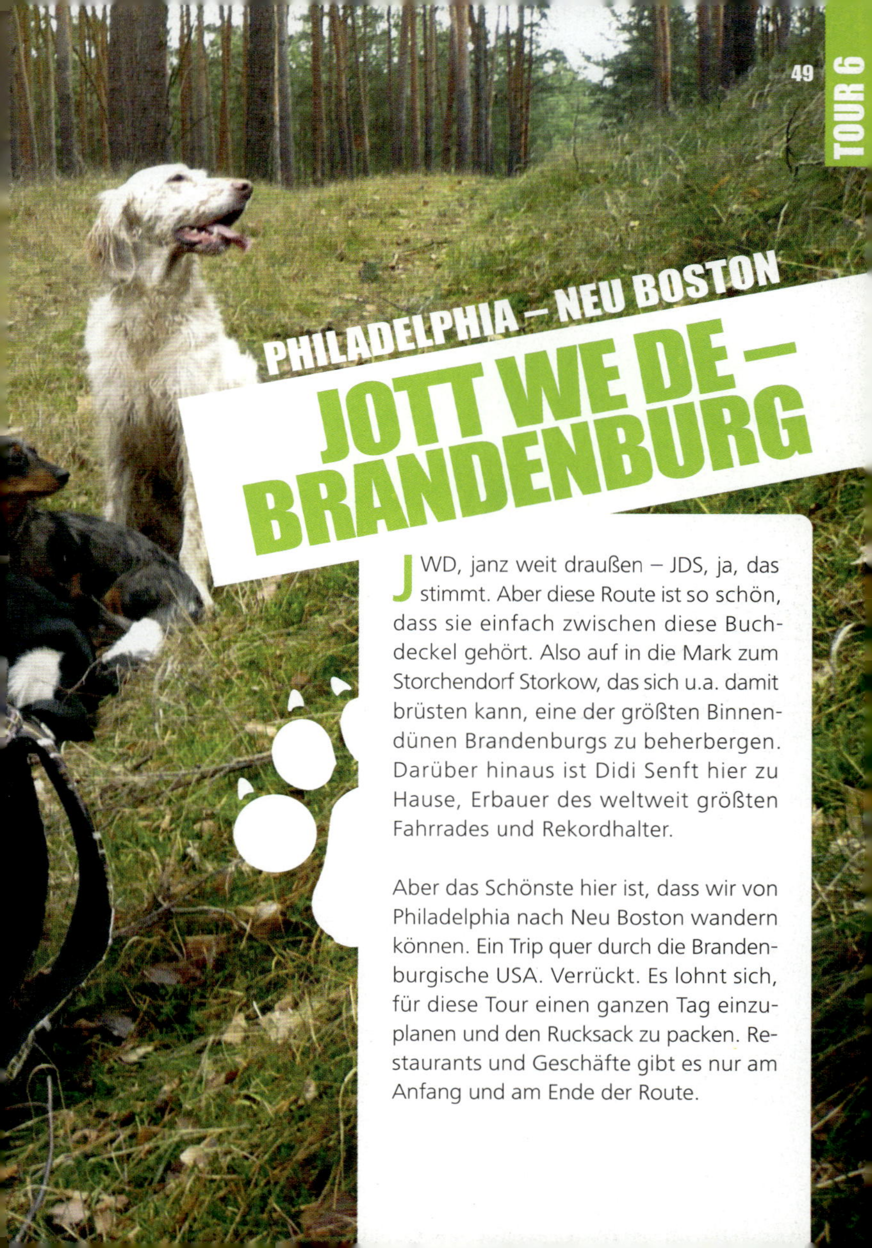

PHILADELPHIA – NEU BOSTON

JOTT WE DE – BRANDENBURG

JWD, janz weit draußen – JDS, ja, das stimmt. Aber diese Route ist so schön, dass sie einfach zwischen diese Buchdeckel gehört. Also auf in die Mark zum Storchendorf Storkow, das sich u.a. damit brüsten kann, eine der größten Binnendünen Brandenburgs zu beherbergen. Darüber hinaus ist Didi Senft hier zu Hause, Erbauer des weltweit größten Fahrrades und Rekordhalter.

Aber das Schönste hier ist, dass wir von Philadelphia nach Neu Boston wandern können. Ein Trip quer durch die Brandenburgische USA. Verrückt. Es lohnt sich, für diese Tour einen ganzen Tag einzuplanen und den Rucksack zu packen. Restaurants und Geschäfte gibt es nur am Anfang und am Ende der Route.

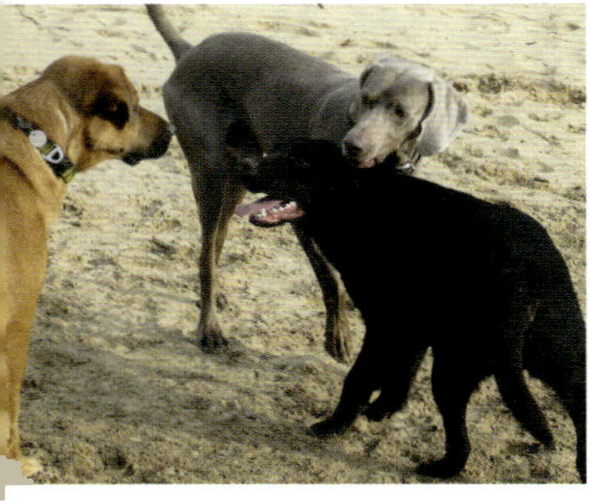

TRACKINFO

Verlauf: Burg Storkow, Bhf. Storkow, Philadelphia, Neu Boston, Lebbiner See

Art: Rundwanderung, schwer

Tracklänge: 15,15km

Start: Burg Storkow, Schloßstraße 6

Öffis: RB36, Bus 405, 406, 407, 435
➮ Station Bahnhof Storkow

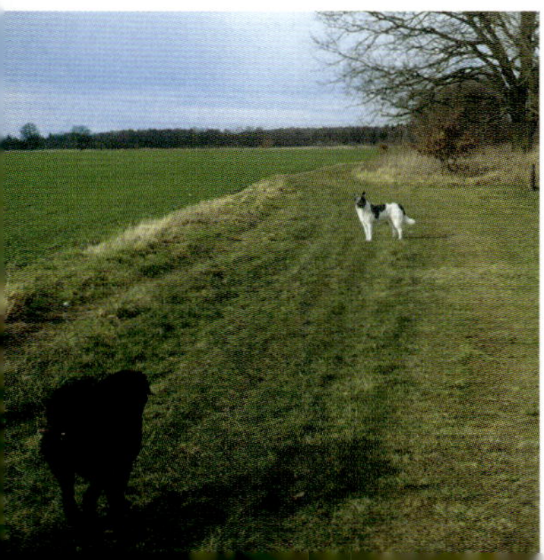

Quer durch die USA von Philadelphia bis Neu Boston

Wir starten an der Burg in Storkow. Wer mit dem Zug anreist, der steigt am Bahnhof in die Tour ein. Durch Storkow kommen wir folgendermaßen: auf der Burgstraße nach links, an der nächsten Ampel rechts auf die Rudolf-Breitscheid-Straße, hinter dem Parkplatz links in die Gerichtstraße, dieser folgen bis zur Bahnhofsstraße. Rechts am Bahnhof vorbei und links die Bahn queren. Hier geht es nach links über den Bahndamm. Hinter den Schienen geht es rechts auf einen Wanderweg mitten hinein in die Salzwiesen. Wir laufen einige hundert Meter geradeaus und am Ende der Wiesen in einer links-rechts-Kombination am Angelteich von Philadelphia und später an der Feuerwehr vorbei in das Dorf hinein. An der Hauptstraße schenken wir der handgemalten Übersichtskarte gebührende Beachtung, wenden uns dann nach rechts. Wir verlassen Philadelphia, wechseln den Bürgersteig von rechts nach links und gehen über eine Brücke. Augen auf, auf der rechten Seite führt ein Trampelpfad zwischen den Wiesen hindurch Richtung Wald. Diesem folgen wir. Im Wald halten wir uns geradeaus, folgen dem Pfad, überqueren die Bahnschienen und halten uns dann rechts. Wir steuern auf eine Wiese zu, haben zu unserer linken einen kleinen Bach. Die Wiese überqueren wir und halten uns dicht am Wald. Wenn der Wald eine Pause macht, biegen wir links ab. Es geht leicht hoch und dann rechts. Willkommen in den Türkenbergen. Den letzten Anstieg dieser Berge sparen wir uns und nehmen den Weg links aus dem Wald hinaus, an der Schranke schräg rechts-geradeaus auf ein Feld zu, an dem wir rechts entlanglaufen.

Dann geht es über die Landstraße auf asphaltiertem Weg nach Neu Boston. In einem der Gärten sind Strauße zu Hause. Wir passieren die Häuser und entdecken einige Müllcontainer. An diesen Tonnen gehen wir rechts, folgen dem Weg und haben zur Rechten Grundstücke und zur Linken den Lebbiner See. Schön. Am Ende der Straße überqueren wir erneut eine Landstraße. Linker Hand geht es zur Mülldeponie, aber wir laufen auf dem Waldweg weiter, der erst sichtbar wird, wenn wir auf der anderen Straßenseite sind. Links haben wir nun einen Wildzaun bzw. hinter einer Anhöhe eine Wiese,

PHILADELPHIA? ECHT JETZT?

Anno 1713 wurde die Ortschaft zum ersten Mal erwähnt. Da hieß sie aber noch »Bei dem Hammlstalle«. Hier siedelten arme Leute aus der Pfalz, Franken, Schlesien und Friesland. Nach den Schlesischen Kriegen folgten Verwundete, Soldaten, Tagelöhner. 1772 wurde das Dorf per Urkunde amtlich. Allerdings gefiel den Bewohnern der Name des Dorfes nicht und so beschwerte man sich bei Friedrich II.. Dieser, ganz Kosmopolit, befahl kurz und bündig den Namen Philadelphia – ein Stück neuer Welt im eigenen Ländle. Regelmäßige Treckertreffen des Vereins Schlepperfreunde Philadelphia e.V. sorgen in schöner Regelmäßigkeit in Philadelphia für Lärm und Leben. Na, ist doch was los hier im Hammlstalle.

In Neu Boston leben nicht nur Hunde, Pferde und Katzen. Auch Exotisches läuft hier durch den Vorgarten. ▼

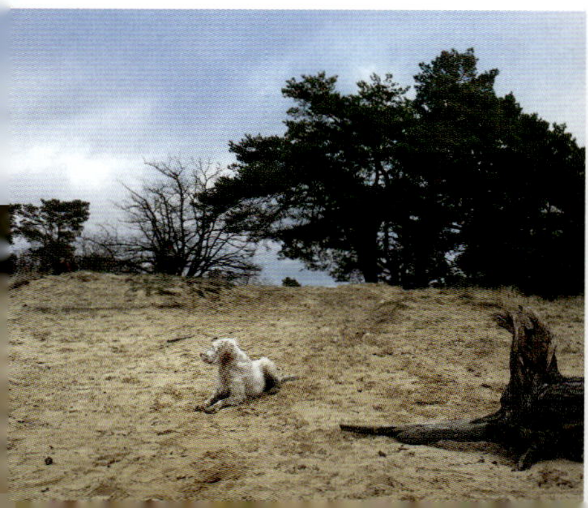

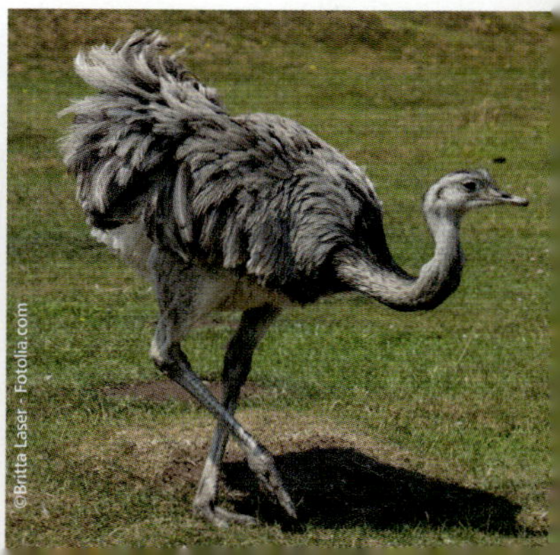

©Britta Laser - Fotolia.com

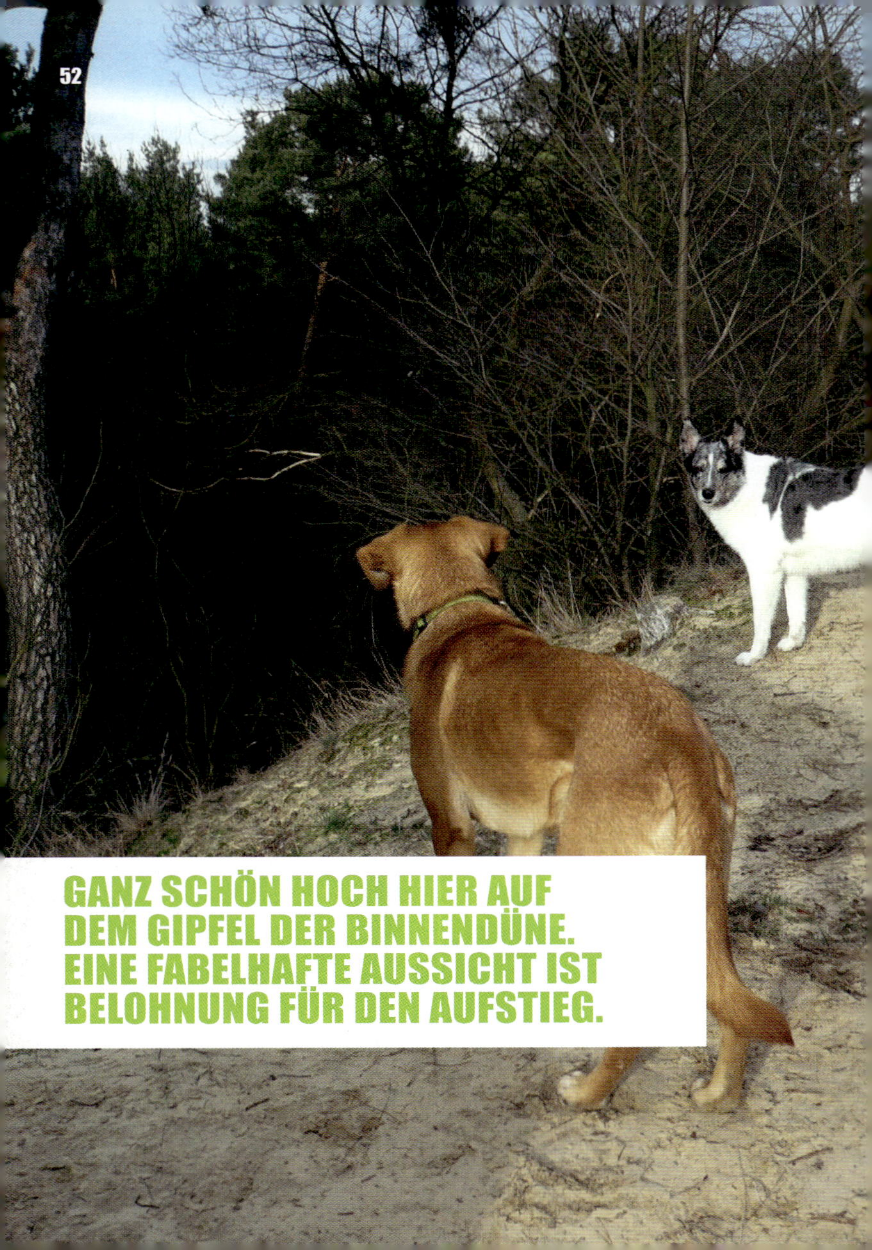

GANZ SCHÖN HOCH HIER AUF DEM GIPFEL DER BINNENDÜNE. EINE FABELHAFTE AUSSICHT IST BELOHNUNG FÜR DEN AUFSTIEG.

die ein wenig an Friedhof der Kuscheltiere erinnert; rechts befindet sich Wald. Dem Weg folgen wir bis zur Landstraße. Diese überqueren wir und laufen auf der anderen Straßenseite ein Stück nach rechts, bis links wieder ein Waldweg abgeht. Hier biegen wir ein, gehen durch den Wald, bis wir an einen Zaun kommen. Vor dem Zaun gehen wir links ab und gelangen so in die Dünenlandschaft. Dort angekommen, geht es über das Feld mit Tendenz rechts und dann hinauf auf den Gipfel. Wenn der Atem wieder normal geht, beginnt der Abstieg – runter und leicht links, so gelangen wir wieder nach Storkow auf die Reichenwalder Straße, die uns rechts entlang am Friedhof und Storkower See zurück zum Ausgangspunkt führt. Um nicht die ganze Zeit auf dieser Hauptstraße zu marschieren, biegen wir hinter dem Strandbad die zweite nach links, die Friedrich-Engels-Straße. Die spült uns automatisch wieder auf die Burgstraße zurück.

Umgebungs- & Einkehrtipps

Didi Senft – Erlebnis-Fahrrad-Museum
Mai bis Oktober von 13:00 - 17:00 Uhr
Ins Open-Air-Museum darf der Hund mit.
15859 Storkow, Lebbiner Straße 2
www.didisenft.de

Zum Faß – Deutsche Küche in der Altstadt
Gut erzogene Hunde willkommen
15859 Storkow, Altstadt 14
www.zum-fass.de

WAS MACHT DIE DÜNE HIER?

Silbergras- und Grasnelkenfluren sowie Schaf-Schwingelrasen ist es zu verdanken, dass das Gebiet Binnendüne Waltersberge unter Naturschutz steht. Das Gelände umfasst ca. 14ha. Ein Hektar entspricht 10.000m². Die Düne ist ungefähr 69m hoch. Entstanden ist sie am Ende der Eiszeit durch Schmelzwasserablagerungen und auch Sandverwehungen, um es einmal ganz einfach auszudrücken. Das Maskottchen der Düne ist übrigens der Ameisenlöwe. So wird die Larve der Ameisenjungfer bezeichnet, was sich weder sexy anhört noch so aussieht. Der geschützte Feld-Sandlaufkäfer ist da schon um einiges putziger. Einst wurde auf diesem Berg tatsächlich Wein angebaut und zwar auf rund 3,6 Hektar, wo wir uns mit dem Maß nun so gut auskennen.

Wer sagt denn, dass man nicht gegen die Sonne fotografieren kann? ▼

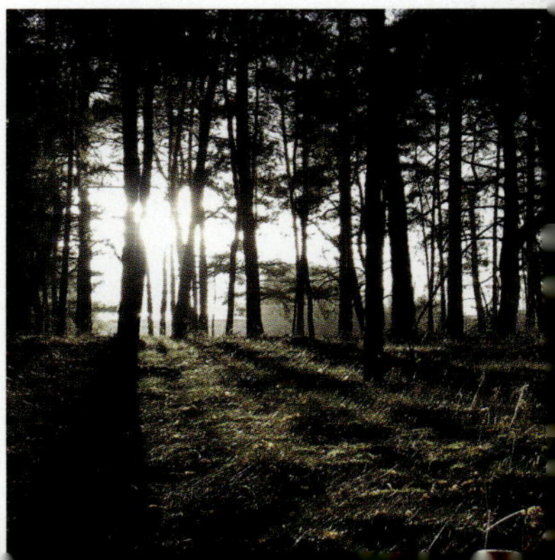

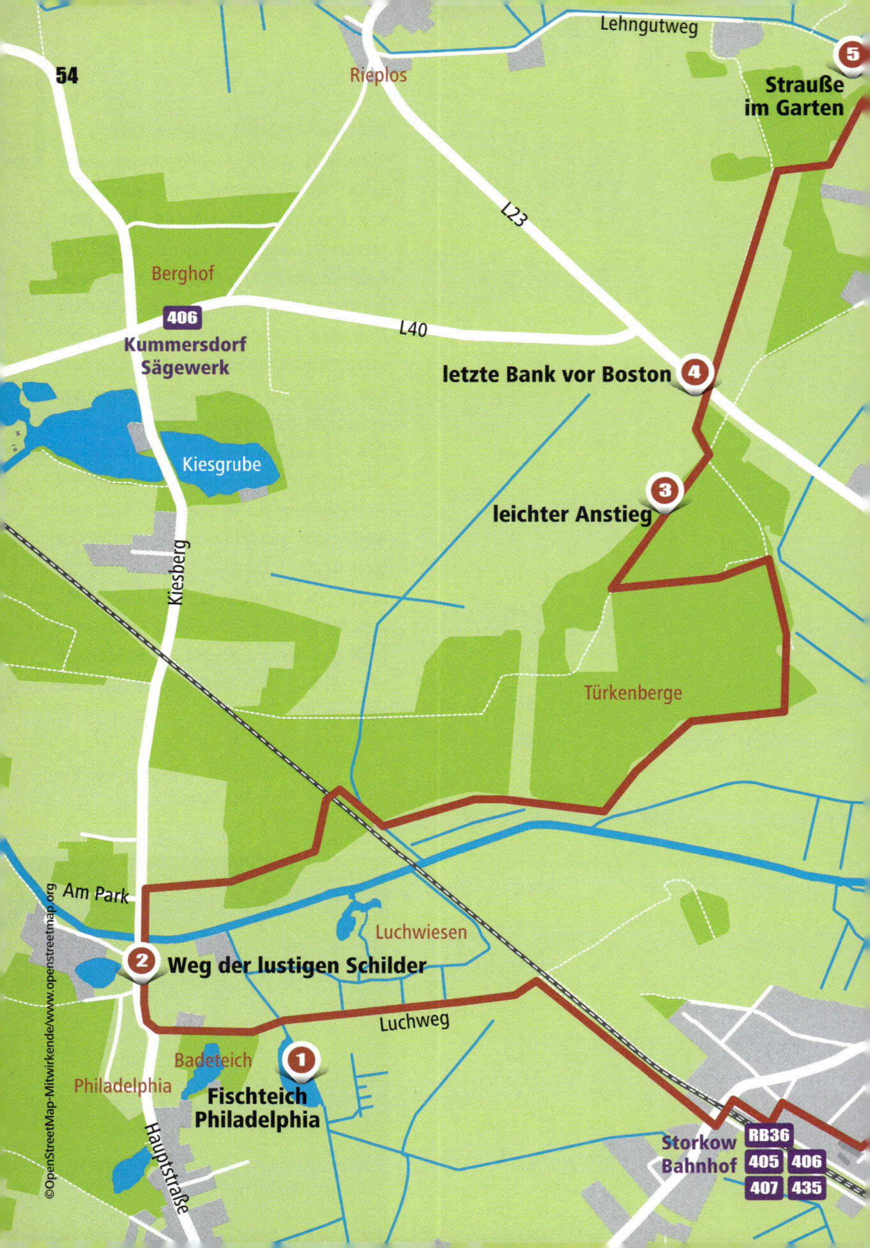
Lehngutweg
Rieplos
Strauße im Garten
L23
Berghof
406
Kummersdorf Sägewerk
L40
letzte Bank vor Boston
Kiesgrube
leichter Anstieg
Kiesberg
Türkenberge
Am Park
Luchwiesen
Weg der lustigen Schilder
Luchweg
Badeteich
Philadelphia
Fischteich Philadelphia
Hauptstraße
Storkow Bahnhof
RB36
405
406
407
435
©OpenStreetMap-Mitwirkende/www.openstreetmap.org

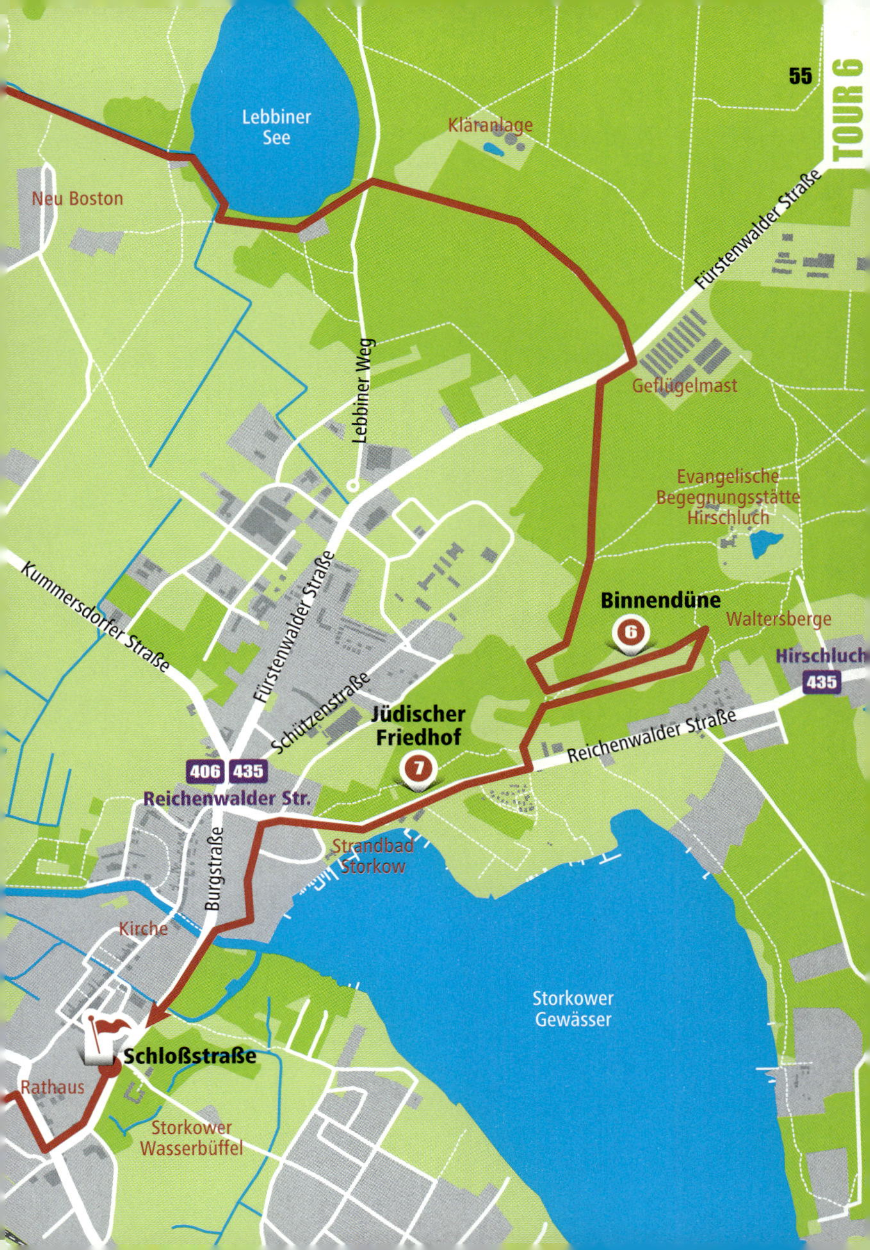
Lebbiner
See
Kläranlage
Neu Boston
Fürstenwalder Straße
Lebbiner Weg
Geflügelmast
Evangelische
Begegnungsstätte
Hirschluch
Kummersdorfer Straße
Fürstenwalder Straße
Binnendüne
6
Waltersberge
Hirschluch
435
Schützenstraße
Jüdischer
Friedhof
7
Reichenwalder Straße
406
435
Reichenwalder Str.
Strandbad
Storkow
Burgstraße
Kirche
Storkower
Gewässer
Schloßstraße
Rathaus
Storkower
Wasserbüffel

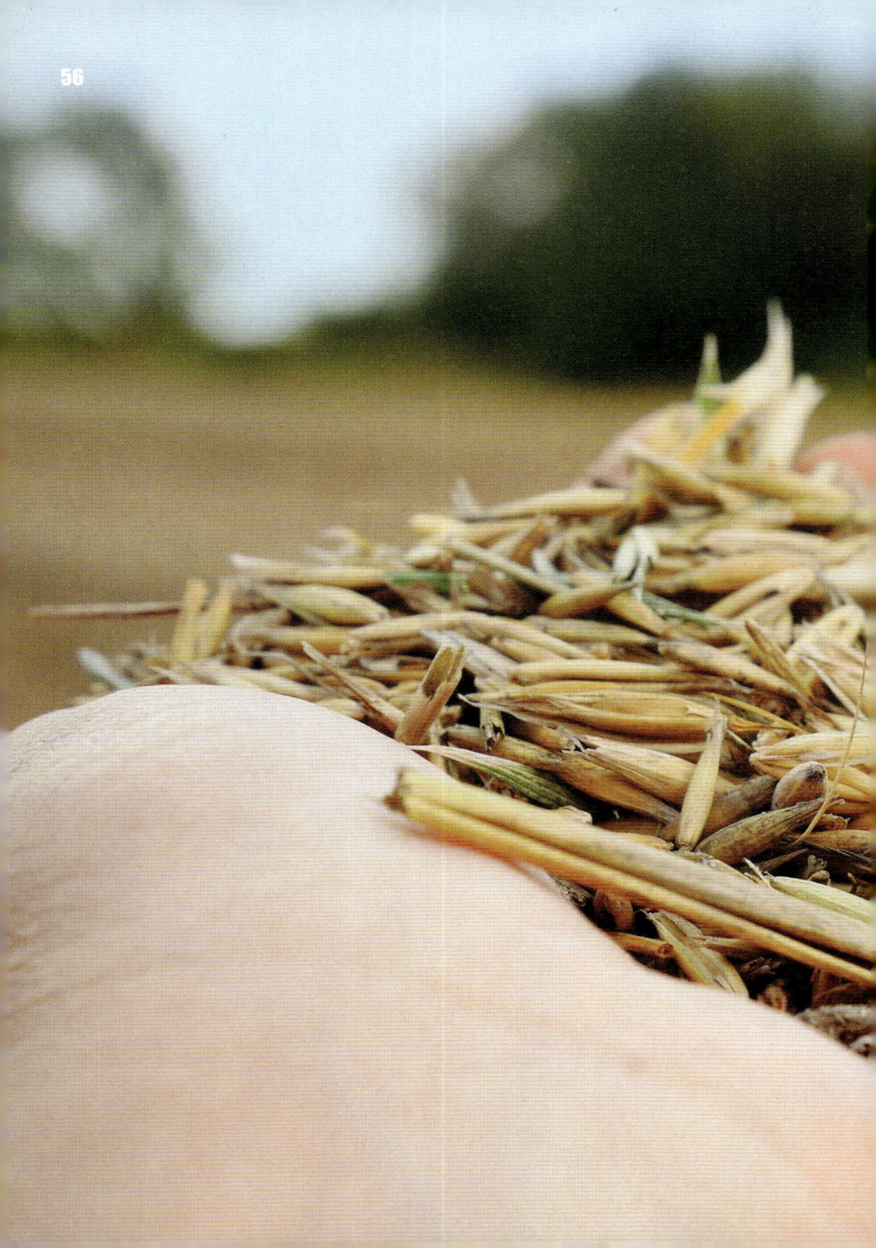

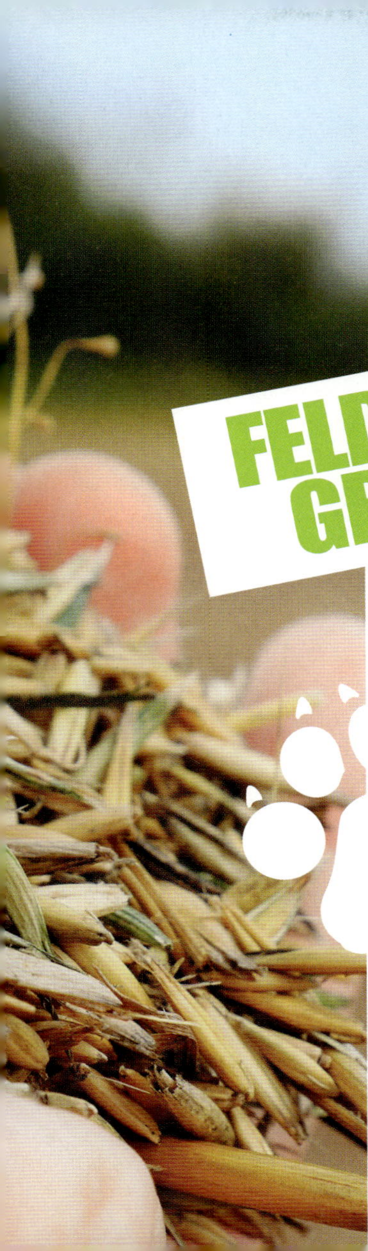

WARTENBERG

FELDFRÜCHTE & GRASFRESSER

Dieser Track sollte eigentlich gar nicht so lang werden. Aber dann war das wieder so schön hier. Und wir wollten Euch nichts vorenthalten. Und dann waren es ruck zuck wieder zehn Kilometer. Aber die sind so abwechslungsreich, das dürfte dennoch kurzweilig werden.

Wiesen mit Highlandrindern und Schafen, kleine Trampelpfade durch die Feldmark, Siedlungen mit Hütten und Villen, Streuobstwege und ein paar Schrebergärten machen aus dieser Wanderung eine runde Sache. Waldwege wechseln sich mit Asphalt ab und das Auge des Menschen und die Nase des Hundes dürfen hier auf Reisen gehen.

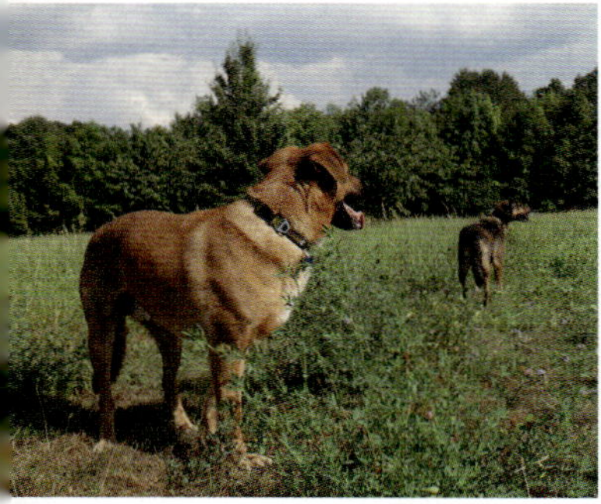

TRACKINFO

3

Verlauf: Wartenberger Feldmark, Falkenberger Rieselfelder, Grüne Trift

Art: Rundwanderung, schwer

Tracklänge: 10,0km

Start: Lindenberger Straße 49

Öffis: Bus 256, 893 ➔ Station Lindenberger Straße/Birkholzer Weg

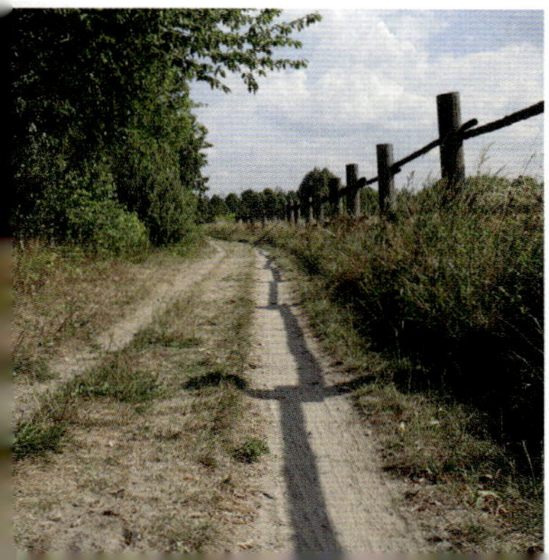

Mit Obstwiesen und Büffeln gespickte Natur erwandern

Wir starten ganz in der Nähe der Bushaltestelle (Lindenberger Straße/Birkholzer Weg) und laufen die Straße 10 entlang an einer alten Gärtnerei vorbei Richtung Feldmark. Dort geht es immer geradeaus dem Weg folgend, bis sich vor uns die Weiden ausbreiten. Nach dem kleinen Waldstück biegen wir auf den Pfad rechts ab, es sei denn, Du möchtest hier eine größere Runde drehen. Dann los, es ist ja sehr übersichtlich hier. Aber nicht vergessen: wir haben noch einiges vor. Der Weg mündet in eine T-Kreuzung, der wir nach rechts folgen. Wir gelangen auf einen kleinen Trampelpfad, der für uns nach links abbiegt. Hier laufen wir zwischen zwei Zäunen auf einem recht schmalen Weg entlang, der gut gesichert ist. Am Ende des Pfades geht es nach rechts Richtung Landstraße. Die Straße, die gut einsehbar ist, passieren wir mit wenigen Schritten und nehmen Kurs auf die Siedlung Wartenberg. Dort geht es für uns rechts in die Straße 6 ab und weiter – immer geradeaus. Am Ende der Straße entscheiden wir uns für das Abbiegen nach links. Hier müssen wir ein paar Meter auf der Landstraße gehen.

Auf der rechten Straßenseite gibt es eine Art unbefestigten Fußweg. Wir sind aber schnell in der Gartensiedlung und die Straße wird zu einem Fußweg. Am Ende erwartet uns erneut die weite Sicht über Felder. Und je nachdem, wie der Wind steht, schallt das Hundegebell aus dem nahe gelegenen Tierheim zu uns herüber.

Wir biegen noch einmal links ab und bewegen uns zwischen Feld und Gartenhecke weiter fort Richtung Landstraße und Windkrafträder. Der Weg biegt mit uns an der Baumzeile automatisch nach rechts ab. Vor uns erscheint nach einigen Metern ein Gatter. Vor diesem Gatter biegen wir noch einmal nach links, um noch ein wenig hier in den Feldern zu bleiben. Wir haben nun zur Rechten Büsche und Zaun, die das Naturschutzgebiet markieren und zur Linken das Feld. Am Ende, noch weit entfernt von der Landstraße, geht es nach rechts weiter auf diesem Pfad und dann noch einmal nach rechts. Wir gelangen nun auf einen festeren Weg und laufen an Wiesen, Weiden und Obstbäumen vorbei. Nach einigen hundert Metern geht es wieder

TIERHEIM BERLIN

Über das Tierheim Berlin zu berichten, ohne eine Wertung reinzubringen, ist eine große Herausforderung. Also halten wir uns am besten an Zahlen, Daten, Fakten. In der sogenannten Stadt der Tiere werden, nach eigenen Angaben, Tag für Tag um die 1.400 Tiere von 75 Pflegern versorgt. 300 davon sind Hunde. Damit ist dieses Tierasyl das größte dieser Art in Europa. Kann man darauf stolz sein? Ach ne, wir wollten ja keine Wertung reinbringen. Nicht nur finanziell wird das Tierheim vom Tierschutzverein und seinen round about 15.000 Mitgliedern getragen. 16ha umfasst diese Kleinstadt. Eine eigene Tierarztpraxis und eine Notfallambulanz sind genauso vorhanden wie ein Veranstaltungsraum und ein Café. Im Jahre 2011 wurde ein Hundetrainings- und Reha-Zentrum eröffnet und bietet insgesamt 55 Hunden Platz.

Imposante Hörner halten auf Abstand. ▼

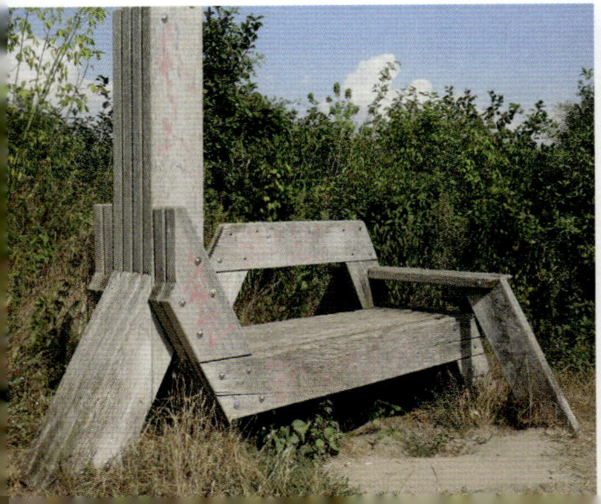

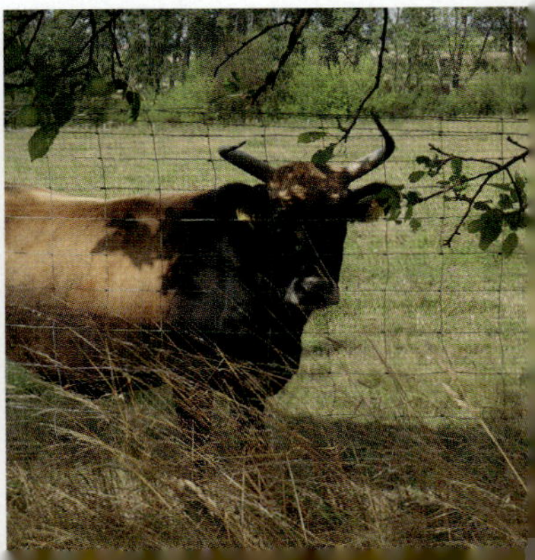

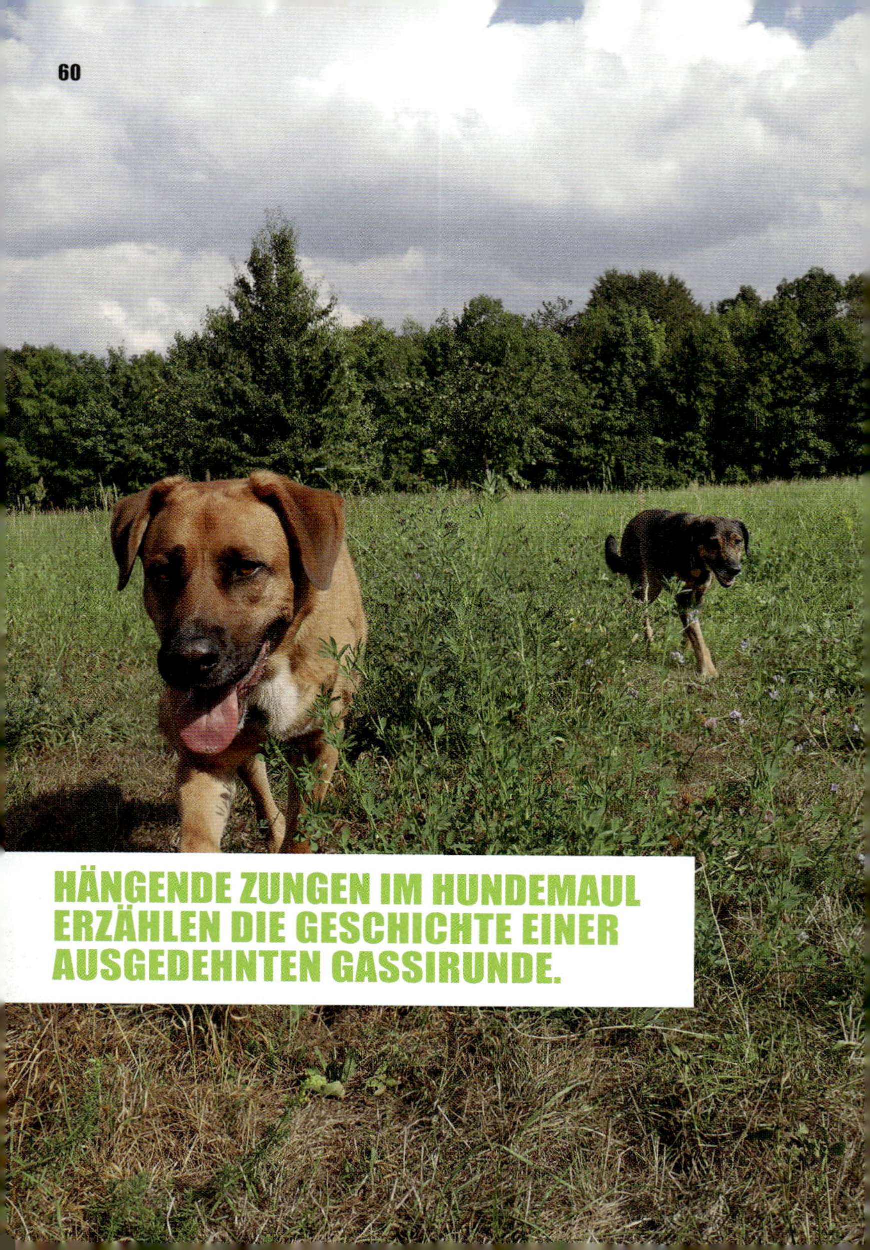

HÄNGENDE ZUNGEN IM HUNDEMAUL ERZÄHLEN DIE GESCHICHTE EINER AUSGEDEHNTEN GASSIRUNDE.

rechts ab, an Weiden vorbei und dieses Mal von der anderen Seite auf das Gatter zu. Bevor wir es erreichen, geht es allerdings nach links und immer geradeaus bis zum Tierheim links und Tierfriedhof rechts. Wer es gut ertragen kann, der sollte einen Rundgang über diesen liebevoll angelegten Friedhof und vorbei an den schönen Gräbern machen.

Unser Track führt uns am Friedhof vorbei bis zur nächsten Kreuzung. Wir laufen weiter auf dem asphaltierten Weg rechts hinunter, durchqueren die Kleingartensiedlung und laufen beschwingt auf der Radstraße Grüne Trift einfach nur weiter geradeaus. Auf der rechten Seite begleitet uns ein Acker und auf der linken Seite ein kleines Waldgebiet. Die Grüne Trift trifft am Ende auf die Lindenberger Straße. Zwei Sprünge nach rechts und mehr als zehn Kilometer sind absolviert. Wir hoffen, es hat gefallen.

Umgebungs- & Einkehrtipps

Tierfriedhof
April bis Oktober: 8:00 - 20:00 Uhr
November bis März: 8:00 - 16:00 Uhr
13057 Berlin, Hausvaterweg 39
www.tierschutz-berlin.de/tierheim

Café im Tierheim
Dienstag bis Donnerstag
10:00 - 17:00 Uhr
13057 Berlin, Hausvaterweg 39
www.cafe-im-tierheim.de

TIERFRIEDHOF

Wenn wir schon bei unbeliebten Themen sind, dann ziehen wir das jetzt durch. Irgendwann kommt der Punkt, an dem wir uns von unserem vierbeinigen Gefährten trennen müssen. Wer einen eigenen Garten hat, der behält sein Tier auch über den Tod hinaus meist in seiner Nähe. Beerdigungen in öffentlichen Wäldern und Parkanlagen sind verboten. In den letzten Jahren haben sich mehr und mehr Tierbestatter dem Thema angenommen. Das Angebot reicht von anonymen Erd- oder Feuerbestattungen bis hin zu eigenen Grabstellen inklusive Grabstein. Für einen mittleren Hund kostet eine Grabstelle für zwei Jahre ungefähr 250€ bis 350€. Zusätzliche Kosten entstehen durch die Beisetzung, den Grabstein, den Sarg usw. Es gibt sogar Anbieter, die aus der Asche einen Diamanten formen, dem Halter übergeben, damit der…. Ach, lassen wir das.

Berlin kann so ein Dorf sein. ▼

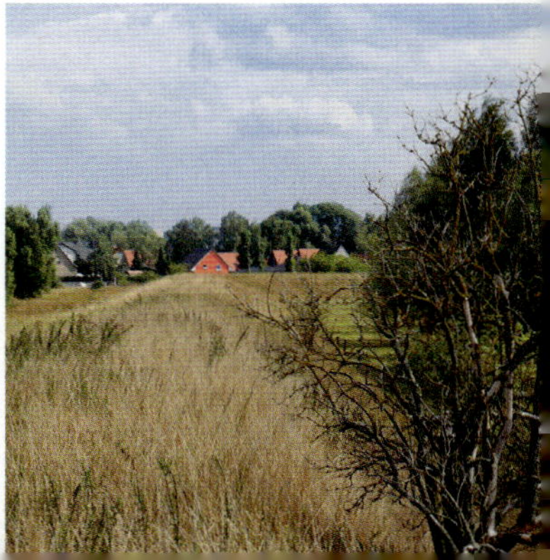

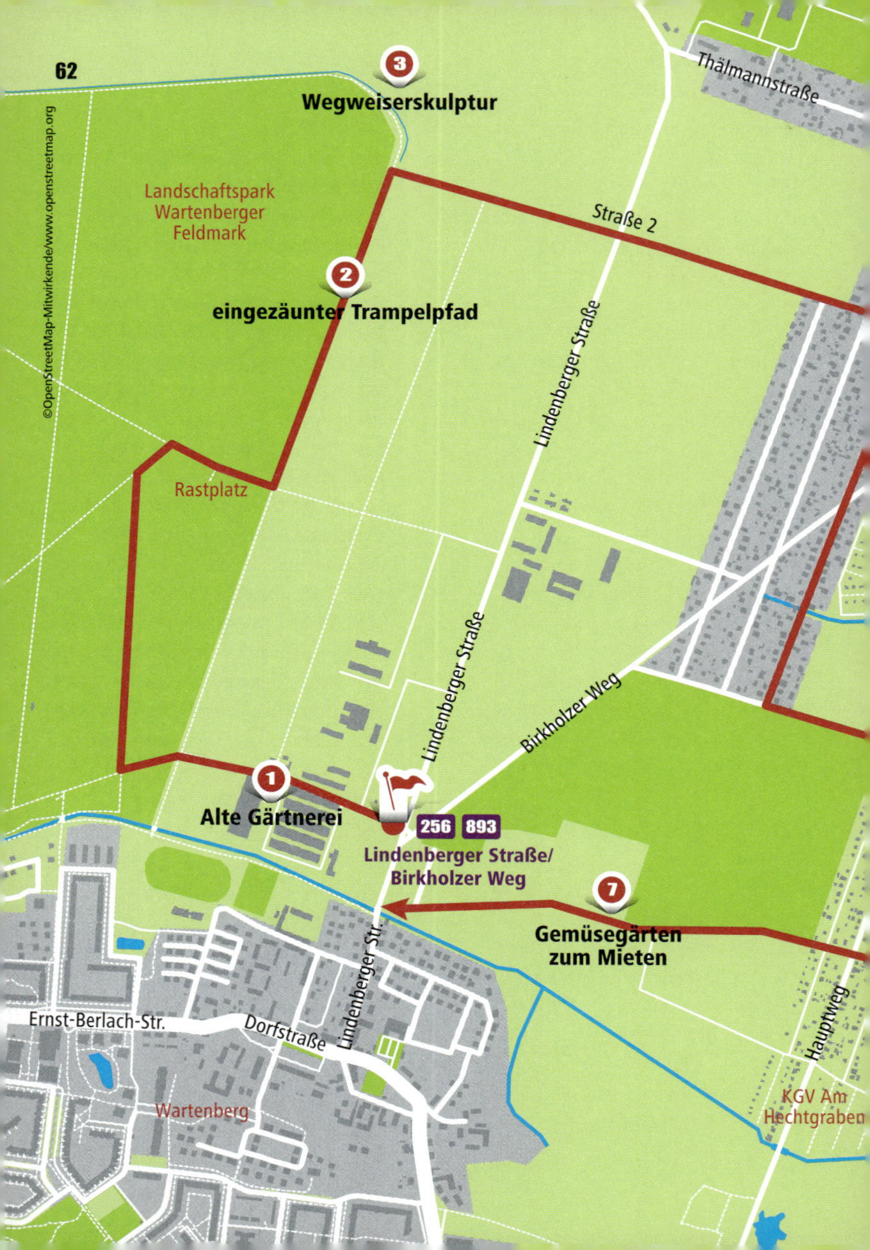

Wegweiserskulptur
Thälmannstraße
Landschaftspark Wartenberger Feldmark
Straße 2
eingezäunter Trampelpfad
Lindenberger Straße
Rastplatz
Lindenberger Straße
Birkholzer Weg
Alte Gärtnerei
256
893
Lindenberger Straße/ Birkholzer Weg
Gemüsegärten zum Mieten
Lindenberger Str.
Ernst-Berlach-Str.
Dorfstraße
Hauptweg
Wartenberg
KGV Am Hechtgraben

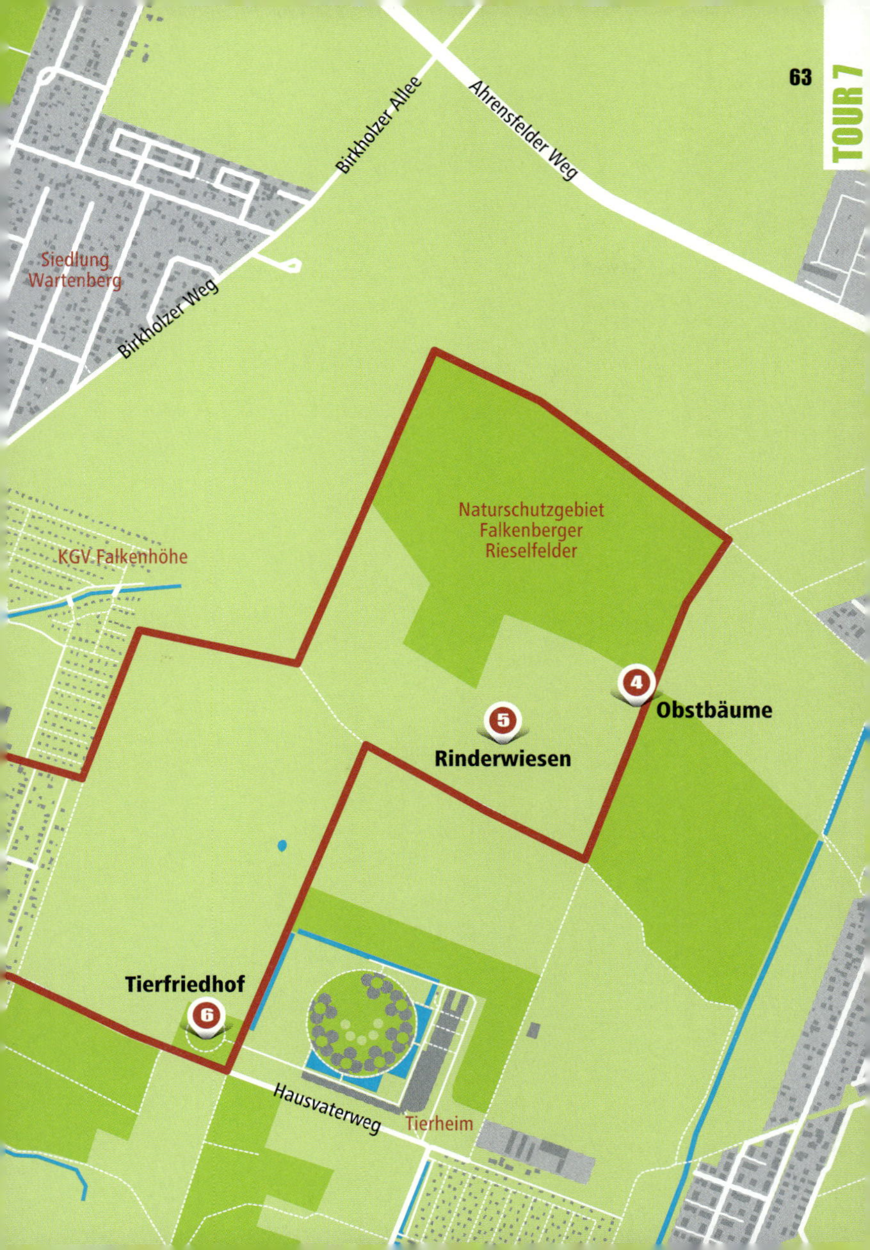
Birkholzer Allee
Ahrensfelder Weg
Siedlung Wartenberg
Birkholzer Weg
Naturschutzgebiet Falkenberger Rieselfelder
KGV Falkenhöhe
4 Obstbäume
5 Rinderwiesen
Tierfriedhof 6
Hausvaterweg
Tierheim

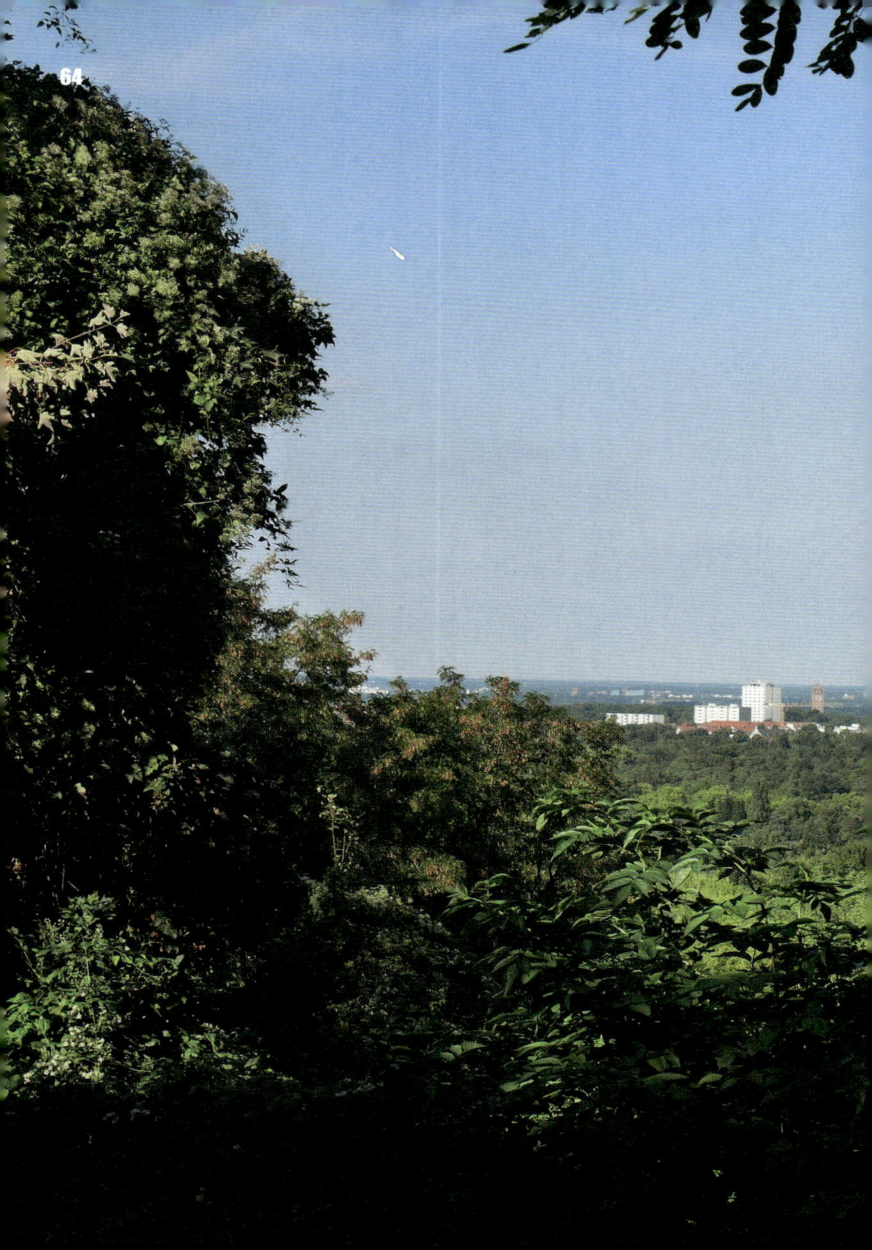

GRUNEWALD'SCHE HÖHEN

TEUFLISCHER GIPFELSTURM

Menschen, die unter Höhenangst leiden, sind in Berlin eigentlich bestens aufgehoben. Zumindest die Natur gibt sich alle Mühe, weit unter 200 Meter zu bleiben. Bei diesem Track erobern wir aber gleich zwei Gipfel der Stadt: den Teufelsberg mit satten 120,1 Metern und den Drachenberg mit 99 Metern.

Beide Berge sind aus Trümmern erbaut und umgeben von einer wunderschönen Fennlandschaft und Wald. Wenn es im Winter einige Tage hintereinander geschneit hat und der Schnee angefroren ist, ist auf diese Route besser zu verzichten. Der Abstieg über die alte Skisprungschanze und auch der Trampelpfad am Teufelsberg ist unter glatten Umständen ziemlich gefährlich.

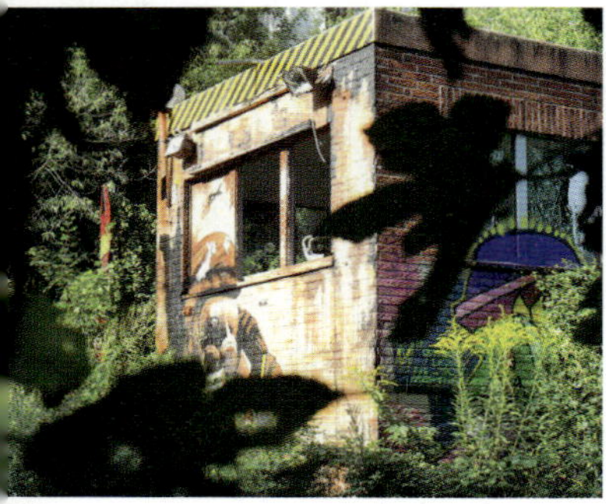

TRACKINFO

3

Verlauf: Teufelsberg, Teufelsfenn, Ökowerk, Postfenn, Drachenberg

Art: Rundwanderung, schwer

Tracklänge: 7,1km

Start: Teufelsseechaussee 2 (Parkplatz)

Öffis: S5, S75, Bus 218, X34, X49, M49 ➾ Station Heerstraße

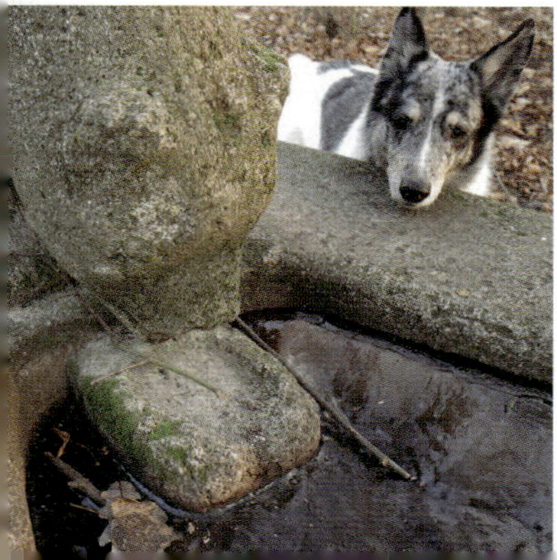

Auf die Grunewald'schen Höhen

Auf geht's, gleich hinauf, nicht lang schnacken, auf die Hacken, hoch den Hintern, federnd die Knie, gereckt die Nase, Blick nach vorn. Wir gehen am Ende des Parkplatzes auf dem breiten, gepflasterten Weg auf den Teufelsberg. Egal, was rechts und links passiert, wir bleiben auf Asphalt und gelangen somit an eine T-Kreuzung, biegen vor dem Zaun nach links, genießen eine wunderbare Aussicht an der großen Bank, und dann sind wir auch schon am Eingangstor ins Reich der Mythen, Spione und Sagen. Die Nutzung der alten Abhöranlagen wechselt von Jahr zu Jahr. Mal darf man hinein, mal nicht. Schaut selber. Wir umrunden den Berg zu einem Viertel linksherum auf einem schmalen Trampelpfad, bis wir an die ehemalige Ski-World-Cup-Strecke kommen. Jawohl, hier geht es hinunter. Ganz runter. Bis zum Ende. Das dauert etwas, da kleine Trippelschritte die sicherste Variante sind, heil anzukommen. Aber die Hunde haben sicher einen Heidenspaß. Am Ende gelangen wir über einen kleinen Hügel auf einen Weg, dem wir nach links folgen.

Wir laufen nun immer an einem Holzgatter entlang. Irgendwann biegt das Holzgatter rechts ab, wir gehen weiter geradeaus. Wir sind richtig, wenn auf unserer linken Seite vier Wasserhydranten stehen. An der nächsten Kreuzung kommen die Holzgatter wieder zurück, an denen wir auch wieder entlang marschieren. Geradezu blitzen schon die Gebäude vom Ökowerk durch den Blätterwald. An diesem Werk gehen wir entlang, halten uns immer dicht am Zaun auf dem Trampelpfad. Dieser mündet auf eine Straße, die wir rechts hinuntergehen, so dass unsere Schritte automatisch zu dem Bärenbrunnen geleitet werden. Rechts dahinter schimmert das Wasser des Teufelssees. Wir bleiben nun dicht am See und laufen an seinem Ufer entlang und werden bald wieder von den Holzgattern begleitet. Der See wird irgendwann zu einem Fenn. Wunderschön. Keine Überraschung, wir bleiben am Holzgatter. Der Weg trifft auf den Hauptweg, dem wir ein kurzes Stück rechts entlang folgen, bis uns das Holzgatter zurück auf einen kleineren Waldweg lockt. Irgendwann gelangen wir wieder an die Kreuzung mit den vier Hydranten, biegen links ab und gehen ein Stück bekannten Weges, bis wir wieder die Gelegenheit haben, links abzubiegen. Unser geliebtes Gatter ist nun zu unserer Rechten. Irgendwann treffen wir auf eine T-Kreuzung, an der wir rechts abbiegen. An der nächsten Kreuzung ist eine Picknickgelegenheit und hier steht auch der ausgebrannte Baum als Denkmal, Mahnmal, Wegmahl. Hier geht es weiter am Zaun entlang, der das Postfenn einrahmt. Am Ende des Zauns haben wir dann auf der linken

DER 4-GRAD-CELSIUS-SKI-WELTCUP IM REGEN

»Der schwerste Boden für mich« teilte Markus Wasmeier neugierigen Journalisten nach seinem Parallel-Slalom den Teufelsberg hinunter mit. Man schrieb das Jahr 1986, es war Dezember, es war Winter, und es war warm. Zumindest zu warm zum Skifahren, weswegen die Strecke auch aus Kunstschnee bestand. Rund 14.800 Zuschauer wohnten dem Spektakel bei. Die Veranstalter rechneten mit doppelt so vielen, weswegen dieser Weltcup auch finanziell eine große Pleite war. 21 Spitzenathleten stürzten sich aus 82 Höhenmetern die 400 Meter lange Piste hinunter. Leonhard Stock aus Österreich entschied das Rennen für sich, das bis heute keine Wiederholung fand. Berlin ist wohl doch mehr Marathon als Ski.

Links: Hund trifft Bär. Unten: was hinter diesen Mauern wohl abgehört wurde? Verrückt. Der Geschichte so nah. ▼

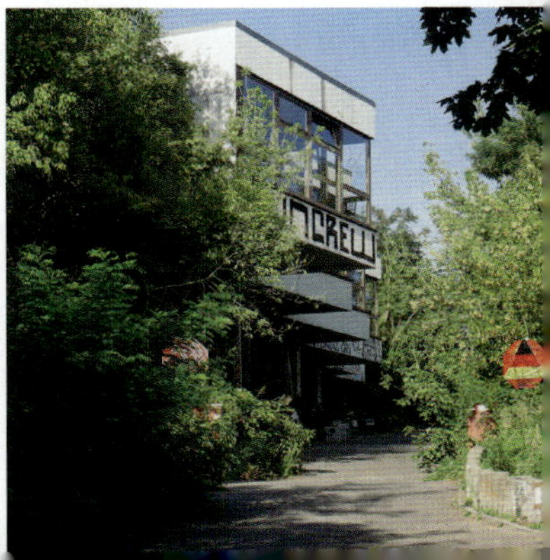

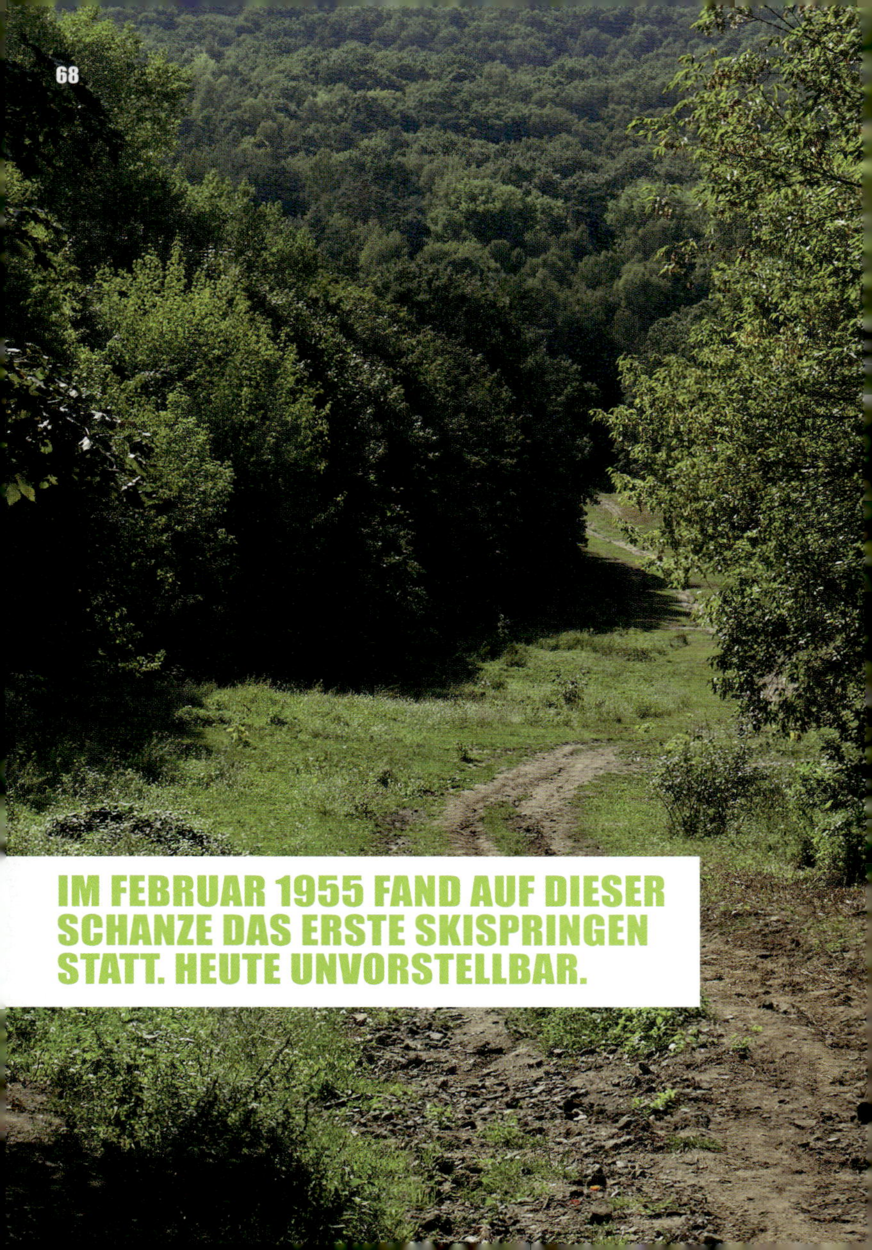

IM FEBRUAR 1955 FAND AUF DIESER SCHANZE DAS ERSTE SKISPRINGEN STATT. HEUTE UNVORSTELLBAR.

Seite eine Wasserkuhle mit einer von grünem Maschendrahtzaun eingezäunten Trinkwasseranlage. Hier biegen wir hinter den Birken auf einen ansteigenden Trampelpfad links ab. Wir schlängeln uns auf einem schmalen Kamm neben einer Schneise auf der rechten Seite den Berg hinauf. Wenn wir fast ganz oben angekommen sind, können wir über einen Trampelpfad die Schneise nach rechts überqueren und laufen nun auf dem Berg weiter. Auf der linken Seite blinken weiße Häuserfassaden durch die Bäume. Wir bleiben nun immer auf Geradeaus-Kurs, bis wir zu einer Kreuzung kommen, auf deren Insel drei Bäume stehen. Hier biegen wir rechts ab, blicken dann schon auf einen Picknickplatz und links auf den Anstieg zum Drachenberg. Ja dann, hoch da. Viel Spaß und eine gute Sicht wünschen wir.

Umgebungs- & Einkehrtipps

Hundeauslaufgebiet Grunewald
14195 Berlin, Hüttenweg 108
Viel Interessantes auch über Hund im Wald im Onlinemagazin Beste Hunde
www.bestehunde.de
Fellnasen-Express, Dogwalking meines Vertrauens und auch oft im Grunewald
www.fellnasen-express.de
Ally & Dotty
Hundefeinschmeckerstube
10719 Berlin, Pariser Straße 5
www.allyanddotty.de

TRÜMMER MIT OHREN

Der Teufelsberg ist auf Resten der Wehrtechnischen Fakultät errichtet, die in der Welthauptstadt Germania unter Hitler ihren Platz einnehmen sollte. Kurz nach dem Weltkrieg wurde die Anlage gesprengt, und die Ruinen wurden mit Trümmern aufgefüllt. Noch ein bisschen Sand und Mutterboden drauf und fertig war der Teufelsberg. In den 50-er Jahren entdecken die Amerikaner diesen Berg und erbauten auf ihm eine Abhörstation, hauptsächlich zur Überwachung des Luftraums. Die fünf Antennen wurden von der NSA ausgerichtet und die Abhöranlage gehörte zu dem weltweiten Spionagenetz Echelon. Und Echelon, ja, das ist wohl ein eigenes Buch wert.

Geschichte, die dem Verfall preisgegeben wird. Aber die Löcher im Frack machen den Ort noch gruseliger. ▼

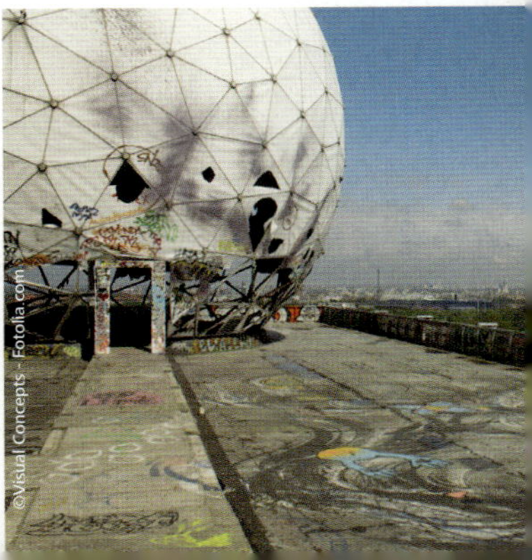
©Visual Concepts - Fotolia.com

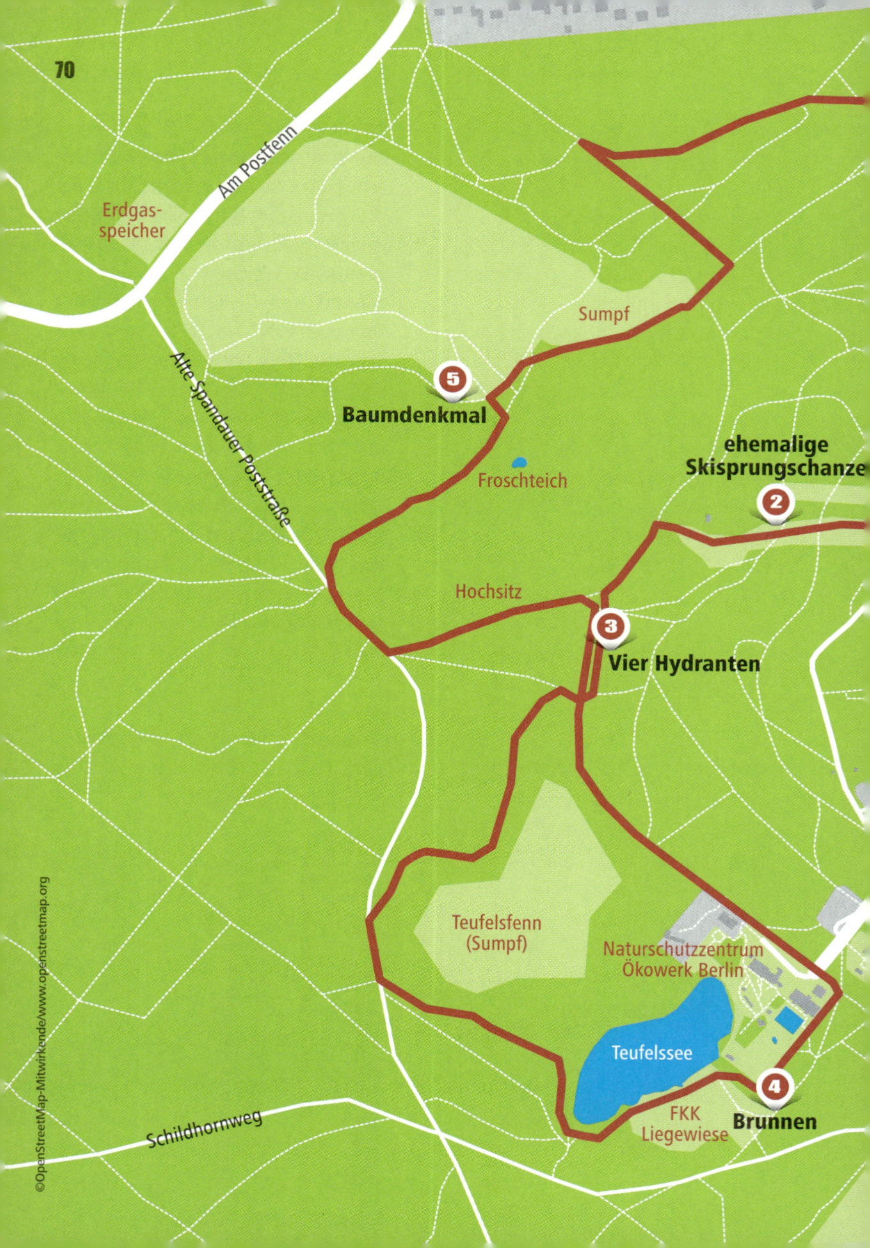

Am Postfenn
Erdgas-speicher
Sumpf
5
Baumdenkmal
Alte Spandauer Poststraße
Froschteich
ehemalige Skisprungschanze
2
Hochsitz
3
Vier Hydranten
Teufelsfenn (Sumpf)
Naturschutzzentrum Ökowerk Berlin
Teufelssee
4
Brunnen
FKK Liegewiese
Schildhornweg

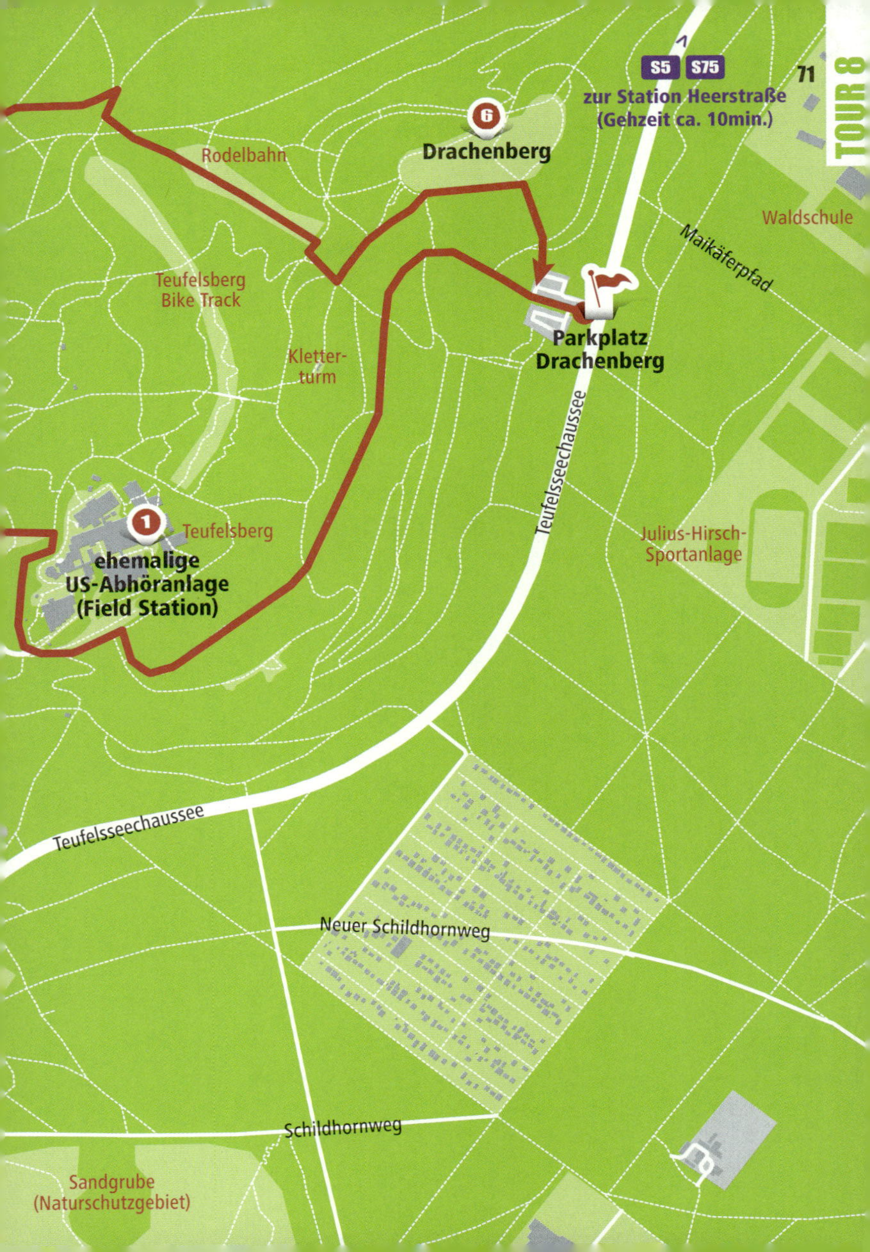
S5 S75
zur Station Heerstraße
(Gehzeit ca. 10min.)
6
Drachenberg
Rodelbahn
Waldschule
Maikäferpfad
Teufelsberg
Bike Track
Kletter-
turm
Parkplatz
Drachenberg
Teufelsseechaussee
1
Teufelsberg
ehemalige
US-Abhöranlage
(Field Station)
Julius-Hirsch-
Sportanlage
Teufelsseechaussee
Neuer Schildhornweg
Schildhornweg
Sandgrube
(Naturschutzgebiet)

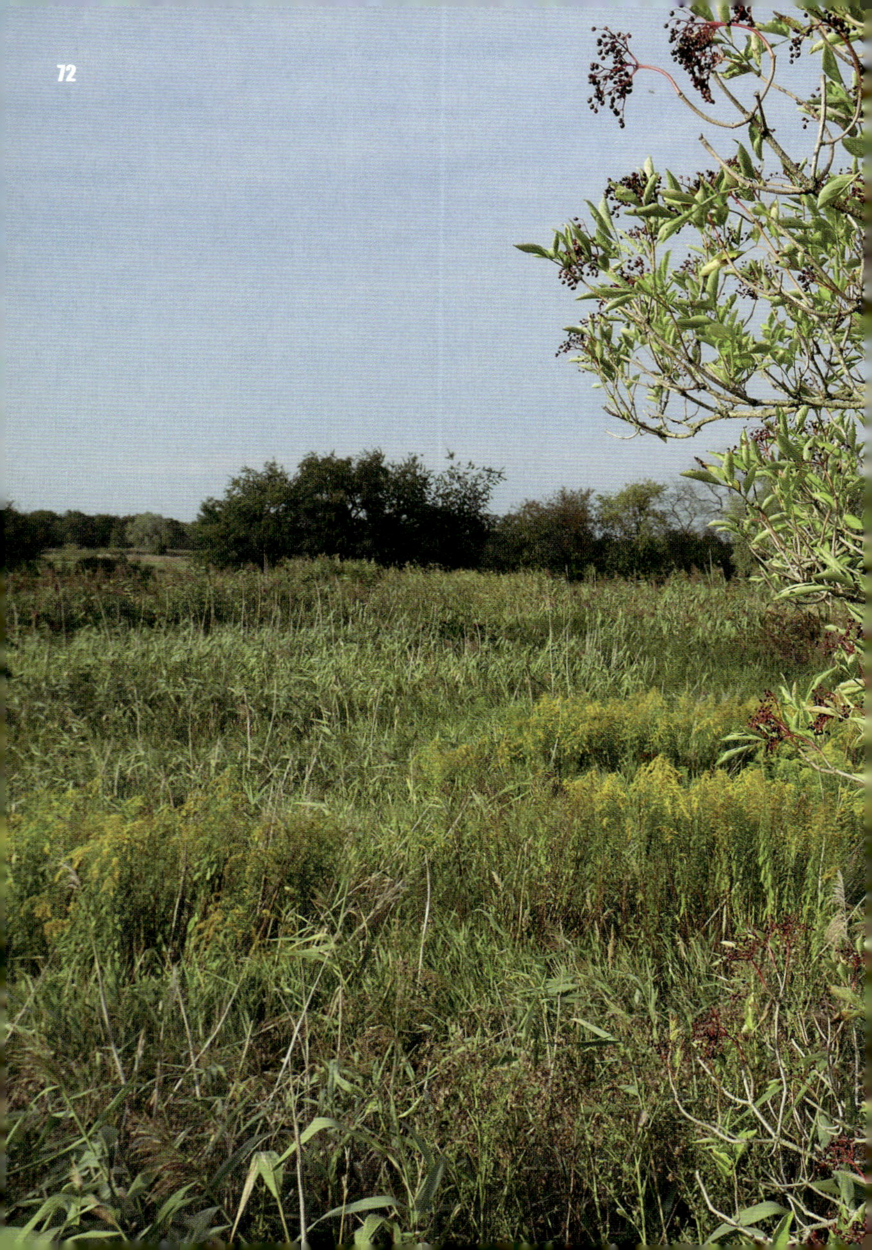

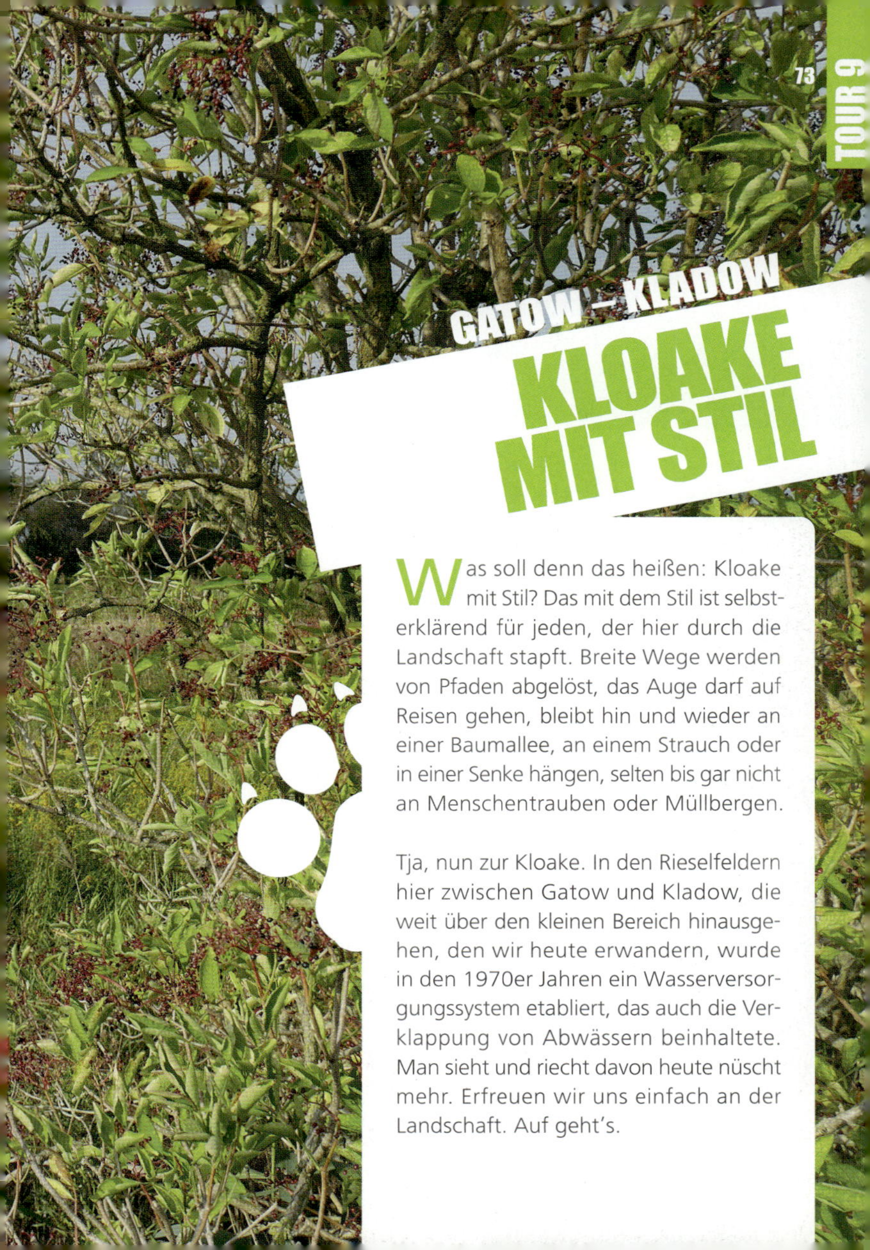

GATOW – KLADOW

KLOAKE MIT STIL

Was soll denn das heißen: Kloake mit Stil? Das mit dem Stil ist selbsterklärend für jeden, der hier durch die Landschaft stapft. Breite Wege werden von Pfaden abgelöst, das Auge darf auf Reisen gehen, bleibt hin und wieder an einer Baumallee, an einem Strauch oder in einer Senke hängen, selten bis gar nicht an Menschentrauben oder Müllbergen.

Tja, nun zur Kloake. In den Rieselfeldern hier zwischen Gatow und Kladow, die weit über den kleinen Bereich hinausgehen, den wir heute erwandern, wurde in den 1970er Jahren ein Wasserversorgungssystem etabliert, das auch die Verklappung von Abwässern beinhaltete. Man sieht und riecht davon heute nüscht mehr. Erfreuen wir uns einfach an der Landschaft. Auf geht's.

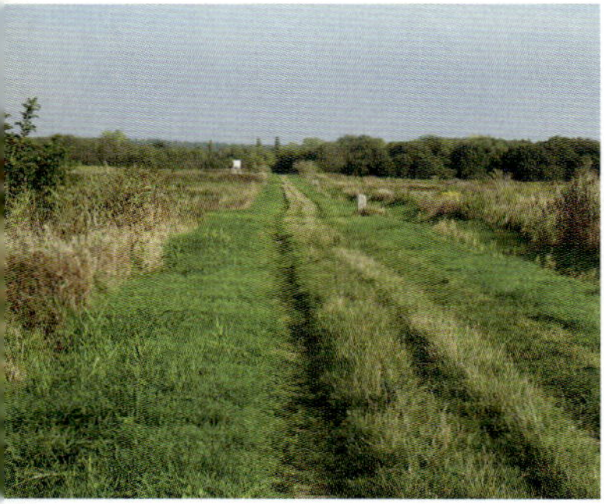

TRACKINFO

Verlauf: Rieselfelder, Gatower Straße, Havel, Rothenbücherweg, Straße 265

Art: Rundwanderung, mittel

Tracklänge: 8,0km

Start: Maximilian-Kolbe-Straße 20

Öffis: Bus 135, 638
➲ Station Landschaftsfriedhof Gatow

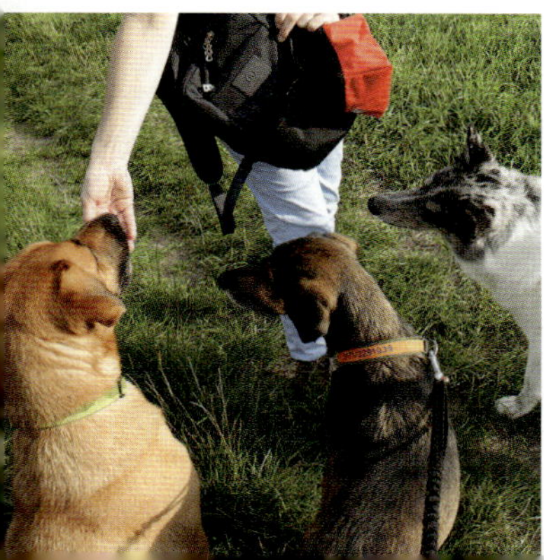

Unterwegs zwischen Gatow und Kladow

Wir starten in dem Sackgassenring der Maximilian-Kolbe-Straße, laufen den kleinen Hügel in die Felder hinauf und gehen dann parallel zur Potsdamer Chaussee Richtung Heerstraße durch die Wiesen. Es ist nicht so wichtig, den exakt richtigen Weg zu treffen. Vielmehr gibt am Ende die richtige Richtung den Ausschlag. Als Hilfestellung kannst Du ungefähr bis zur Mitte der Felder laufen und Dich dann nach rechts Richtung Havel wenden. Du hast vor Dir rechts die roten Dächer der Reithöfe und weiter rechts am Horizont den Grunewaldturm. Geradeaus blickst Du eine Zeitlang auf einen Funkmast. Mit ein bisschen Glück triffst Du auf einen abgestorbenen Baum, der künstlerisch gestaltet wurde. Von hier solltest Du Dich einigermaßen geradeaus auf die Gatower Straße und die Havel bewegen, also Baum im Rücken und immer geradeaus. Dann kommst Du automatisch auf einen Kopfsteinweg, der mit Obstbäumen verziert ist. Er bringt Dich zur Straße. Diese überquerst Du und weißt, dass Du richtig bist, wenn auf der anderen Straßenseite grüne Schilder auf das SOS-Kinderdorf hinweisen und eine Schranke auf Dich wartet. Hier geht ein Trampelpfad rechts ab und hinunter zur Havel. Den nehmen wir. Nach wenigen Metern kommen wir an einer Miniatur-Burgruine vorbei, die Geschichte geschrieben hat. In BERLIN

GEHT haben wir ja schon von dem Slawenfürsten Jacza (auch Jaxa) berichtet, der mit seinem Pferd auf der Flucht vor Albrecht dem Bären die Havel durchquert hat. Und die Geschichte will es so, dass das hier war. Guckst Du Schild. Wir folgen dem Weg bis zum Wasser und biegen dann rechts auf den gut ausgebauten Fuß- und Radweg ab. Dem folgen wir so lange, bis wir links auf einen Weg abbiegen können. Dieser bringt uns direkt ans Wasser und leitet uns auch an der schönen Streuobstwiese vorbei. Am Ende des Weges gelangen wir zur Villa Lemm, die einige Jahre und einige Geschichten auf dem Buckel hat. Wir wandern die ganze Villa entlang, das heißt wir biegen links in den Rothenbücherweg ein. Auf diesem Weg bleiben wir bis zum bitteren Ende, da wir uns sonst um den Anblick des schönen Hafens, der Havel und des Grunewaldturms betrügen würden. Rechts führt ein Weg durch ein Tor, das meistens offensteht, zurück auf die Gatower Straße. Sollte das Tor geschlossen sein, dann müssen wir einfach ein Stück zurück und den Bardeyweg nehmen. Wir überqueren die quirlige Straße am besten über die Ampel und gehen dann links runter bis auf der rechten Seite die Straße 265 abbiegt. Sie trägt uns an Koppeln und einem Hof vorbei. Wenn die bunte Häuserreihe auf der rechten Seite zu Ende ist, biegen wir wieder rechts ab in die Felder, vorbei an den

DIE VILLA LEMM

Die Herstellung und der Verkauf von Schuhputzmitteln haben den Fabrikanten Otto Lemm so reich gemacht, dass er sich dieses Anwesen leisten konnte. Der Architekt Max Werner erschuf ihm hier ein Anwesen mit Villa, Gewächs- und Bootshaus, Wirtschafts- und Pförtnergebäuden, abgerundet mit drei Gartenpavillons. Was so ein bisschen Wichse so bewegen kann. 1908 stand alles. 1929, Lemm war bereits verstorben, erwarb ein Mediziner das Grundstück. Sein Name: Janos Plesch. Einer seiner Patienten war Albert Einstein. Plesch musste 1933 emigrieren und der Bezirk Spandau übernahm das Gelände. Nach dem 2. Weltkrieg zog hier der britische Stadtkommandant ein. Mitglieder der britischen Königsfamilie übernachteten nicht nur einmal hier. 1995 ging das Grundstück für 11 Mio. DM an den Unternehmer Dr. Hartwig Piepenbrock.

Die Villa Lemm geizt nicht mit Reizen. ▼

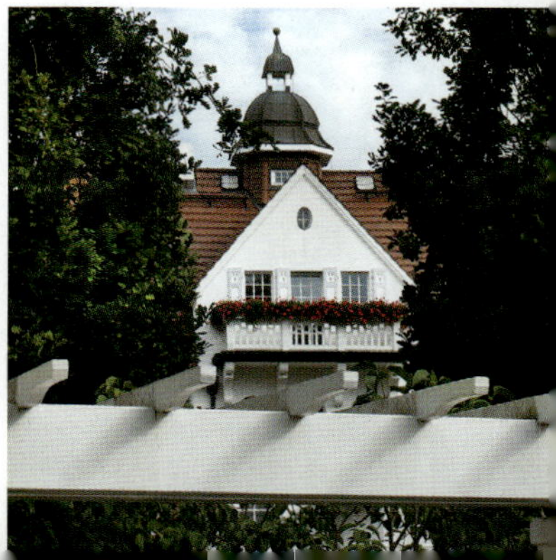

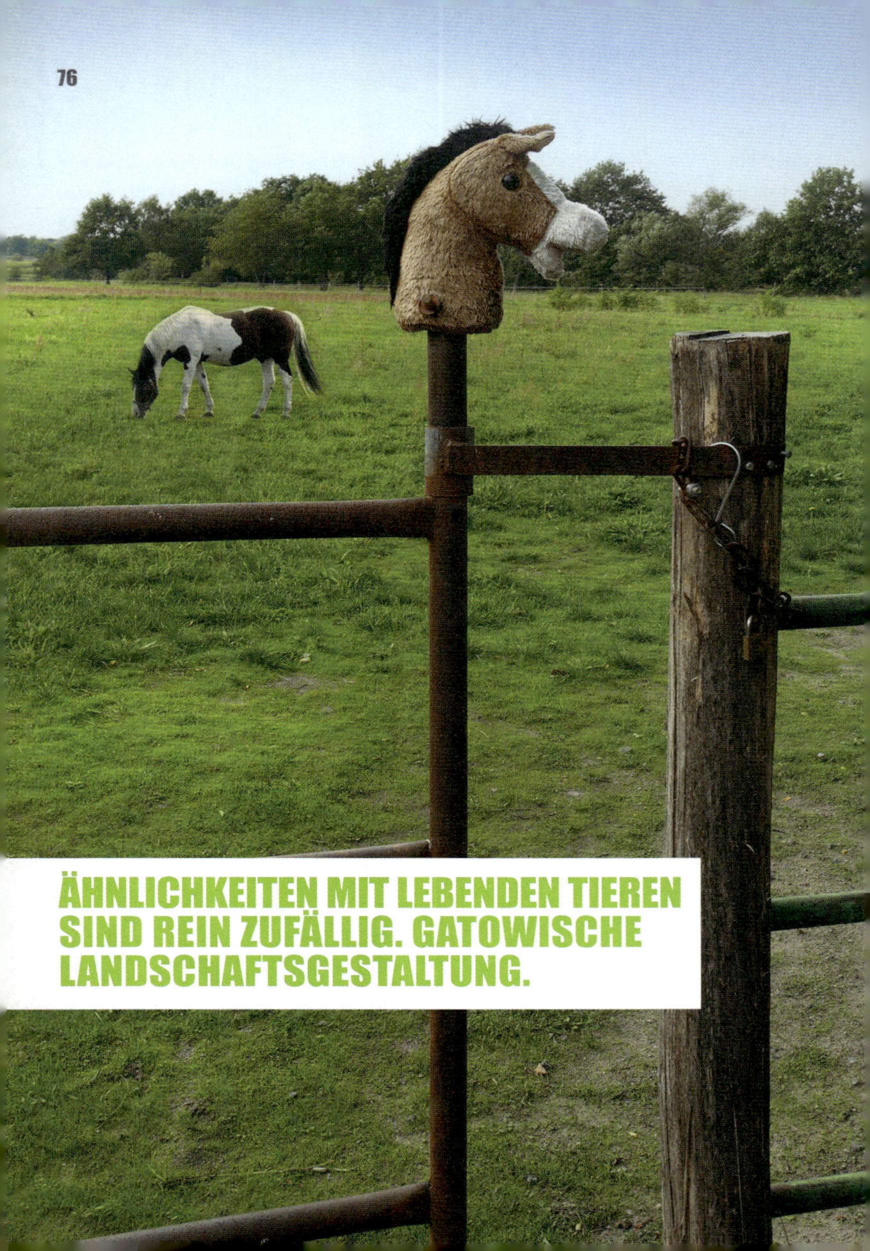

ÄHNLICHKEITEN MIT LEBENDEN TIEREN SIND REIN ZUFÄLLIG. GATOWISCHE LANDSCHAFTSGESTALTUNG.

Begrenzungssteinen. Es geht gleich wieder nach links an der Koppel entlang und dann nach rechts zwischen den Koppeln hindurch. Wir folgen diesem breiten Sandweg und laufen links neben den Höfen entlang. Der Weg macht irgendwann eine Biegung, die wir mitmachen. Vor uns ist ein Gatter für eine weitere Koppel und ein Trampelpfad. Wir bleiben unbeirrt auf unserem Weg nun mit den Häusern im Rücken. Automatisch gelangen wir wieder zwischen Koppeln und Reiterhöfe, unverkennbar auch am Geruch auszumachen. Es geht weiter geradeaus auf dem immer breiter werdenden Weg. Vor dem letzten Gehöft biegen wir zwischen den Weiden links ab, entscheiden uns dann für rechts bis zur nächsten Weide und dann gleich wieder links. Und nun bleibt die Richtung im Groben geradeaus, die Baumallee entlang, bis wir wieder am Ausgangspunkt sind.

Umgebungs- & Einkehrtipps

Café Montalis
Jawohl, Hunde erlaubt, 9:00 - 18:00 Uhr
14089 Berlin, Maximilian-Kolbe-Str. 16

Restaurant Cappuccino
O-Ton: »Aber ja, wir sind sehr hundefreundlich!«, 12:00 - 20:00 Uhr
14089 Berlin, Alt-Gatow 1-3

Karls Erlebnis-Dorf
Hund willkommen, 9:00 - 18:00 Uhr
Bauernmarkt, Gastronomie
14641 Elstal, Döberitzer Heide 1

ODE AN DIE HAVEL

**»Freude, schöner Götterfunken,
Tochter aus Elysium,
Wir betreten feuertrunken
Himmlische, dein Heiligtum.«
Ne. Da wird kein Schuh draus. Da mir die Havel aber immer wieder Freude, Ruhe und das Gefühl von Meer schenkt, möchte ich ihr das schon vergelten. Obwohl ich mir sehr sicher bin, dass es für einen Fluss keinen Unterschied macht, was hier aus meinem Hirn fließt. Und dennoch:
»Freude, schöner Wassertropfen,
Tochter aus dem Mühlensee,
lässt uns träumen, wandeln, schwimmen,
linderst Herz- und auch Heimweh.«
So. Das kann man doch so lassen.**

Ein Fluss, ein Boot, ein Strauch und schon darf von Idylle geredet werden. So auch hier beim Blick auf Kuhhorn. ▼

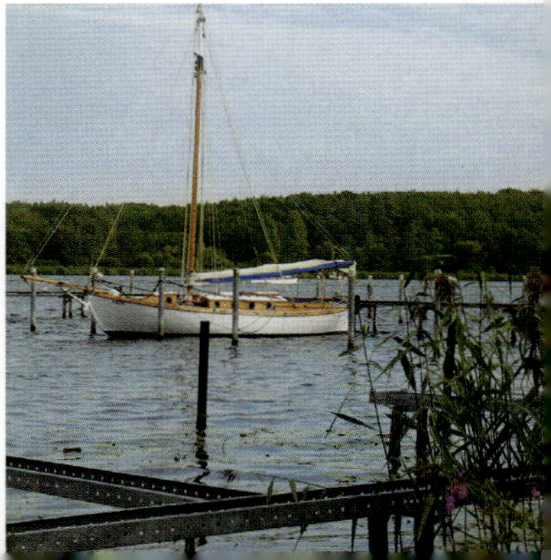

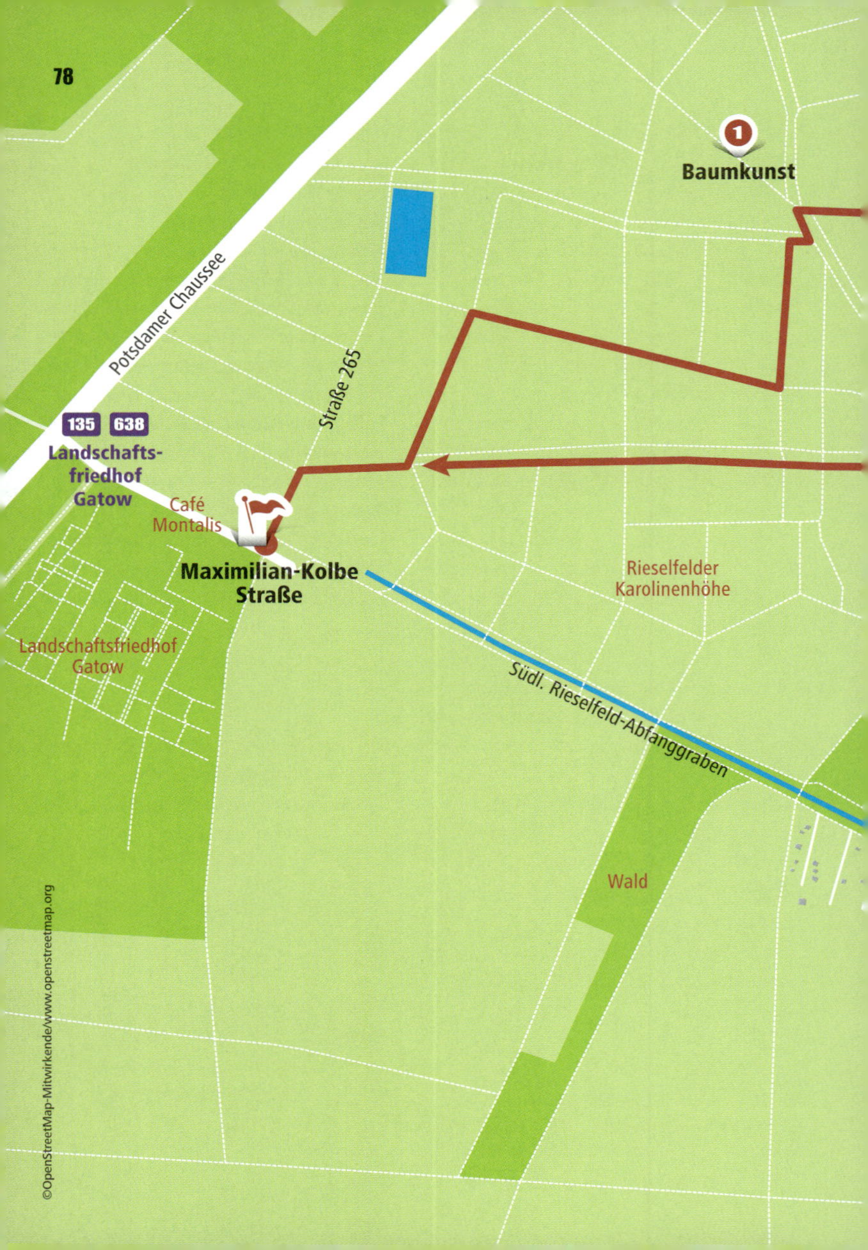
Baumkunst
Potsdamer Chaussee
Straße 265
135
638
Landschafts-
friedhof
Gatow
Café
Montalis
Maximilian-Kolbe
Straße
Rieselfelder
Karolinenhöhe
Landschaftsfriedhof
Gatow
Südl. Rieselfeld-Abfanggraben
Wald
©OpenStreetMap-Mitwirkende/www.openstreetmap.org

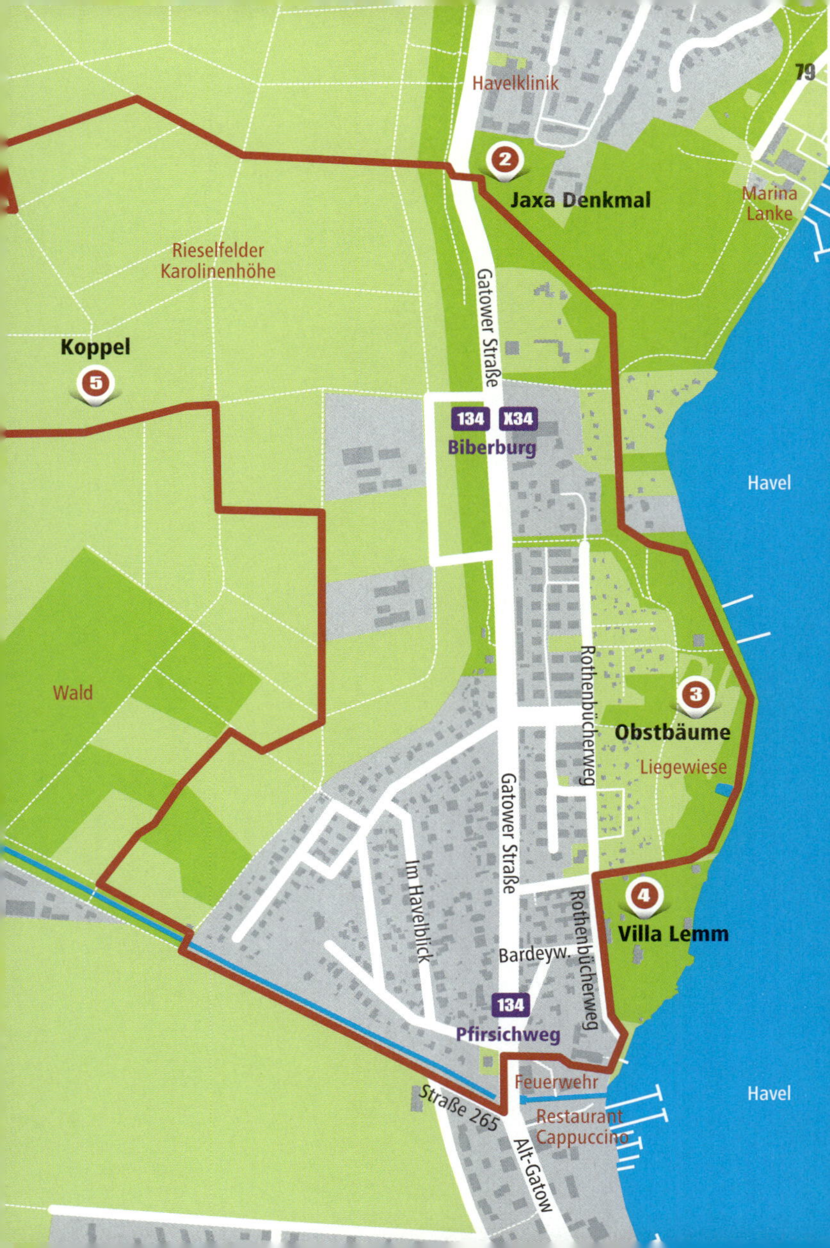
Havelklinik
2
Jaxa Denkmal
Marina
Lanke
Rieselfelder
Karolinenhöhe
Koppel
5
Gatower Straße
134
X34
Biberburg
Havel
Wald
3
Obstbäume
Liegewiese
Rothenbücherweg
Gatower Straße
Im Havelblick
4
Villa Lemm
Bardeyw.
Rothenbücherweg
134
Pfirsichweg
Feuerwehr
Havel
Straße 265
Restaurant
Cappuccino
Alt-Gatow

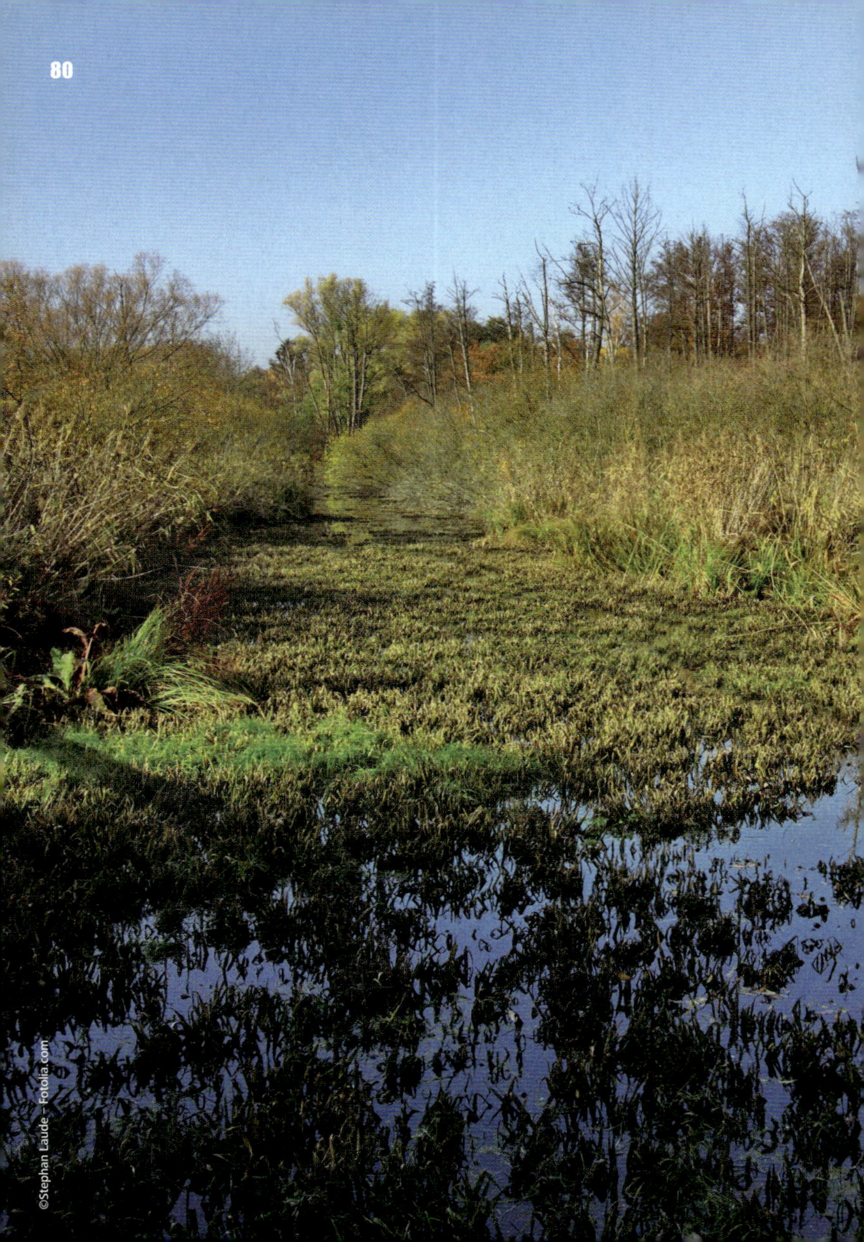

©Stephan Laude - Fotolia.com

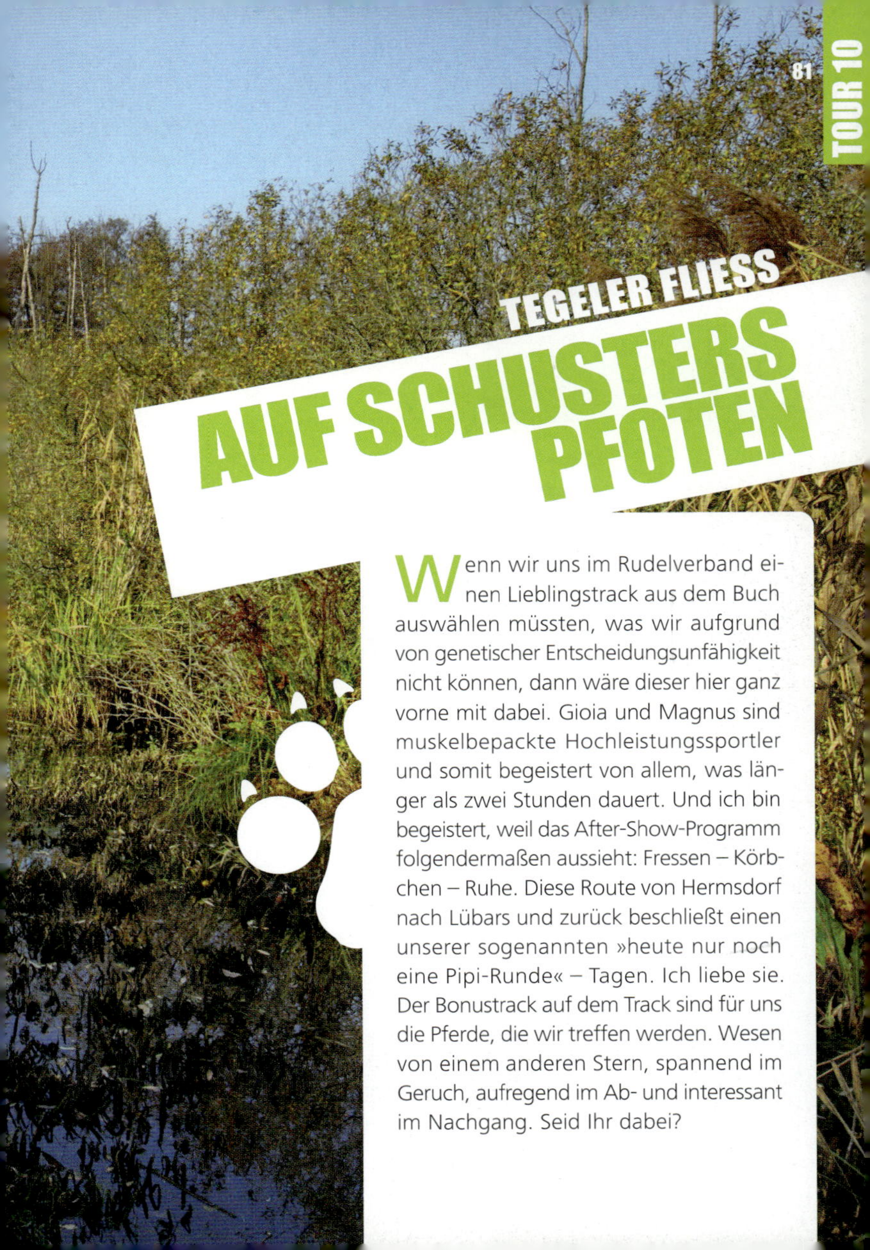

TEGELER FLIESS

AUF SCHUSTERS PFOTEN

Wenn wir uns im Rudelverband einen Lieblingstrack aus dem Buch auswählen müssten, was wir aufgrund von genetischer Entscheidungsunfähigkeit nicht können, dann wäre dieser hier ganz vorne mit dabei. Gioia und Magnus sind muskelbepackte Hochleistungssportler und somit begeistert von allem, was länger als zwei Stunden dauert. Und ich bin begeistert, weil das After-Show-Programm folgendermaßen aussieht: Fressen – Körbchen – Ruhe. Diese Route von Hermsdorf nach Lübars und zurück beschließt einen unserer sogenannten »heute nur noch eine Pipi-Runde« – Tagen. Ich liebe sie. Der Bonustrack auf dem Track sind für uns die Pferde, die wir treffen werden. Wesen von einem anderen Stern, spannend im Geruch, aufregend im Ab- und interessant im Nachgang. Seid Ihr dabei?

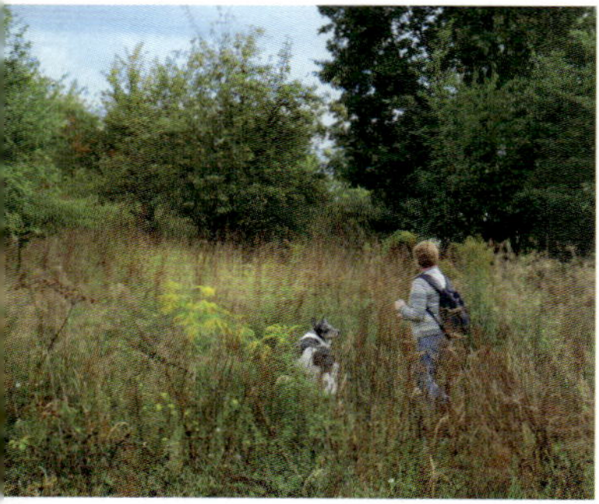

TRACKINFO

Verlauf: Tegeler Fließ, Lübars, Am Vierrutenberg, Großer Torfstich, Seestraße

Art: Rundwanderung, mittel

Tracklänge: 9,8km

Start: Am Lehnshof 16

Öffis: Bus 220
➩ Station Almutsstraße

L

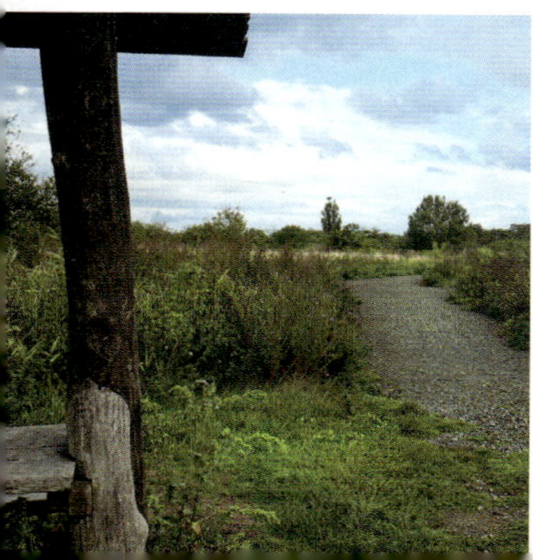

Am schönen Tegeler Fließ dem Geruch der Pferde folgen

Wir starten »Am Lehnshof« und laufen den kleinen Weg zwischen Haus 16 und 18 hinunter zum Fließ. Es geht nach links, bis wir die Gelegenheit bekommen, über eine Brücke auf die andere Seite des Fließes zu gelangen. Unsere Laufrichtung bleibt aber gleich. Wir halten uns immer dicht am Wasser und überqueren die asphaltierte Straße »Am Freibad«. Wenn Du und Dein Vierbeiner Lust haben, dann macht doch einen kleinen Abstecher in den Hundegarten und testet Euer Geschick in Sachen Agility.

Wir wandern weiter am Fließ entlang und kommen nach wenigen Metern an eine Holzbohlenbrücke. Rauf und rüber. Hinter der Brücke geht es weiter auf dem Weg, von dem links ein Trampelpfad abzweigt. Lauf ruhig auf dem Trampelpfad weiter, dann kommst Du näher ans Fließ und auch zu einer Bademöglichkeit für Hunde. Der Trampelpfad mündet automatisch wieder auf den Hauptweg. Weiter geradeaus. Das ist ein Frauentrack: verlaufen unmöglich. Am Ende geht es über eine kleine Holzbrücke, hinter der wir uns für links oder rechts entscheiden müssen. Nimm' rechts. Und an der nächsten Kreuzung auch wieder rechts...es sei denn, Du möchtest einen Abstecher zum Köppchensee machen. Dann wende Dich hier nach links. In den Niedermoorwiesen gibt es Umgebungskarten und nur wenig Wege, die Du laufen kannst. Der See ist übrigens eingezäunt.

Wir wenden uns Richtung Lübars und laufen quasi downtown in die City. Auf der linken Seite befindet sich der Kräuterhof und auf der rechten Seite wunderbar restaurierte Häuser und Höfe. Ein Träumchen. Wir gehen auf »Alt Lübars« an Kirche, alter Telefonzelle und LabSaal vorbei durch den Ort. Wenn die Straße einen Linksbogen macht, klinken wir uns aus und gehen geradeaus weiter zurück ins Grüne. Wir schlendern an den Häusern vorbei bis zum Deilingeweg, die zweite Möglichkeit rechts abzubiegen, laufen über eine kleine Steinbrücke Richtung Fließ. Auf den Wiesen hinter den Häusern haben wir dann an einer Trampelpfad-T-Kreuzung die Gelegenheit, links abzubiegen, und das tun wir auch. Schau mal nach links. Tolles Haus, oder? Wir erreichen die Straße »Am Vierrutenberg«,

LASST LAUFEN!

Überall, wo mehr als drei Grashalme wachsen, ist Leinenzwang. Das Gefühl könnte man entwickeln, wenn man über die Grünstreifen der Stadt streift. Aber ganz so ist es nicht. Der ein oder andere Freilauf erfüllt bestenfalls eine Alibi-Funktion. Aber der ein oder andere Freilauf ist genial gemacht. Da sich diverse Internetseiten bereits um die Veröffentlichung gekümmert haben, verfahren wir nach dem Studentenprinzip: wir wissen nicht alles, aber wir wissen, wo es steht. Hundefreilauf Grünflächen: *www.stadtentwicklung.berlin.de/umwelt/stadtgruen/gruenanlagen/de/nutzungsmoeglichkeiten/hundefreilauf* **Hundefreilauf Forst:** *www.stadtentwicklung.berlin.de/forsten/hundeauslauf* **gesammelt hier:** *www.berliner-hundeauslaufgebiete.de*.

Lübars ist ein wunderschönes Dorf mit sehr engagierten Einwohnern. ▼

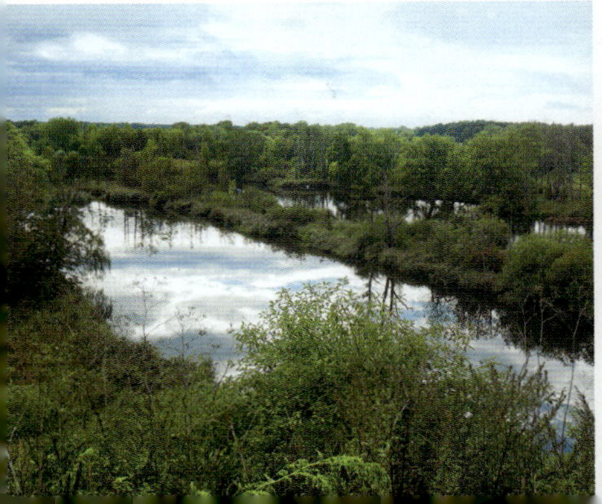

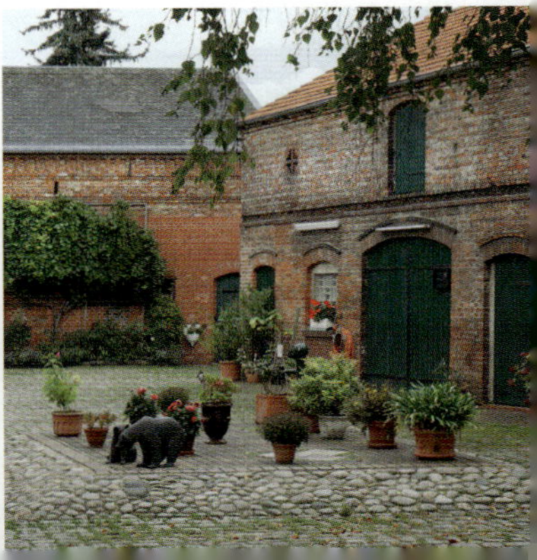

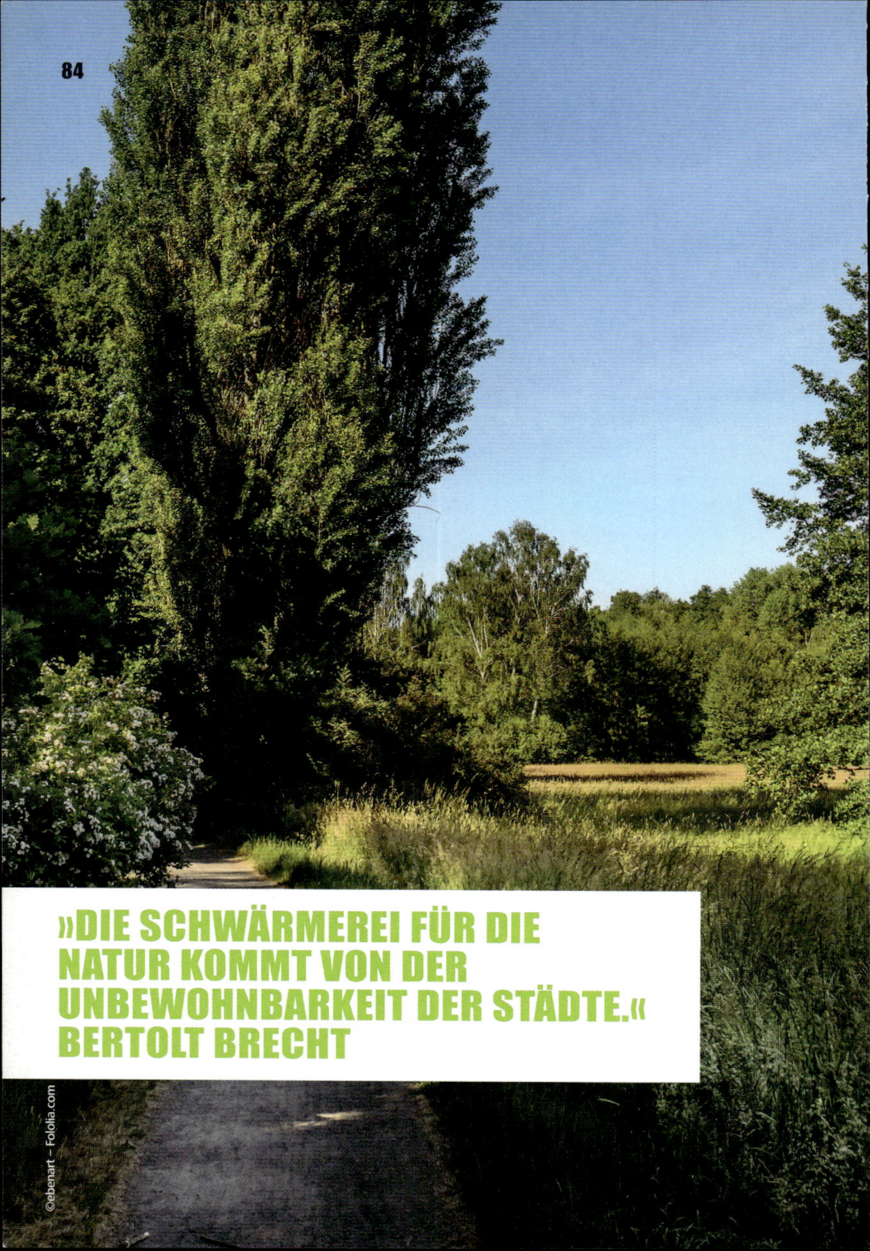

»DIE SCHWÄRMEREI FÜR DIE NATUR KOMMT VON DER UNBEWOHNBARKEIT DER STÄDTE.« BERTOLT BRECHT

biegen vor der Schule rechts ab, bleiben bis zum Ende auf dieser Straße, gehen links und folgen dem Wanderweg. So erreichen wir das Naturschutzgebiet, das wir auf Holzbohlen durchqueren. Unsere nächste Entscheidung wird sein, links abzubiegen und auf der rechten Seite des Fließes den Heimweg anzutreten. Wir bleiben zwischen Häusern und Fließ bis zu einem auffälligen Gebäude, das offenbar von einem kreativen Architekten gestaltet wurde. Hier geht es links ab, und wir überqueren auf einem Trampelpfad das Fließ. Danach geht es eine kleine Anhöhe hinauf, an einem weißen Bungalow und dem Sportplatz des VfB Hermsdorf vorbei. Wir überqueren die Seebadstraße, folgen der Seestraße, bis wir rechts in den Lotosweg abbiegen können. Am Ende – Achtung: tolle Gebäude! – führt uns ein schmaler Pfad links zurück zum Fließ. Wir bleiben auf dieser Seite, gehen rechts entlang zurück zu dem Durchlass zwischen Haus 16 und 18. Ach, schön war's.

Umgebungs- & Einkehrtipps

Heidingsfelder Tierkost GmbH
Spezialist für artgerechte Ernährung
13465 Berlin, Ludolfingerplatz 2
www.heidingsfelder-tierkost.de

Team Joy, Zentrum für Menschen mit Hund
Hundeschule und betreuter Hundegarten
13437 Berlin, Hermsdorfer Straße 12
www.teamjoy.de

NUR MAL GUTEN TAG SAGEN

»...und täglich grüßt das Murmeltier« denke ich mir noch, bevor ich meine Hündin an der Schleppleine vom Hinterteil des Bobtails pflücke. Wie immer läuft das joggende Herrchen weiter. Zum 3. Mal. Zum 3. Mal kommen Herr und Hund von hinten angerannt, auf lautlosen Pfoten. Meine Hunde werten das als Angriff. Von hinten angerannt kommen, das setzt erstmal eine Backpfeife. Der arme Bobtail. Er tut mir leid, versucht er doch nur, Herrchen nicht aus den Augen zu verlieren. Wenig später kommt von vorne der Ruf »Ist das ein Rüde?«. Ich habe beide Hunde an der Leine, weil ich über die Straße möchte, gucke nur verständnislos. »Na, die müssen doch mal Guten Tag sagen« kommt die Erklärung auf meinen fragenden Blick. »Ich habe beides und würde jetzt gerne weiter« antworte ich. »Die armen Hunde...die dürfen wohl gar nichts« murmelt es verstohlen hinter meinem Rücken.

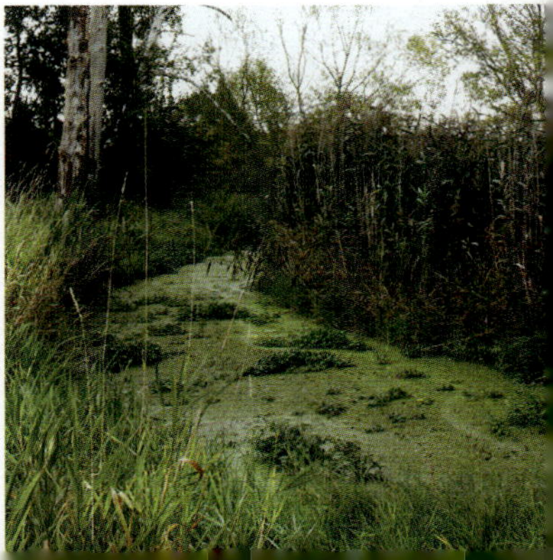

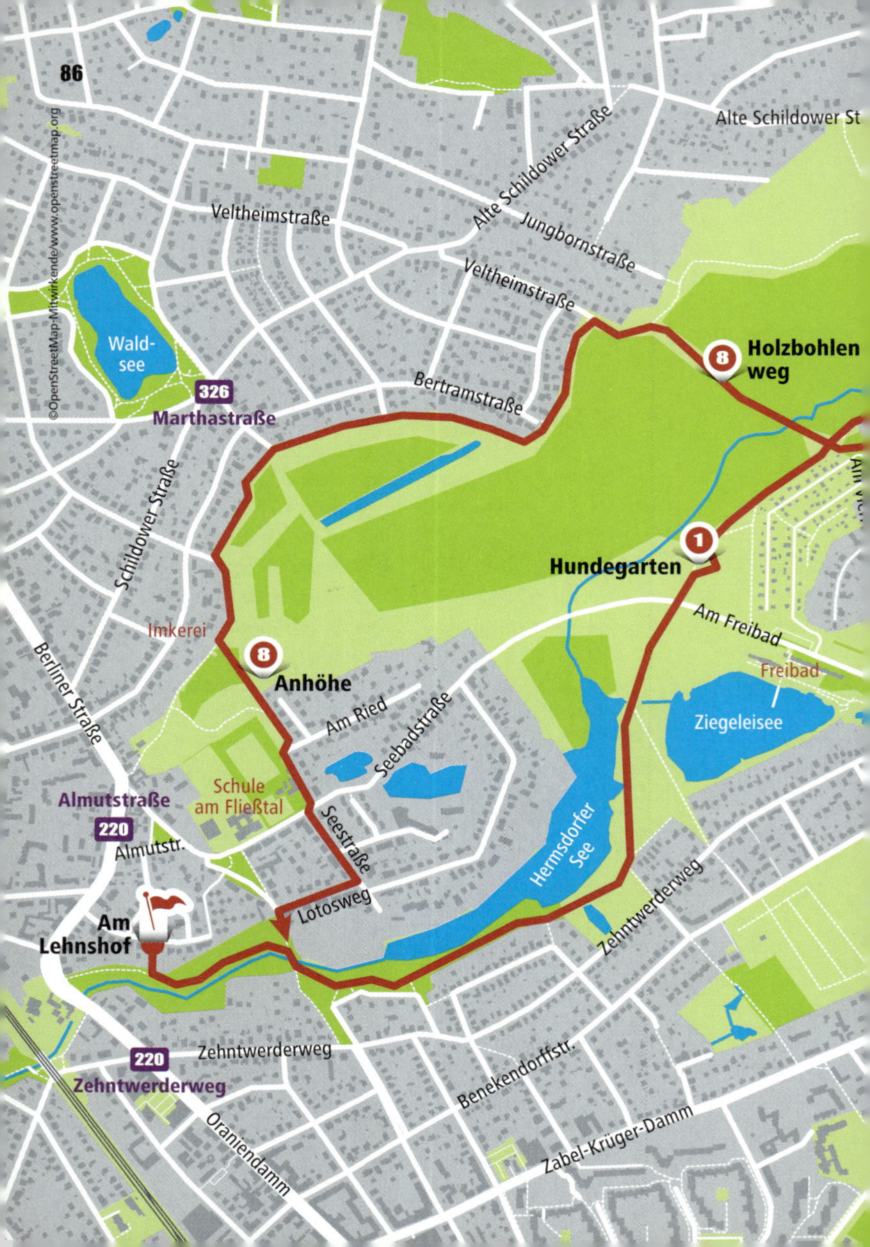
©OpenStreetMap-Mitwirkende/www.openstreetmap.org
Alte Schildower St
Alte Schildower Straße
Veltheimstraße
Jungbornstraße
Veltheimstraße
Wald-
see
326
Marthastraße
Bertramstraße
8
Holzbohlen
weg
Schildower Straße
1
Hundegarten
Imkerei
Am Freibad
Freibad
8
Anhöhe
Berliner Straße
Am Ried
Seebadstraße
Ziegeleisee
Schule
am Fließtal
Seestraße
Almutstraße
220
Almutstr.
Hermsdorfer
See
Lotosweg
Zehntwerderweg
Am
Lehnshof
220
Zehntwerderweg
Zehntwerderweg
Benekendorffstr.
Oraniendamm
Zabel-Krüger-Damm

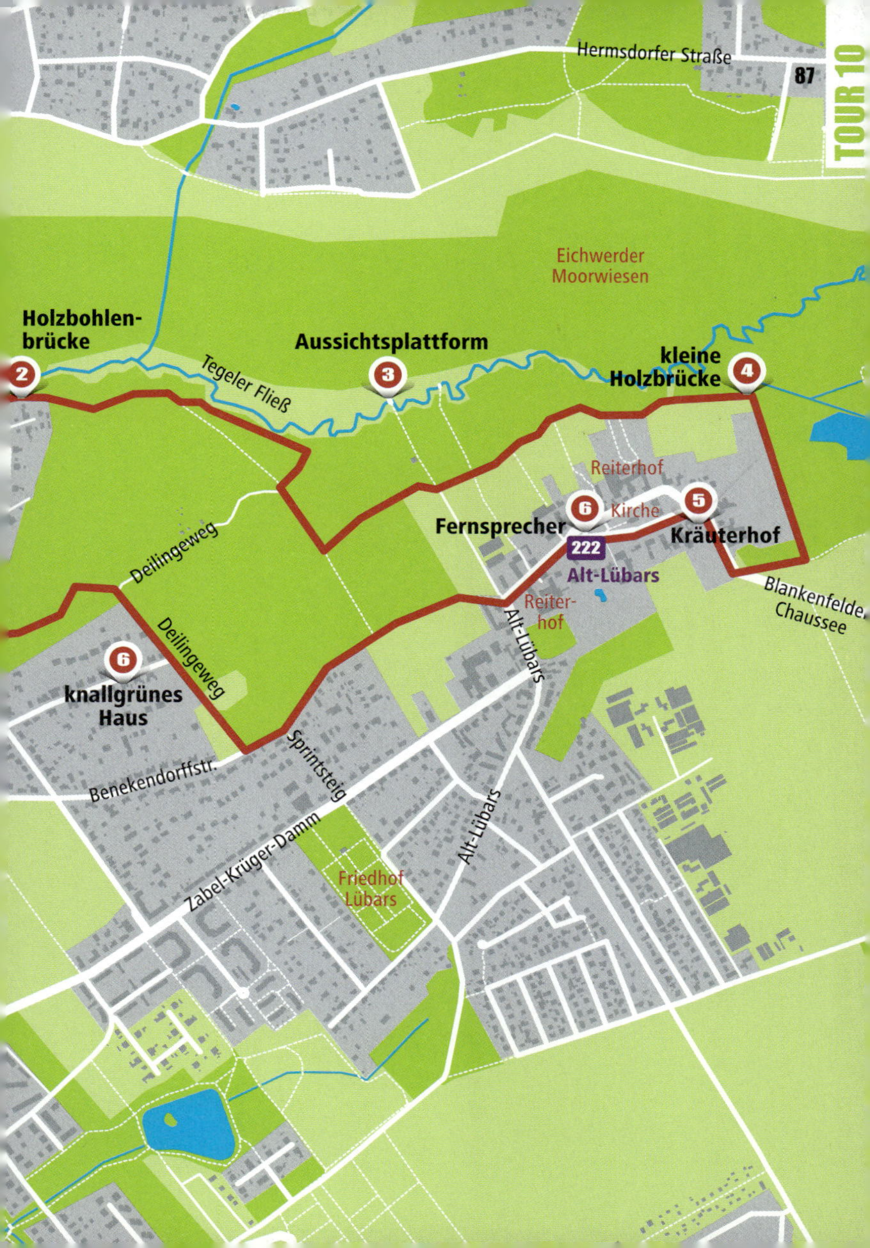
Hermsdorfer Straße
Eichwerder
Moorwiesen
Holzbohlen-
brücke
2
Aussichtsplattform
3
Tegeler Fließ
kleine
Holzbrücke
4
Reiterhof
6
Kirche
5
Fernsprecher
Kräuterhof
222
Alt-Lübars
Reiter-
hof
Blankenfelder
Chaussee
Deilingeweg
Deilingeweg
6
knallgrünes
Haus
Alt-Lübars
Benekendorffstr.
Sprintsteig
Zabel-Krüger-Damm
Alt-Lübars
Friedhof
Lübars

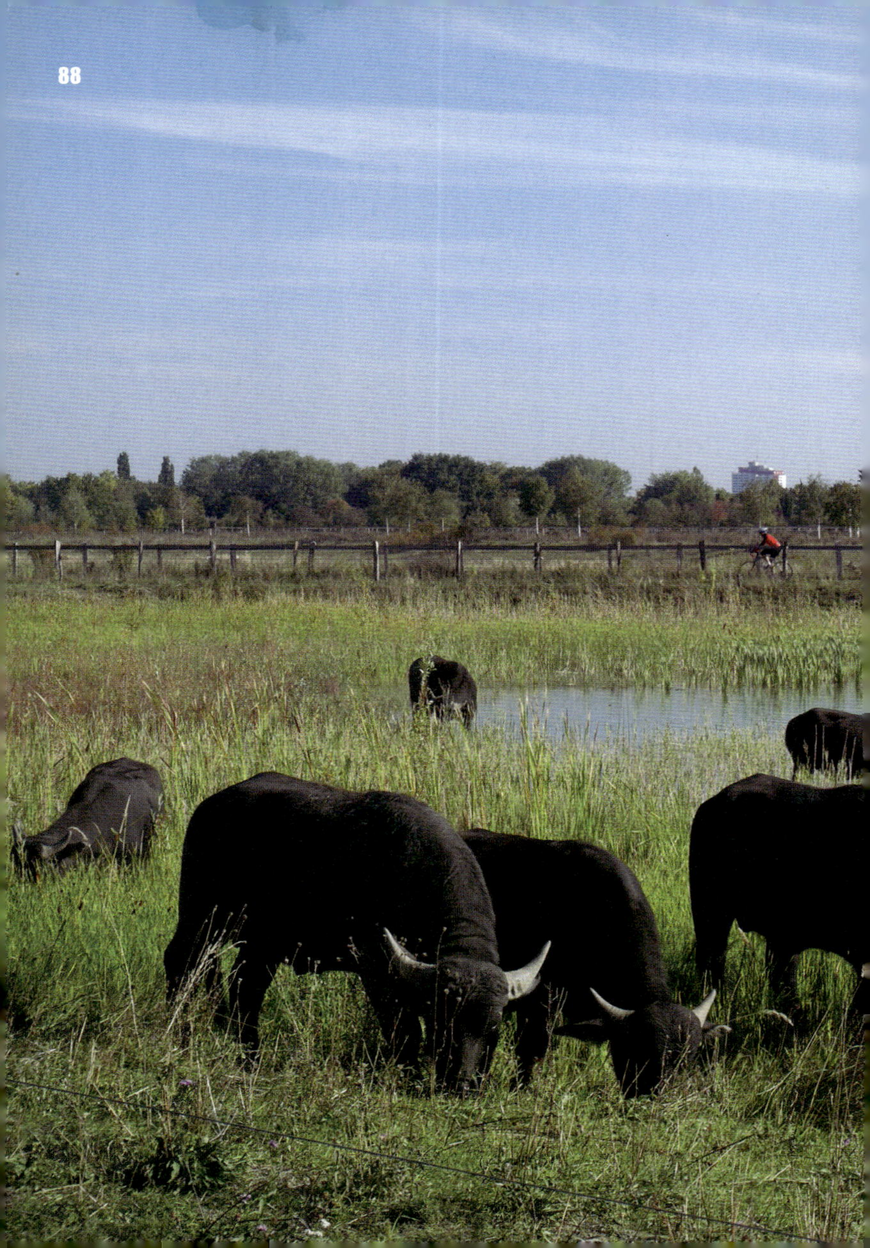

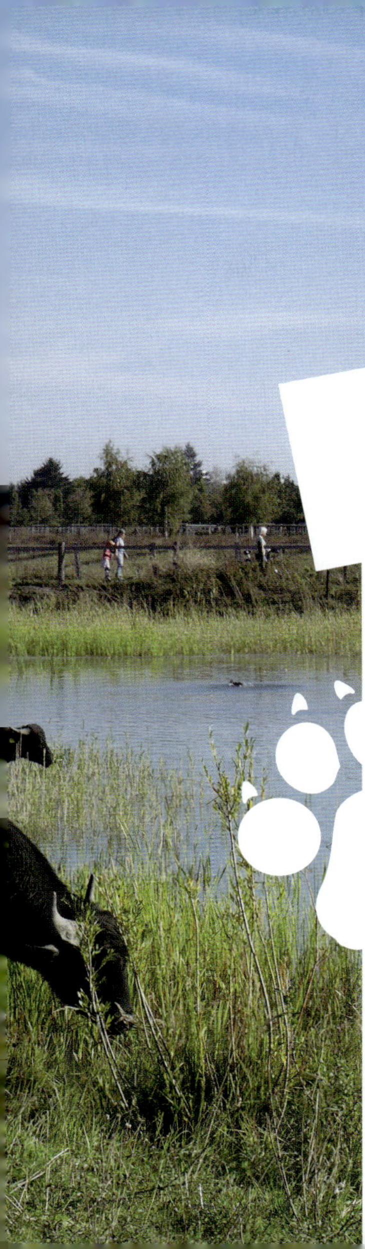

RUDOWER HÖHE

THE WILD WILD EAST

Rudow. Rudow! Rudow? Selbstverständlich weiß ich, dass Rudow ein Berliner Bezirk im Südosten der Stadt ist. Aber darüber hinaus habe ich mit Rudow noch nie irgendetwas zu tun gehabt. Ich glaube, ich war noch nie hier. Und das musste dringend geändert werden. Und was soll ich sagen: ich bin begeistert von den Siedlungen, die mit viel Grün verziert sind, von der Wow- und auch der Bäh-Architektur, von den Rudower Höhen mit den schönen Blickfächern und natürlich von dem Landschaftspark mit Pferd, Rind und Ziege. Aber am eindrucksvollsten empfanden wir, Hund und ich, die Wasserbüffel, die keine 500 Meter Luftlinie von der Platte gut gelaunt Gras wiederkäuen. Mitten in der deutschen Hauptstadt, dicht an der A115. Rudow, Du bist mir so ´ne Marke.

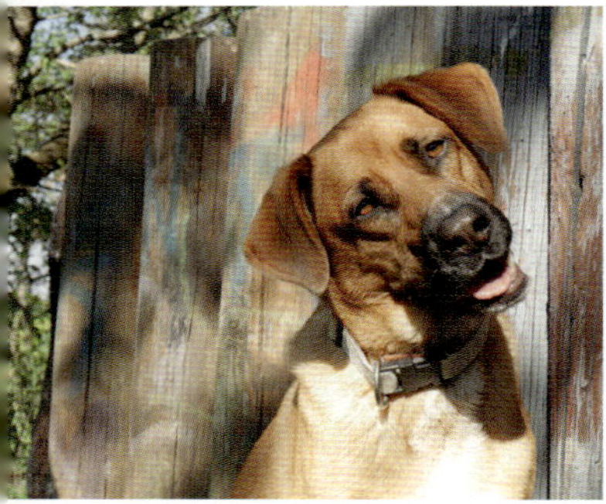

TRACKINFO

Verlauf: Rudower Höhe, Landschaftspark Rudow, Ostburger Weg

Art: Rundwanderung, mittel

Tracklänge: 7,6km

Start: Neudecker Weg 1

Öffis: Bus 162
➾ Station Rudower Höhe

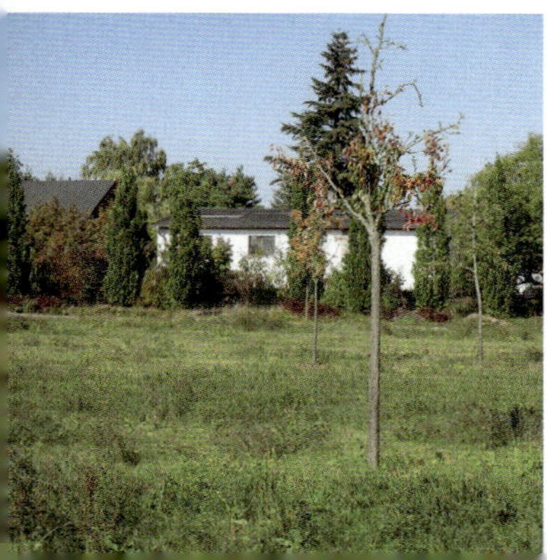

Zu Besuch bei Pferd, Wasserbüffel, Rind und Ziege

Wir starten dort, wo die Rudower Straße zum Neudecker Weg wird. Hier führt ein Fußweg parallel zur Autobahn ins Grüne. Auf diesem Weg bleiben wir, bis wir auf einen Trampelpfad rechts abbiegen können. Wir laufen am Zaun entlang, während sich auf der linken Seite die Rudower Höhen emporschrauben. An der nächsten T-Kreuzung geht es scharf links, und wir beginnen den Aufstieg. Welchen Weg genau wir dazu nutzen, ist nicht wichtig. Wichtig ist, dass wir oben ankommen. Nach ausgiebigem Genuss der Aussicht geht es auf dem Weg hinunter, der genau gegenüber unserem Aufstieg liegt. Dieser schlängelt sich den Berg hinab, wird »Zum Dankmarsteig«, auf dem wir links abbiegen. Wir umrunden zunächst die Kleingartensiedlung und durchqueren sie dann ganz automatisch. Am Ende der Siedlung wird der Weg zu einem Trampelpfad über einen Grünstreifen, bis wir wieder auf einer Straße ankommen, dem Schönbergweg. Hier wenden wir uns nach rechts, schlendern an der Baumschule und an Mendlers Milchhof entlang, und es öffnet sich der Landschaftspark Rudow vor uns. Wir wenden uns auf dem ersten Weg nach links und laufen Richtung Plattenbau. Hier lohnt sich übrigens ein zweiter Blick. Einige Plattenbauten sind ganz hübsch angemalt. Am Kopfende angelangt folgen wir dem Weg an den Sitzgelegenheiten rechts entlang. Im Grunde laufen wir so weit wie möglich außen herum. Das ist der Plan. Die Weide, die in unserer Rechtskurve und ganz dicht am Autobahntunnel Altglienicke liegt, ist übrigens die der Wasserbüffel. Im Winter sind sie allerdings im Stall. Ist ja schließlich nicht Texas hier. Kurz vor der Siedlung biegen wir rechts ab, so dass wir zu dem kleinen Birkenhain kommen. Wir folgen ganz automatisch dem Verlauf unseres Weges, der zu einem breiten, gut ausgebauten Wanderweg zwischen Hecken wird. Diesen verlassen wir bei der zweiten Möglichkeit, biegen rechts ab, dann links an den Weiden entlang und zurück zu dem Weg, über den wir in den Park gelangt sind. Allerdings gehen wir nicht ganz zurück, sondern biegen vor dem ersten Reiterhof links ab und folgen einem schmalen Weg, der uns zwischen Weide rechts und Häuser links auf den Ostburger Weg bringt. Hier geht es in einer rechts-links-

JOB AUF DEM TODESSTREIFEN

Es sind nicht einfach nur Wasserbüffel, die hier auf dem ehemaligen Todesstreifen grasen. Es sind Asiatische Wasserbüffel. Naja, eigentlich kommen sie aus Potsdam und gehören dem Biobauern Helmut Querhammer. Allerdings wurden sie von der Senatsverwaltung als Tagelöhner eingesetzt und fungieren nun als lebendiger Rasenmäher. Das geschieht übrigens nicht nur hier. Irgendwie sind Schafe out. Auch am Tegeler Fließ und auf der Pfaueninsel jobben die Büffel. Von Mai bis November leben sie hier draußen, genießen Schlammbäder oder beäugen wiederkäuend die Attraktionen vor dem Zaun. Die Rudower Büffel dürfen ca. drei Jahre hier weiden. Dann kannst Du sie als Hüftbraten oder Filet im Hofladen von Querhammer kaufen und mit nach Hause nehmen. Mit Bio-Siegel.

Eine außergewöhnliche Kulisse: Plattenbauten und Wasserbüffel. ▼

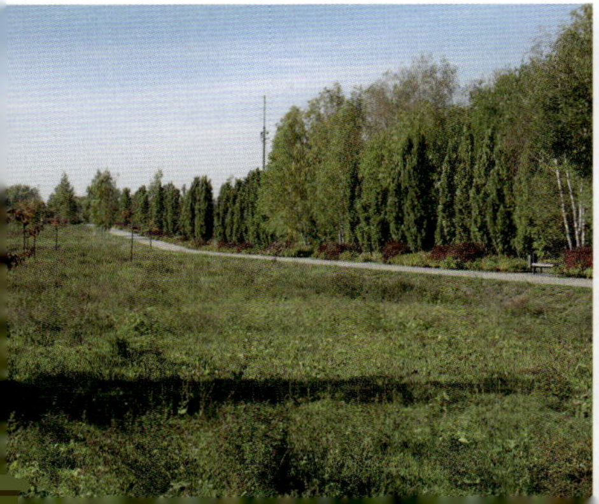

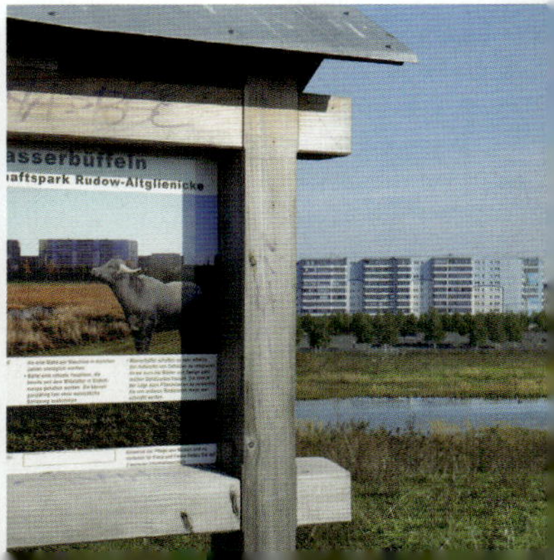

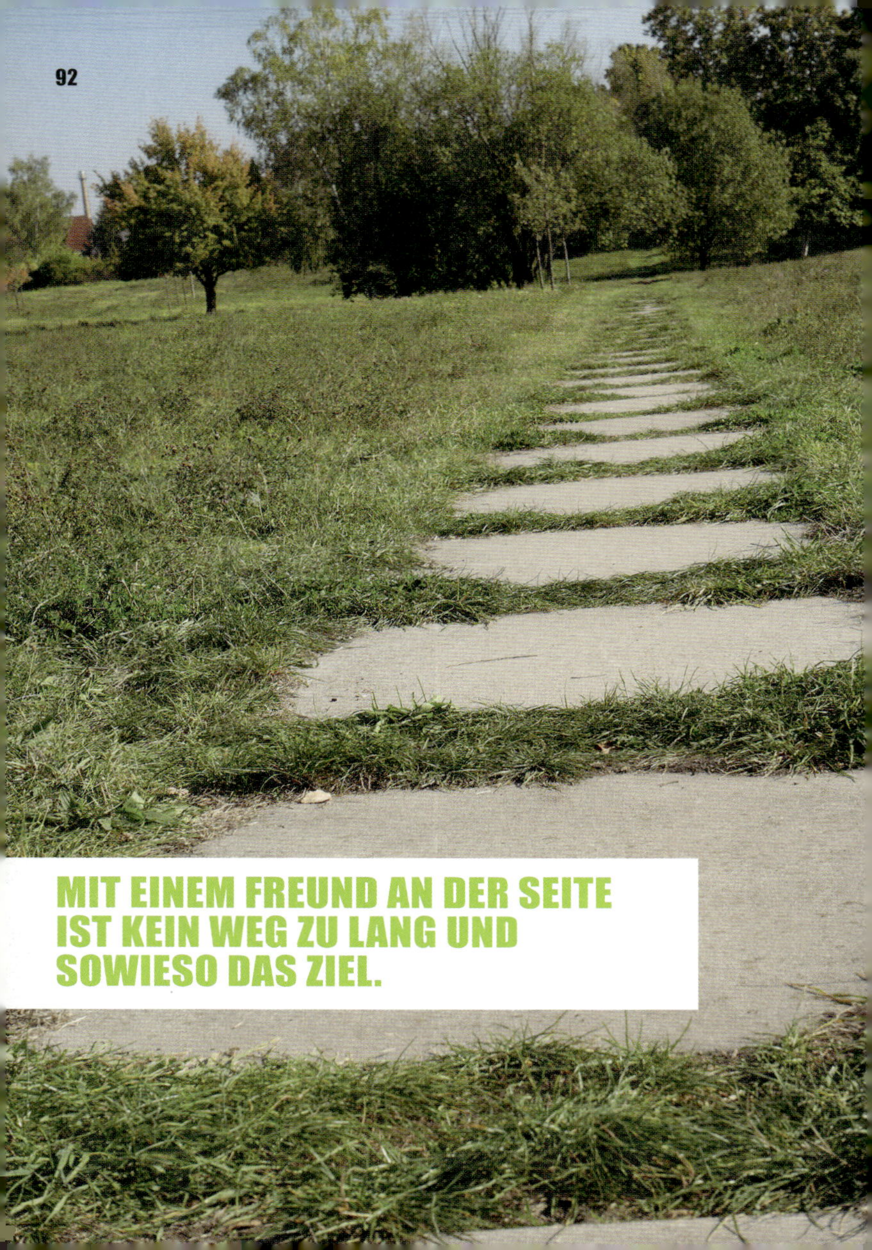

MIT EINEM FREUND AN DER SEITE IST KEIN WEG ZU LANG UND SOWIESO DAS ZIEL.

Kombination in die Kleingartensiedlung und immer geradeaus, u.a. vorbei an der »Zicken-Zone«. Ob hier Hunde erlaubt sind? Ganz ehrlich, ich habe mich nicht getraut zu fragen. Am Ende aller Gärten geht es in einer links-rechts-Kombination auf den Schirpitzer Weg und dort dann schnell wieder rechts auf den Grünstreifen. Hier bleiben wir, überqueren die Lettberger Straße und bleiben auf Geradeaus-Kurs, bis wir wieder zu dem Gelände der Rudower Höhen kommen.

Über einige Treppen erreichen wir mit einem Links-Schwung den Weg, der uns anfangs nach oben gebracht hat. Der Rückweg ist ab hier wie der Hinweg, mit einer Ausnahme: wir laufen über den Mauerweg, ein Stück dichter an der Autobahn zurück bis zur Rudower Straße, so dass wir noch ein wenig Geschichte und Mauer mitnehmen.

Umgebungs- & Einkehrtipps

Mobile Hundeschule & Hundepsychologie Carola Baum
12524 Berlin, Lehmusstraße 48
www.entspannte-hunde.de

Rudower Höhe
Mehr dazu findest Du unter:
www.rudower-hoehe.de

Café Steckenpferd
Mittwoch und Sonntag geöffnet
12355 Berlin, Ostburger Weg 1
www.steckenpferd-berlin.de

»DU BIST AUCH SO EIN KLEINER WASSERBÜFFEL. NE? MEIN KLEINER WASSERBÜFFEL!«

Neulich sagte eine Freundin zu mir: »Ist Dir schon einmal aufgefallen, dass wir oft Dinge zu unseren Hunden sagen und die dann zwei-, dreimal wiederholen?« Ganz ehrlich: Nein. Ist mir bisher nicht aufgefallen. Und: Keine Ahnung, warum wir das tun. Aber seitdem achte ich drauf und – potzblitz – sie hat Recht. Ich tue das auch. Und das nicht nur, wenn ich meine Hunde rufe. Dass ich das öfter wiederholen muss, daran habe ich mich gewöhnt. Aber zurück zu den eigentlich-total-überflüssig-aber-wenn-man-sonst-keinen-hat-der-einem-zuhört-Sätzen, die wir gerne doppeln. So etwas wie »Du bist echt ein Tollpatsch, also wirklich, was für ein Tollpatsch Du doch bist, ne Magnus, Du Tollpatsch!« Ich glaube, das tun wir, weil wir die Leere der Antwort überbrücken wollen. Oder? Was meinst Du?

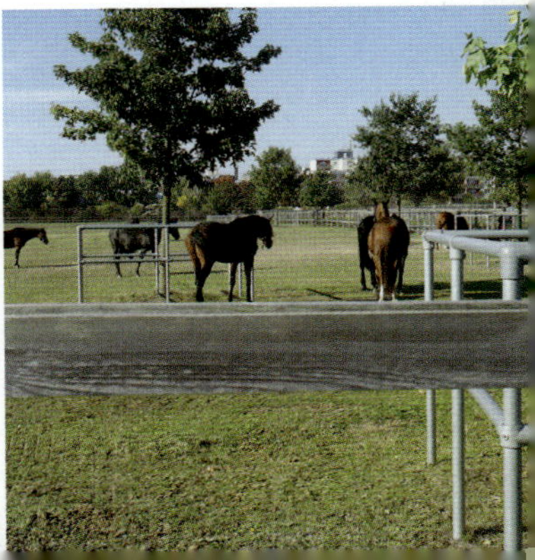

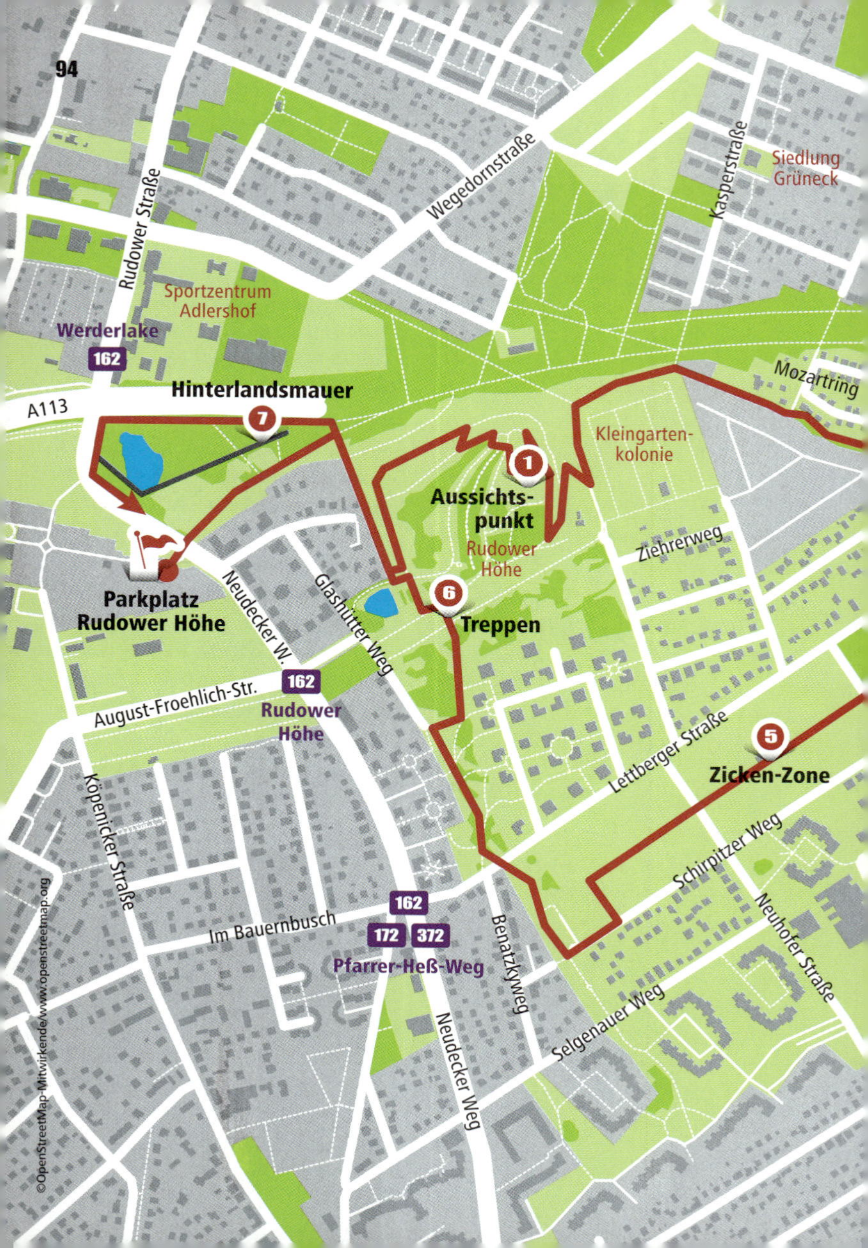
Wegedornstraße
Kasperstraße
Siedlung Grüneck
Rudower Straße
Sportzentrum Adlershof
Werderlake
162
Hinterlandsmauer
A113
7
Mozartring
Kleingarten-kolonie
1
Aussichts-punkt
Rudower Höhe
Ziehrerweg
Parkplatz Rudower Höhe
Neudecker W.
Glashütter Weg
6
Treppen
162
August-Froehlich-Str.
Rudower Höhe
Lettberger Straße
5
Zicken-Zone
Köpenicker Straße
Schirpitzer Weg
Neuhofer Straße
Benatzkyweg
162
Im Bauernbusch
172
372
Pfarrer-Heß-Weg
Selgenauer Weg
Neudecker Weg
©OpenStreetMap-Mitwirkende/www.openstreetmap.org

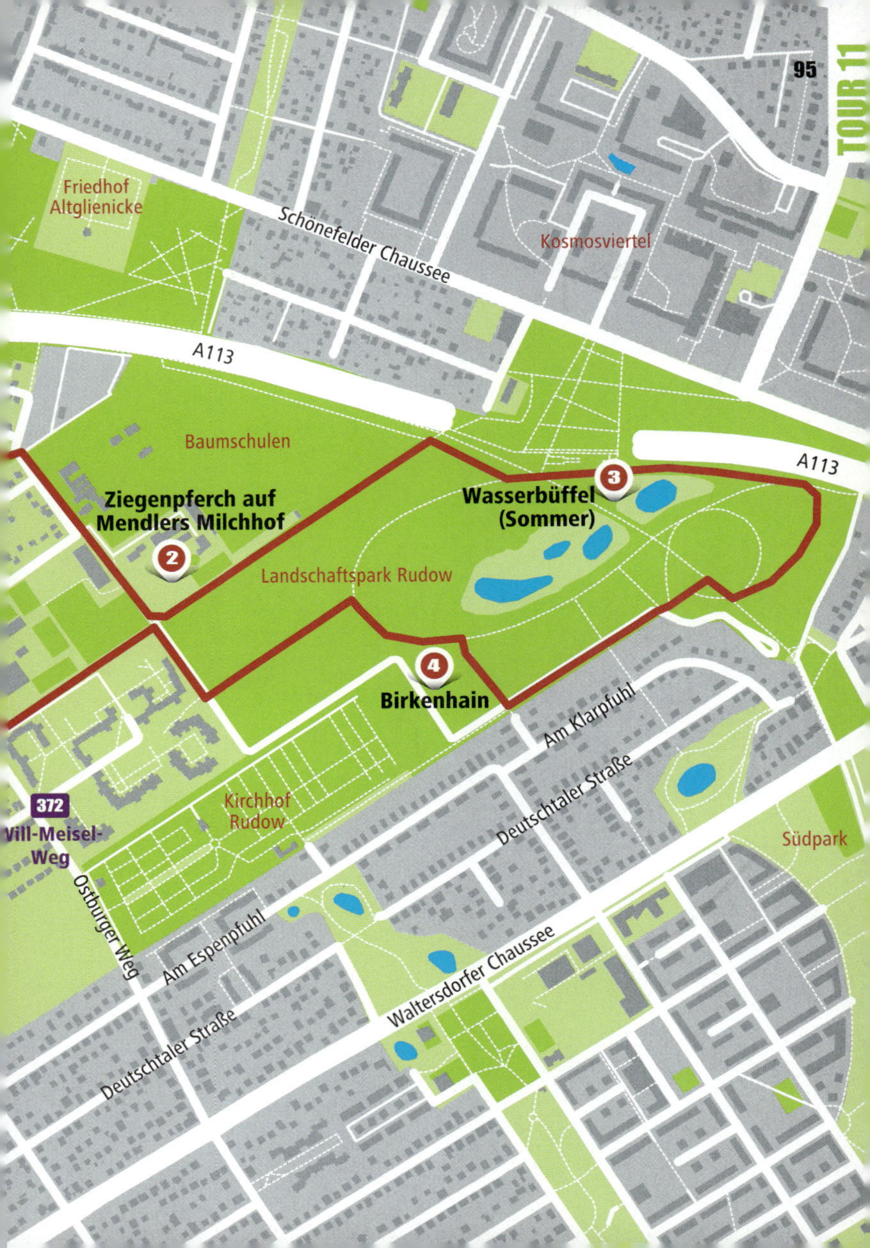
Friedhof Altglienicke
Schönefelder Chaussee
Kosmosviertel
A113
Baumschulen
A113
Ziegenpferch auf Mendlers Milchhof
2
3
Wasserbüffel (Sommer)
Landschaftspark Rudow
4
Birkenhain
Am Klarpfuhl
Deutschtaler Straße
Kirchhof Rudow
372
Vill-Meisel-Weg
Südpark
Ostburger Weg
Am Espenpfuhl
Waltersdorfer Chaussee
Deutschtaler Straße

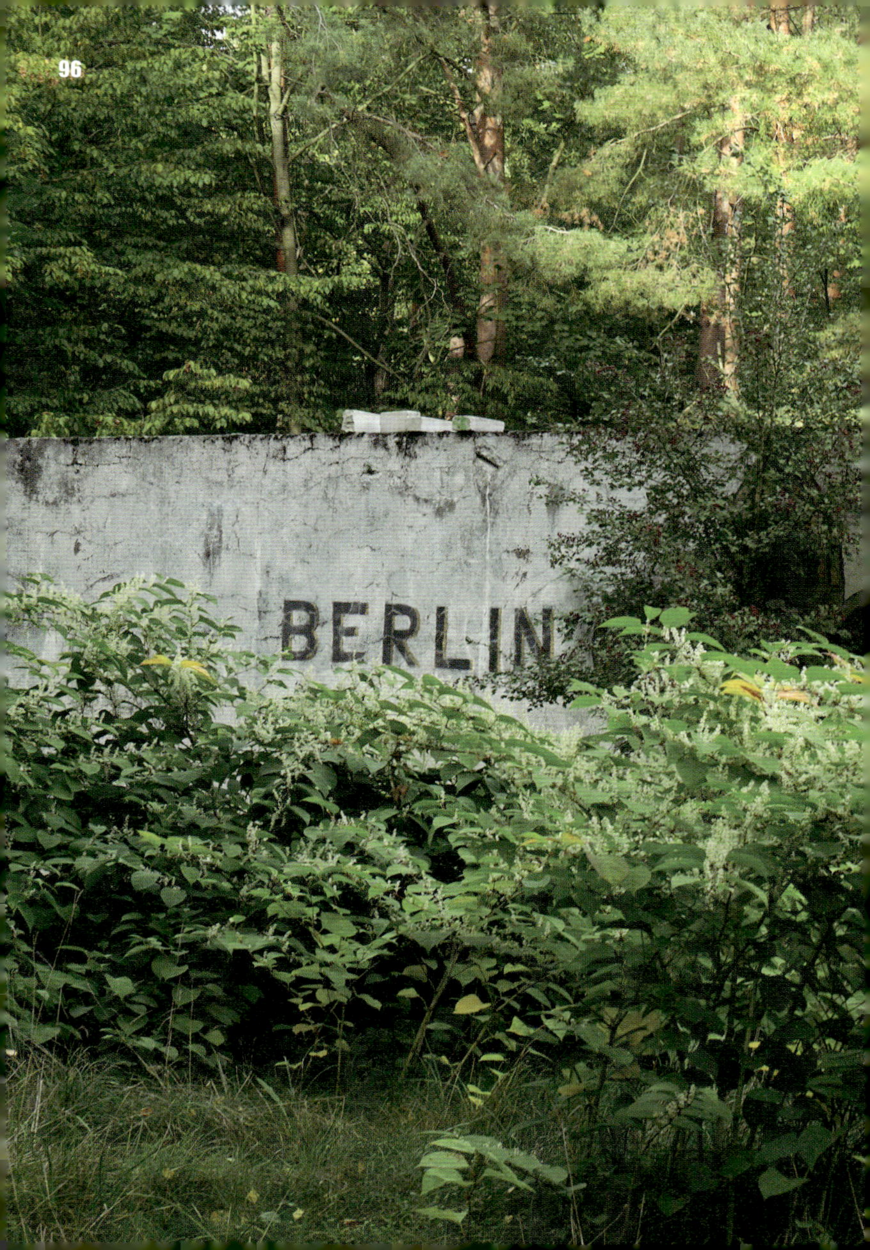
BERLIN

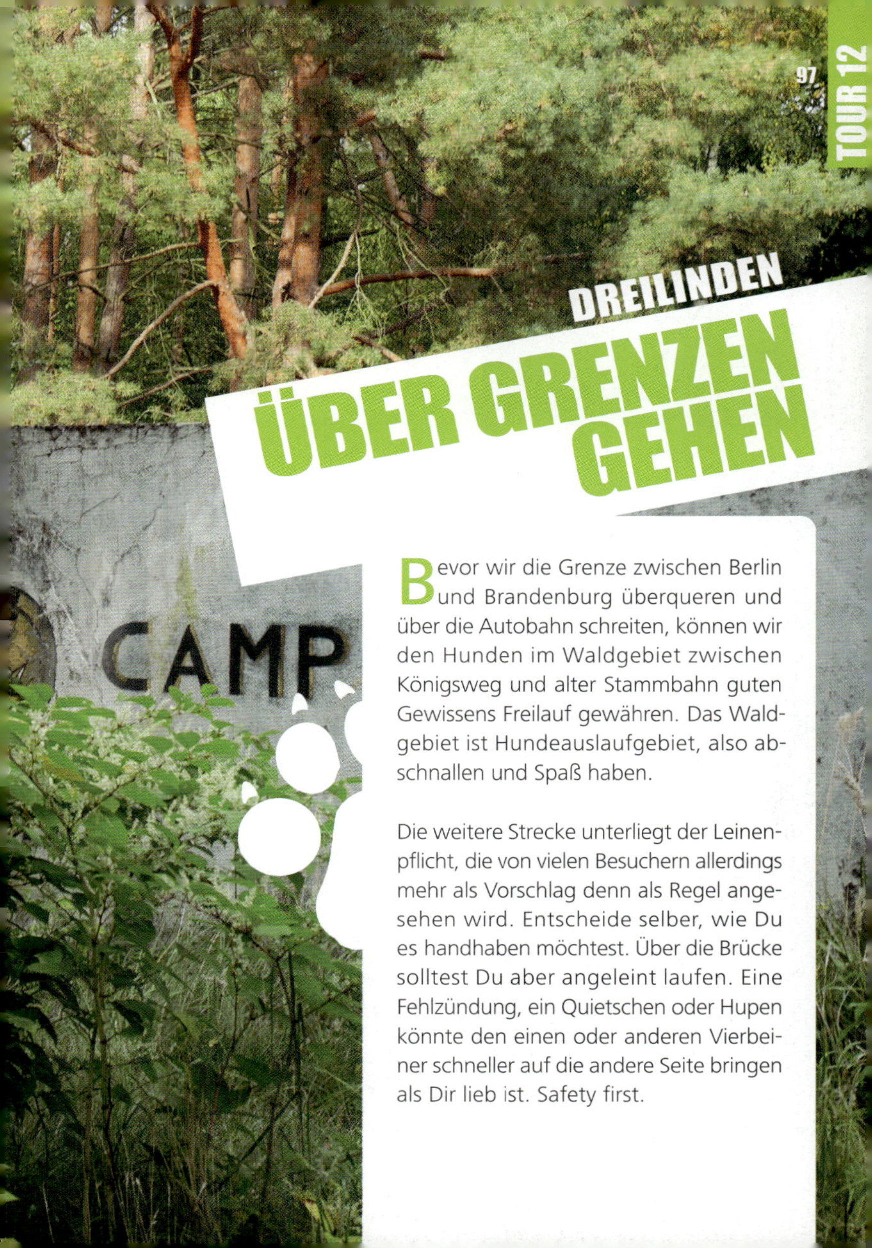

DREILINDEN

ÜBER GRENZEN GEHEN

Bevor wir die Grenze zwischen Berlin und Brandenburg überqueren und über die Autobahn schreiten, können wir den Hunden im Waldgebiet zwischen Königsweg und alter Stammbahn guten Gewissens Freilauf gewähren. Das Waldgebiet ist Hundeauslaufgebiet, also abschnallen und Spaß haben.

Die weitere Strecke unterliegt der Leinenpflicht, die von vielen Besuchern allerdings mehr als Vorschlag denn als Regel angesehen wird. Entscheide selber, wie Du es handhaben möchtest. Über die Brücke solltest Du aber angeleint laufen. Eine Fehlzündung, ein Quietschen oder Hupen könnte den einen oder anderen Vierbeiner schneller auf die andere Seite bringen als Dir lieb ist. Safety first.

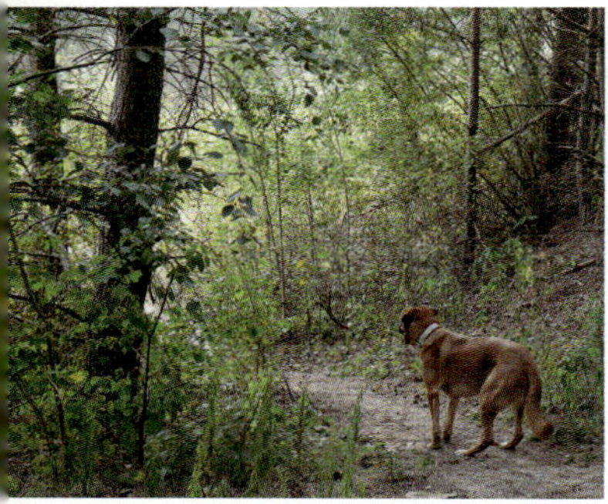

TRACKINFO

Verlauf: Königsweg, Dreilinden, Teltowkanal, Königsweg, Kurfürstenweg

Art: Rundwanderung, mittel

Tracklänge: 9,9km

Start: Königsweg 240

Öffis: Bus 118 ➾ Station Quantzstraße oder Bus 118, 620 ➾ Station Isoldestraße

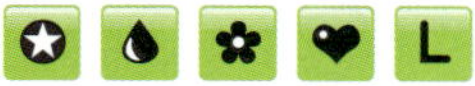

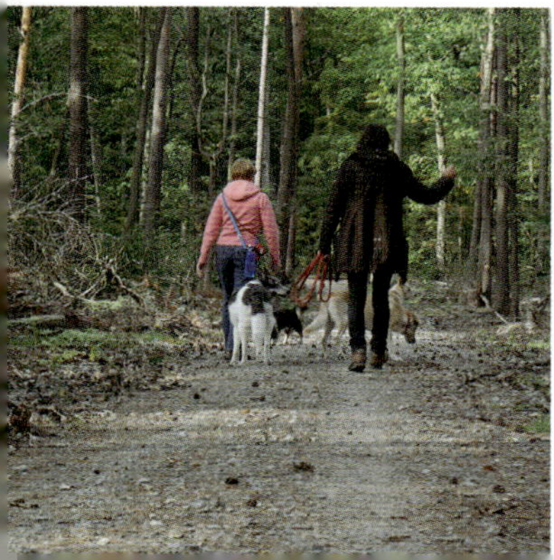

Über Grenzen gehen und rechts und links vom Mauerweg Überraschungen entdecken

Hinter der Brücke bleiben wir für ca. 150 Meter auf dem Hauptweg und biegen dann links ab. Es geht auf einem gut befestigten Weg ein Stück hinunter und dann wieder nach rechts. Diesem Weg, der weitestgehend ein Sandweg ist, folgen wir immer geradeaus, überqueren dabei auch den asphaltierten Mauerweg und gelangen irgendwann an die Reste einer Brückenanlage. Diese wird von Graffitikünstlern zur künstlerischen Entfaltung genutzt, manchmal sogar mit einigem Talent. Wenn Du hin und wieder hier entlangläufst, wirst Du auch hin und wieder mit neuen Bildern und Graffitis belohnt. Wir laufen durch die Brückenreste hindurch und folgen unserem Weg. Am Ende gelangen wir auf eine stillgelegte Autobahnbrücke über den Teltowkanal. Es handelt sich um die alte Autobahnbrücke Albrechts Teerofen, die zu Mauerzeiten mitunter als Campingplatz genutzt wurde. Die kleine Siedlung auf der anderen Seite des Kanals trägt übrigens den gleichen Namen. Im Mittelalter wurden hier in den Teeröfen bevorzugt Pech und Teer hergestellt und zwar aus den harzreichen Kiefern der Gegend. Ein gewisser Albrecht war wohl Besitzer einer dieser Öfen – daher der Name. Vor der Brücke klettern wir den Trampelpfad rechts hinab, so dass wir rechts neben dem Wasser weiter marschieren können. Nach einiger Zeit öffnet sich der Wald rechts neben uns und wird zu einer Lichtung. Diese durchkreuzen wir einmal quer, verlassen den Kanal und gelangen automatisch wieder auf einen Weg. Hier geht es für uns links und leicht bergauf. An der Kreuzung, an der uns ein Kleingartenverein mit einer immensen Satellitenschüssel begrüßt, biegen wir hinter den Häusern rechts auf den Königsweg ab. Auf dem bleiben wir, bis der Mauerweg kreuzt. Wir verlassen den Königsweg auf dem zweiten Weg schräg links, das ist der Kurfürstenweg, der im späteren Verlauf zu einem Trampelpfad wird. An einer Kreuzung, an der auf der linken Seite eine verwitterte, einzelne Bank steht, biegen wir im rechten Winkel rechts in den Wald ab. Im Sommer ist der Weg mitunter zu erkennen, im Herbst sind Mut und Abenteuerlust gefragt. Wir folgen diesem teilweise imaginären Weg geradeaus durch den Wald, bis wir zu

BERLINER MAUERWEG

Der Berliner Mauerweg setzt sich aus 160 Kilometer Rad- und/oder Fußweg zusammen, die, das liegt in der Natur der Sache, den ehemaligen Grenzverlauf der deutsch-deutschen Grenze anschaulich machen und somit das ehemalige West-Berlin einkreisen. Im Ostteil sind die Wege, auf denen wir wandeln, größtenteils sogenannte Kolonnenwege, die damals von den DDR-Grenzsoldaten für ihre Patrouillen genutzt wurden. Im westlichen Teil sind es analog dazu die Zollwege, auf denen West-Berliner Polizei und Alliierte gleichermaßen patrouillierten. Verschiedene Gedenksteine und Stelen erinnern an die tragischen Geschichten, die sich an der Mauer zugtragen haben.

Mit Freunden, sowohl Zwei- als auch Vierbeinigen, macht das Entdecken doppelt so viel Spaß! ▼

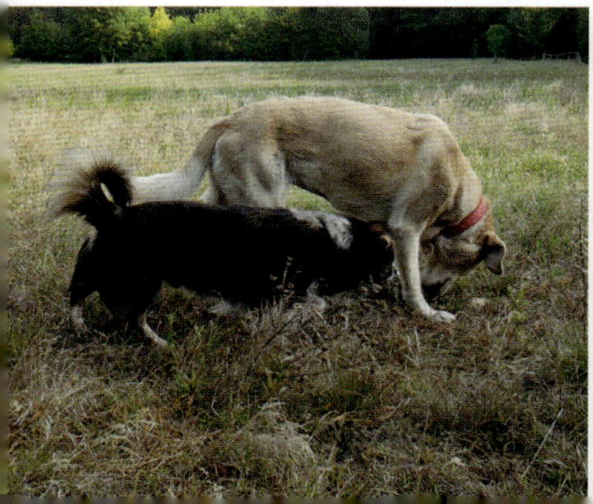

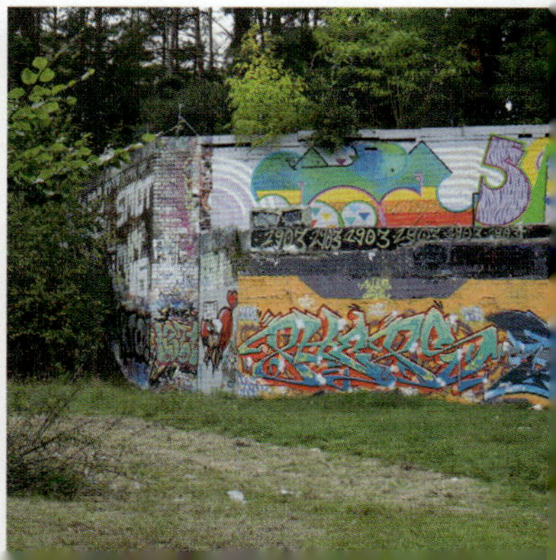

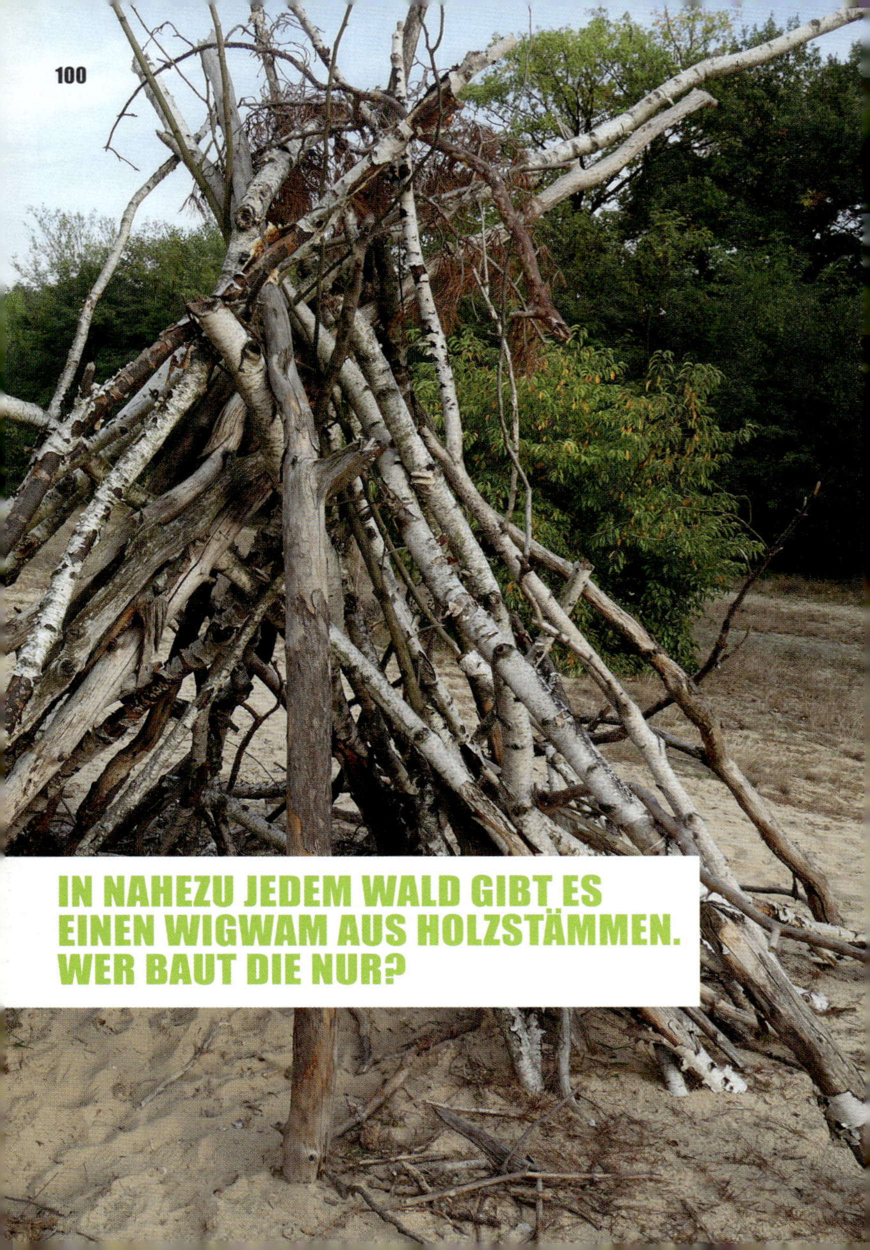

IN NAHEZU JEDEM WALD GIBT ES EINEN WIGWAM AUS HOLZSTÄMMEN. WER BAUT DIE NUR?

einem Abhang kommen. Unten sehen wir die Schienen der alten Bahn. Wir klettern hinunter und auf der anderen Seite wieder hinauf, laufen geradeaus weiter, bis wir wieder auf den gut ausgebauten Stahnsdorfer Damm gelangen. Hier klauben wir uns die Äste aus den Haaren, klopfen die Blätter von der Hose und dann geht es rechts ab bis zur Kreuzung Königsweg. Und weil wir schon Abenteuer genug hatten, bleiben wir auf dem Königsweg, der uns direkt zur Brücke Dreilinden und nach Berlin zurückbringt.

Umgebungs- & Einkehrtipps

Hundeauslaufgebiet Düppeler Forst
zwischen Königsweg und Am Waldhaus
Schlafende Gleise – Track 03 aus dem Buch BERLIN GEHT: Dieser Track führt hier entlang und ist gut kombinierbar.
Berliner Stadthunde
Hundeschule und Hundetagesstätte
14163 Berlin, Hohentwielsteig 4
www.berliner-stadthunde.de

IST WALD FREUDE GENUG?

Hat der Vierbeiner genau so viel Freude an neuen Wegen, wie wir urbigen Entdecker auch? Oder müssen wir auf jede Tour durch Wald und Flur Ballschleuder, Frisbee, Klicker und Pfeife dabeihaben? Hoho, möge Gott mit dem sein, der diese Frage allumfassend zu beantworten sich traut. Fragen um das Thema Hund haben leider zu oft die Tendenz, zu Glaubensfragen zu werden. Halsband oder Geschirr? Leckerli ja oder nein? Anfassen oder nicht? Rudelstellung, Unterordnung, gelbe Schleife, trainieren oder dominieren, Moxonleine oder Flexi, »der will nur spielen«, »das hat er doch noch nie gemacht« und »ihrer hat doch angefangen« ...egal...es wird immer schnell emotional, wenn ein Hund im Spiel ist. Daher: ist der Wald Freude genug? »...!«

Das Entdeckerherz darf sich hier voll entfalten; genauso wie der Kletter- und Kraxelfreund auf seine Kosten kommt. ▼

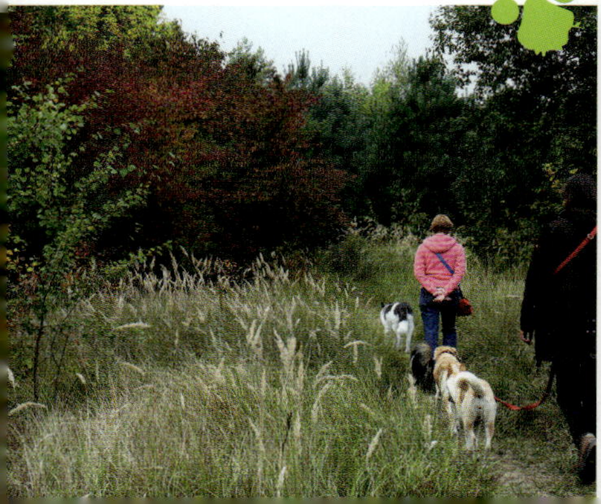

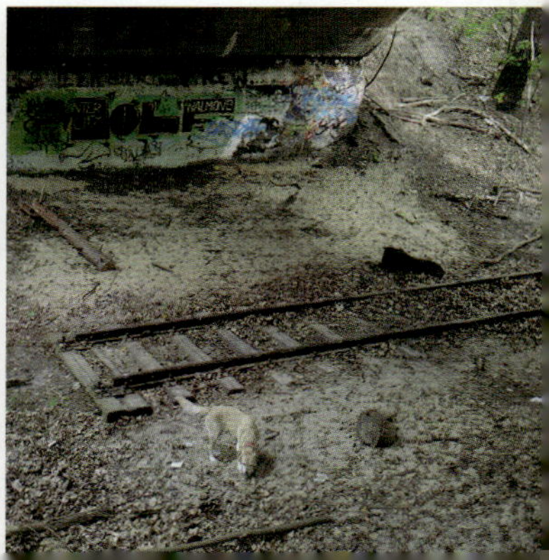

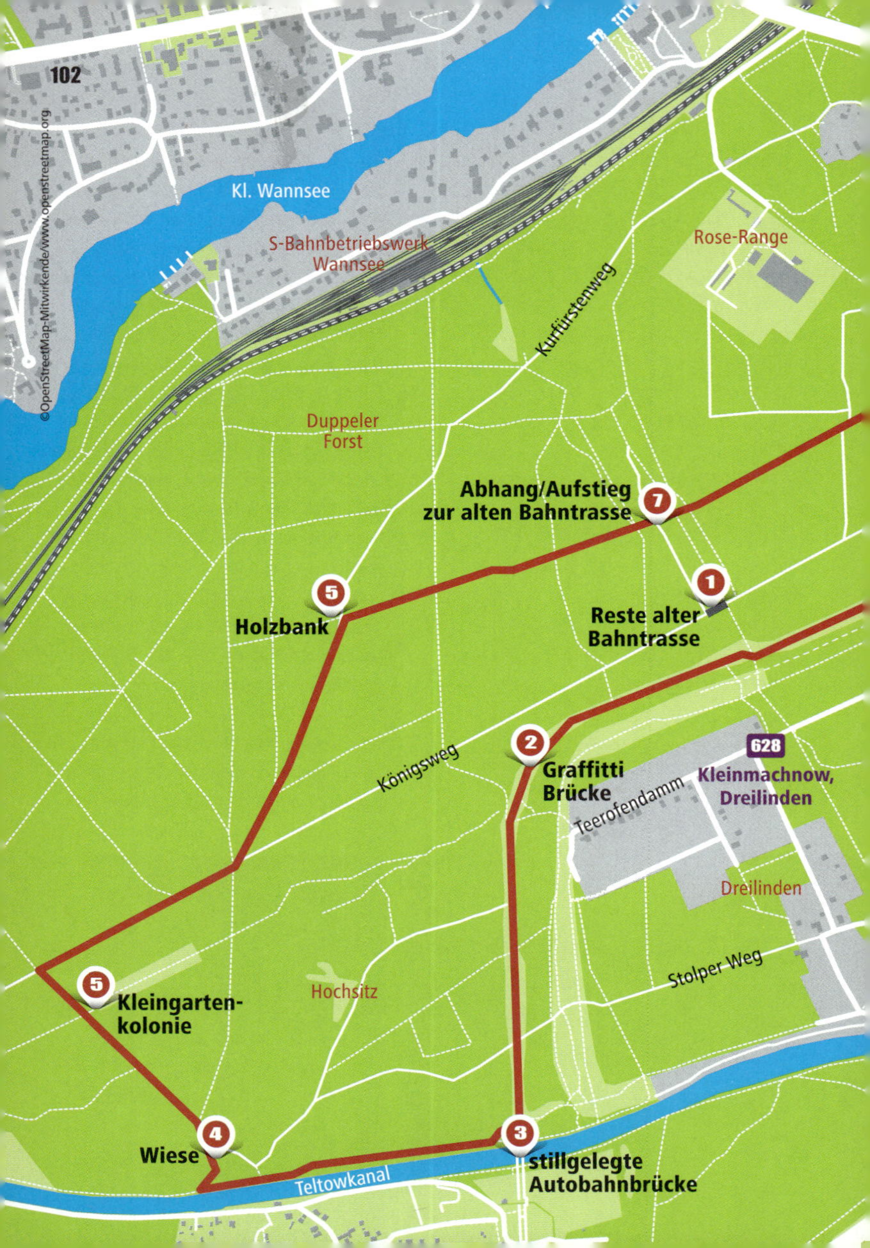
©OpenStreetMap-Mitwirkende/www.openstreetmap.org
Kl. Wannsee
S-Bahnbetriebswerk Wannsee
Rose-Range
Kurfürstenweg
Duppeler Forst
7
Abhang/Aufstieg zur alten Bahntrasse
5
Holzbank
1
Reste alter Bahntrasse
2
Graffitti Brücke
628
Kleinmachnow, Dreilinden
Königsweg
Teerofendamm
Dreilinden
Stolper Weg
5
Kleingarten-kolonie
Hochsitz
4
Wiese
3
stillgelegte Autobahnbrücke
Teltowkanal

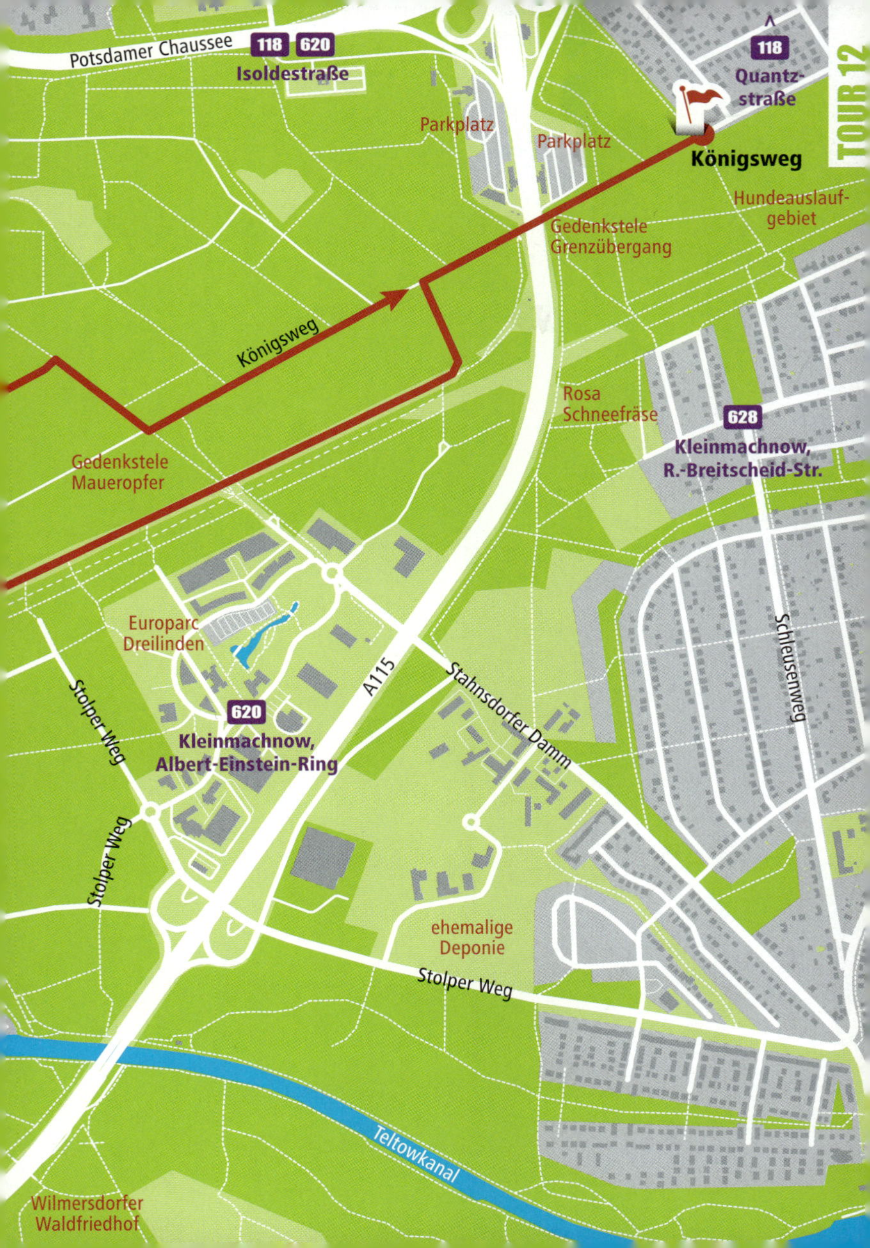

TOUR 12
Potsdamer Chaussee
118
620
Isoldestraße
118
Quantz-
straße
Parkplatz
Parkplatz
Königsweg
Hundeauslauf-
gebiet
Gedenkstele
Grenzübergang
Königsweg
Rosa
Schneefräse
628
Kleinmachnow,
R.-Breitscheid-Str.
Gedenkstele
Maueropfer
Europarc
Dreilinden
620
Kleinmachnow,
Albert-Einstein-Ring
A115
Stahnsdorfer Damm
Schleusenweg
Stolper Weg
Stolper Weg
ehemalige
Deponie
Stolper Weg
Teltowkanal
Wilmersdorfer
Waldfriedhof

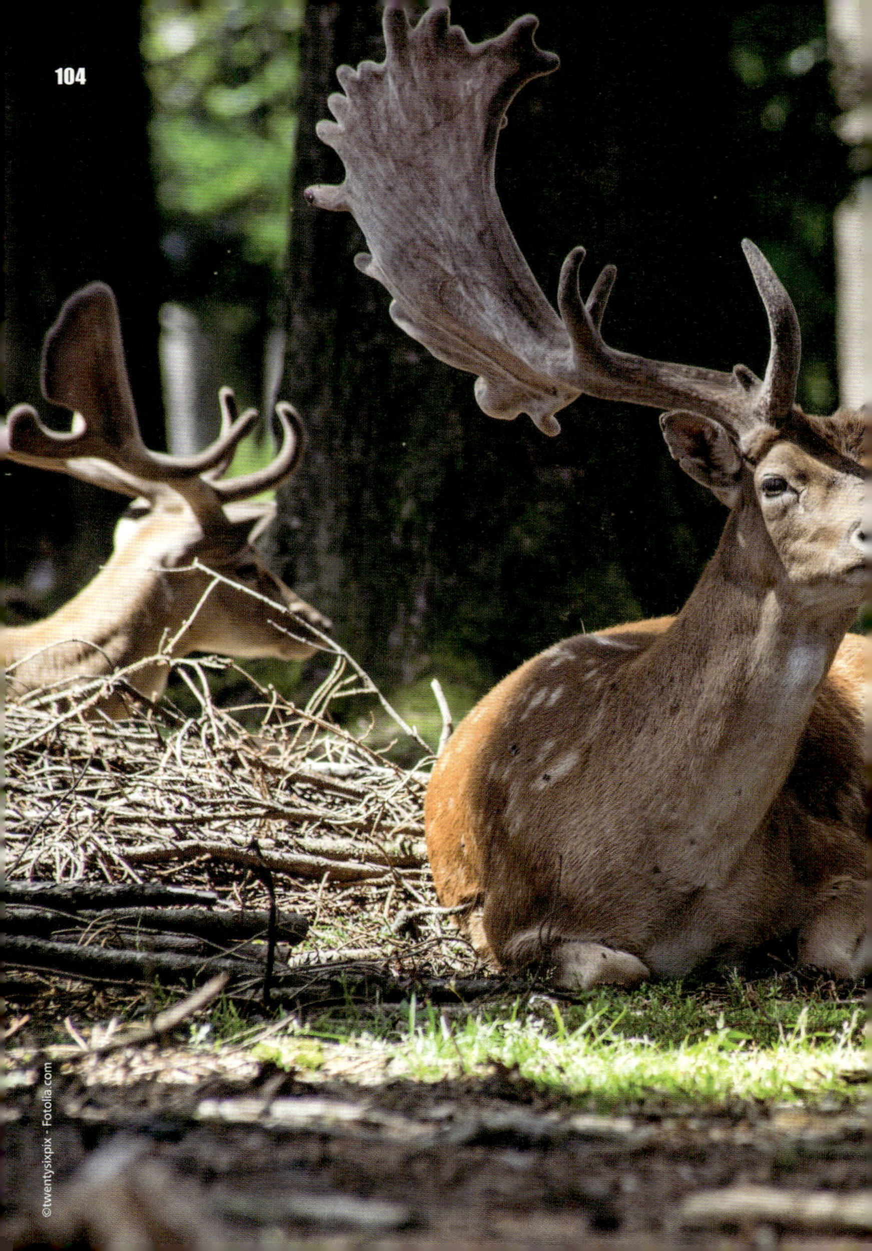

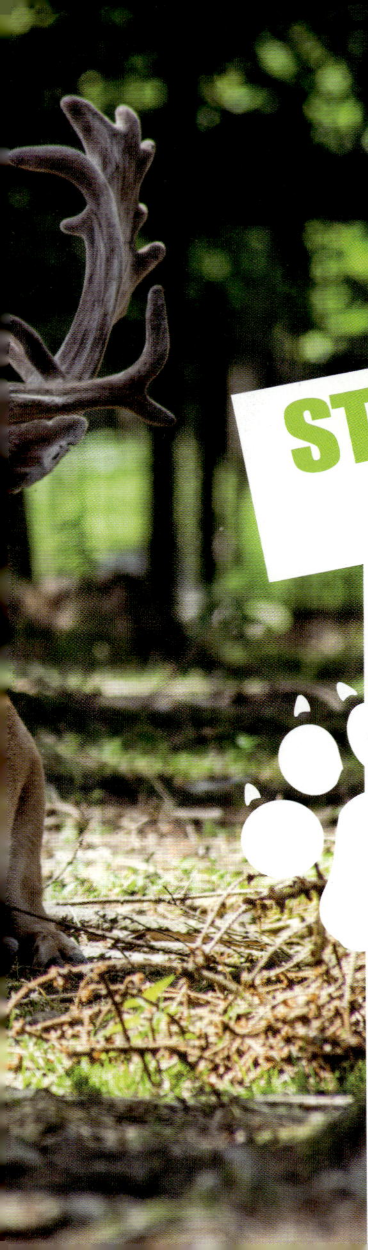

SPANDAUER FORST

STÄDTISCHER VIEHTRIEB

Spandau bei Berlin, das kennt man ja. 1920 wurde der Bezirk Groß-Berlin einverleibt, was sich auch heute noch nicht bis zu jedem Spandauer herumgesprochen hat. Aber das ist ja auch gut so. Ein wenig Lokalpatriotismus kann nicht schaden. Und auf Spandau stolz sein, dafür gibt es jede Menge gute Gründe. Zum Beispiel die tolle Zitadelle, die schöne Altstadt, der Kolk, der Weihnachtsmarkt und der Spandauer Forst. Und dem widmen wir uns heute auf unserer Tour. Sie ist mal wieder geprägt von viel Wald, aber auch die eine oder andere Lichtung wartet auf Zwei- und Vierbeiner, genauso wie viel Wasser, breite Wege und schmale Trampelpfade. Aber das Spannendste für des Hundes Nase sind sicherlich die Tiere in den Wildgehegen, die am Ende der Tour als Highlight auf uns warten.

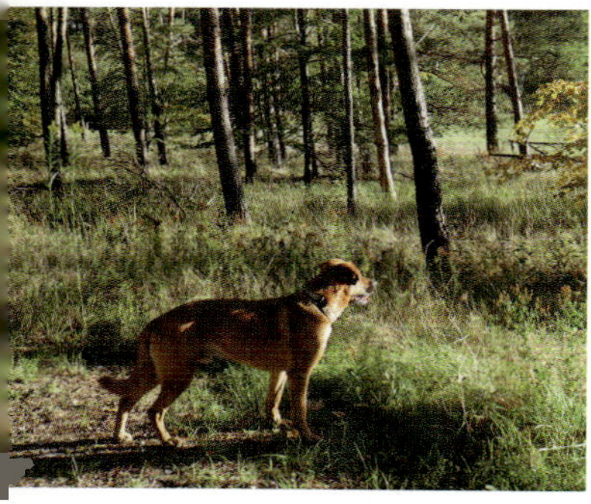

TRACKINFO

Verlauf: Hubertusstraße, Hundeauslaufgebiet Hakenfelde, Wildgehege

Art: Rundwanderung, mittel

Tracklänge: 8,1km

Start: Hubertusstraße 1

Öffis: Bus 671, M45
➲ Station Mögeldorfer Weg

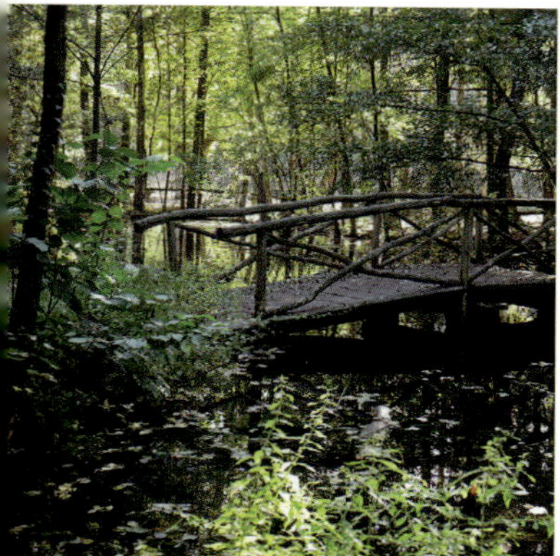

Jetzt aber: der Spandauer Forst

Wir starten unsere Wanderung durch den Spandauer Forst an der Schönwalder Allee. Hier biegen wir in die Hubertusstraße ab und wenden uns an der ersten Möglichkeit nach rechts. Am Ende der kleinen Straße geht es zwischen Zaun und Mauer in das Hundeauslaufgebiet. Hier kann jeder nach Lust und Dollerei urben. Wichtig ist nur, sich auf die gegenüberliegende Seite an die Schienen zu schlagen. Es gibt eine Möglichkeit, die Schienen der Havelländischen Eisenbahn zu überqueren. Diese findest Du ziemlich weit unten, also links vom Startpunkt aus. Wir überqueren die Schienen und laufen auf der anderen Seite geradeaus. Automatisch gelangen wir auf einen Hauptweg, dem wir nach links folgen. Wenn sich auf der linken Seite eine Wiese breit macht, bleiben wir an ihrer rechten Seite und gehen bis zu einem Trinkwasserbrunnen. Hier biegen wir erneut nach links und vor uns sehen wir schon die nächste Wiese, die zweite von insgesamt drei. Wir bleiben auf Geradeaus-Kurs, rechts der Wiesen. Der Weg steigt leicht an und fängt an, sich zu schlängeln. Hinter Wiese No. 3 nutzen wir die Gelegenheit, nach rechts abzubiegen, weiter in den Wald hinauf. Wenn Du diesen Abzweig verpasst, nimmst Du einfach den nächsten. An der nächsten Kreuzung zweigen mehrere Wege ab. Wir nehmen den nach rechts, der wiederum leicht ansteigt. So gelangen wir auf den Hauptweg, biegen rechts ab und bleiben auf diesem Weg – immer geradeaus, über die nächste große Kreuzung hinweg, an der ein Schild über die Grundwassergewinnung informiert. Links und rechts werden wir nun von Wasser begleitet und bleiben noch ein Stück auf dem Oberjägerweg. Hinter der Holzbrücke geht es noch 200 bis 300m geradeaus und dann führt rechts ein Waldweg weg. Dem folgen wir. Nach wenigen Metern siehst Du auf der rechten Seite einen Picknickplatz. Wir bleiben auf diesem Weg und nach einigen Metern stößt das Wasser wieder zu uns. Wenn die Kuhlake links abbiegt, haben wir die Gelegenheit, ihr auf einem Trampelpfad zu folgen. Tun wir das doch einfach. So bleiben wir rechts neben dem Ufer. Wir kreuzen einen Hauptweg und laufen auf der anderen Seite auf dem Trampelpfad weiter. Auf dem bleiben wir, komme was wolle. Unser Weg verschmilzt nach eini-

...UND DANN WAR ER WEG

Bei diesem Track ist es passiert. Nach einer großen Runde auf eigene Faust durch den Wald war meine Hündin wieder da, während mein Rüde weiterhin mit Abwesenheit glänzte. Nach mehr als zwei Stunden Abwesenheit hatte ich Puls, die ersten Tränen vergossen, zwei weitere Freundinnen in den Wald beordert und mir die Lunge aus dem Hals geschrien. Lange Rede, kurzer Sinn: der Hund fand wieder zu mir zurück. Allerdings nur durch die Hilfe von »Entlaufene Hunde Berlin/Brandenburg«. Mittels Smartphone hatte ich die Suchmeldung gepostet und dank der hundelieben Crew des Restaurants Skippers konnte dem Suchbild der richtige Hund zugeordnet werden. 18km vom Spandauer Forst entfernt, in Panik einfach gerannt. Und das passiert Tag für Tag. Leute, unterstützt diese Initiative. Wer weiß, wann Ihr sie einmal braucht.
www.facebook.com/EntlaufeneHundeBerlinBrandenburg

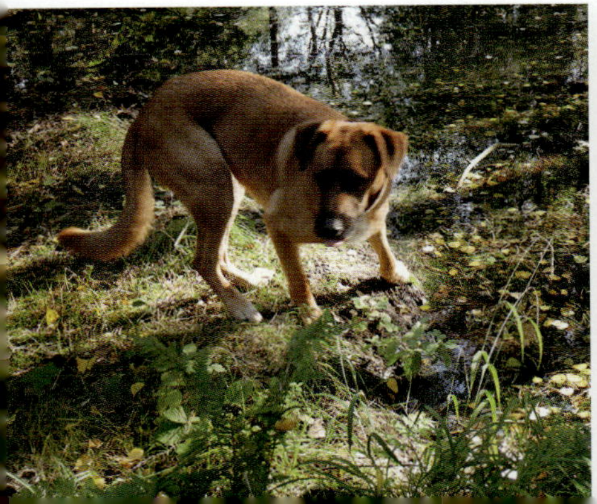

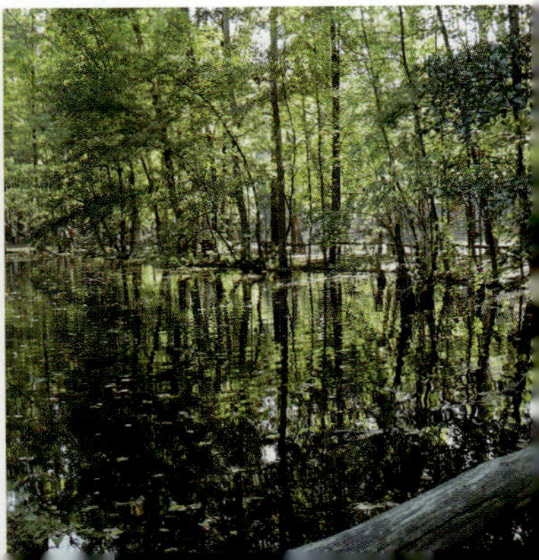

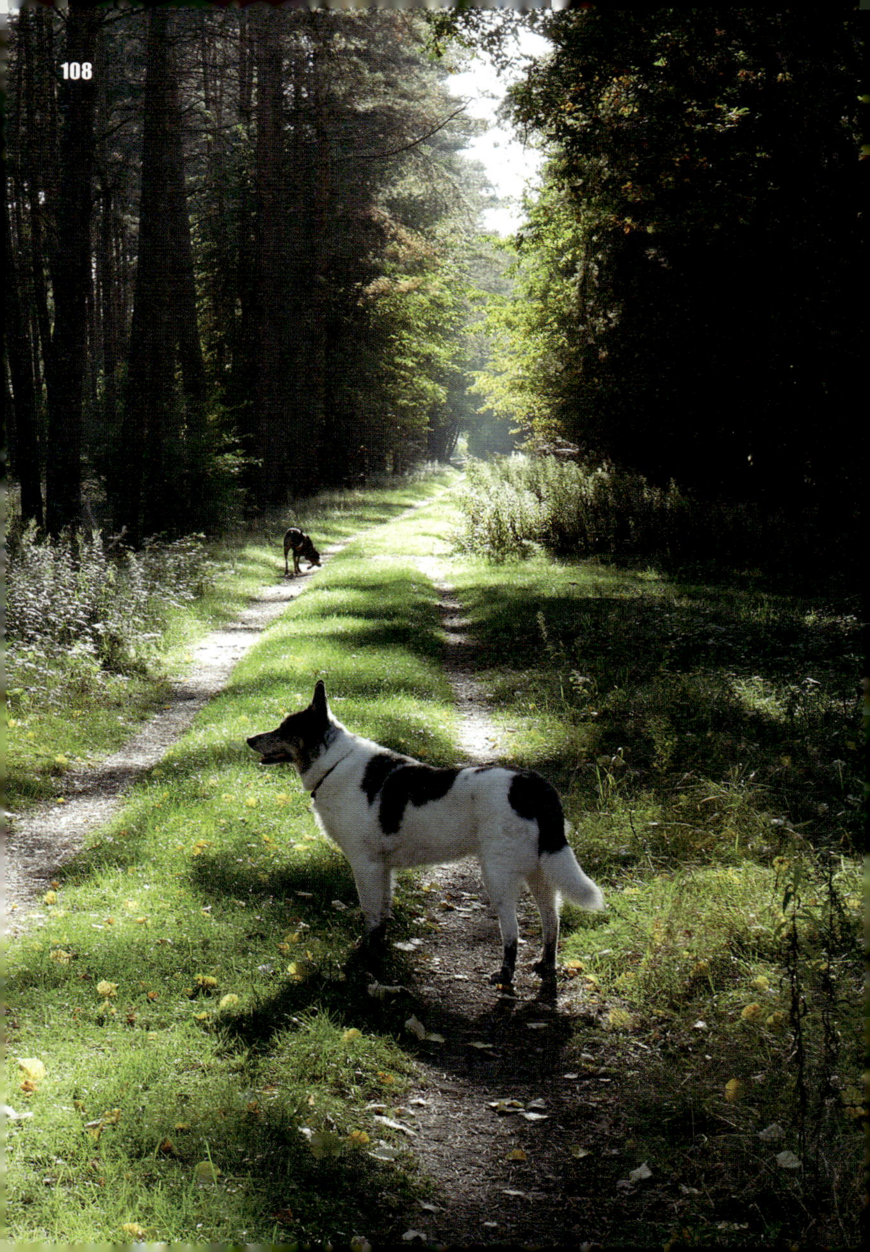

gen Gehminuten an einer Kreuzung mit einem Baum drauf automatisch mit einem anderen Weg. Hier folgen wir dem Weg nach links. Irgendwann gabelt sich dieser und wir entscheiden uns für rechts und bleiben auf diesem Pfad. So gelangen wir zu dem Niederheideweg und kommen bei den Hirschgehegen heraus.

Wenn Du Lust hast, Dir auch die anderen Tiere anzuschauen, dann biege auf diesem Hauptweg links ab, und Du besuchst Mufflon und Wildschwein. Der Rückweg geht auf dem Hauptweg, dem Niederheideweg, rechts hinunter, wieder zu dem Bahnübergang und durch das Hundeauslaufgebiet zurück auf Start.

Umgebungs- & Einkehrtipps

Restaurant Skipper
Für Hunde und deren Halter,
die ähnlich weit laufen wie meiner.
16761 Hennigsdorf, Am Yachthafen 7
Täglich von 12:00 - 22:00 Uhr
www.restaurant-skipper.de

Altstadt Spandau
Rund um den Markt
13597 Berlin Spandau

Fressnapf Berlin Spandau XXL
Werktags von 9:00 - 20:00 Uhr
13581 Berlin, Klosterstraße 23 -25

PEPITA DE OLIVA

Gut, das mit dem Pepita-Muster, das bekomme ich noch hin. Aber den Namen Pepita de Oliva habe ich im Zuge meiner Recherchen rund um Hakenfelde das erste Mal gehört. Aber auf Anfang...Hakenfelde heißt der Bezirk Spandaus, in dem sich auch das Hundeauslaufgebiet befindet. Johann Ludwig Haake eröffnete 1730 hier am Stadtrand eine Meierei, auch Käserei genannt. So viel zu Hakenfelde. Später wurde die Meierei durch ein Schlößchen ersetzt. Und in diesem weilte ebenjene Pepita de Oliva, wenn sie zu Gastspielen in Berlin war. Pepita war Tänzerin. Spanische Tänzerin um genau zu sein. Und geboren wurde sie unter dem Namen Josefa Durán y Ortega. Nach ihr wurde tatsächlich das Pepita-Muster benannt. Und der Pepita-Marsch, aber das ist eine andere Geschichte.

Hängende Zungen sind kein Problem hier. Wasser ist genügend da. ▼

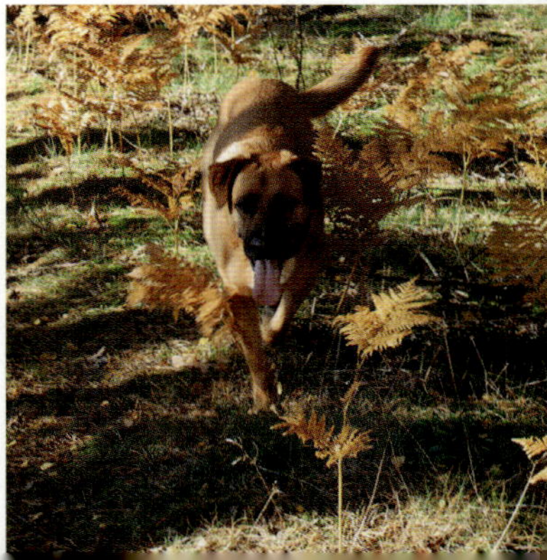

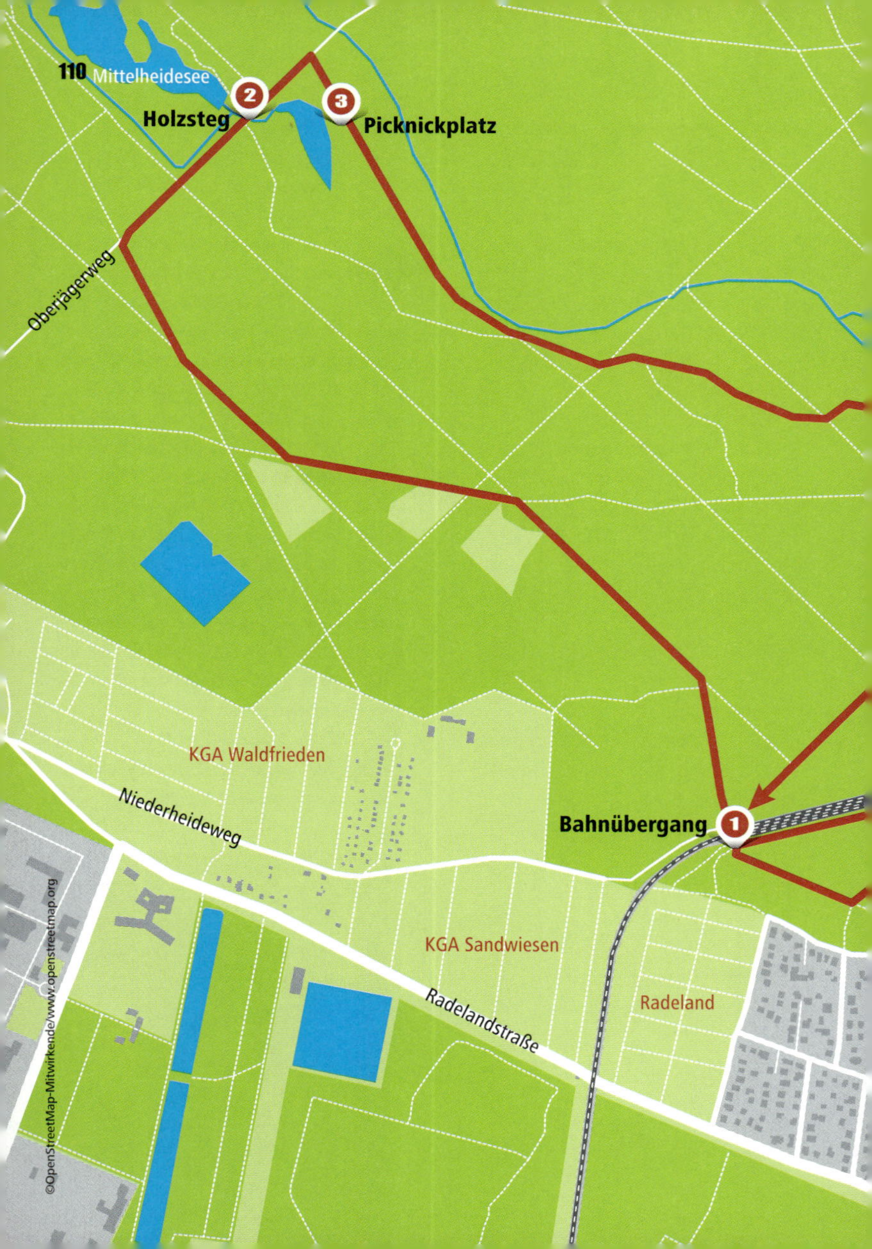
Mittelheidesee
2
Holzsteg
3
Picknickplatz
Oberjägerweg
KGA Waldfrieden
Niederheideweg
1
Bahnübergang
KGA Sandwiesen
Radelandstraße
Radeland
©OpenStreetMap-Mitwirkende/www.openstreetmap.org

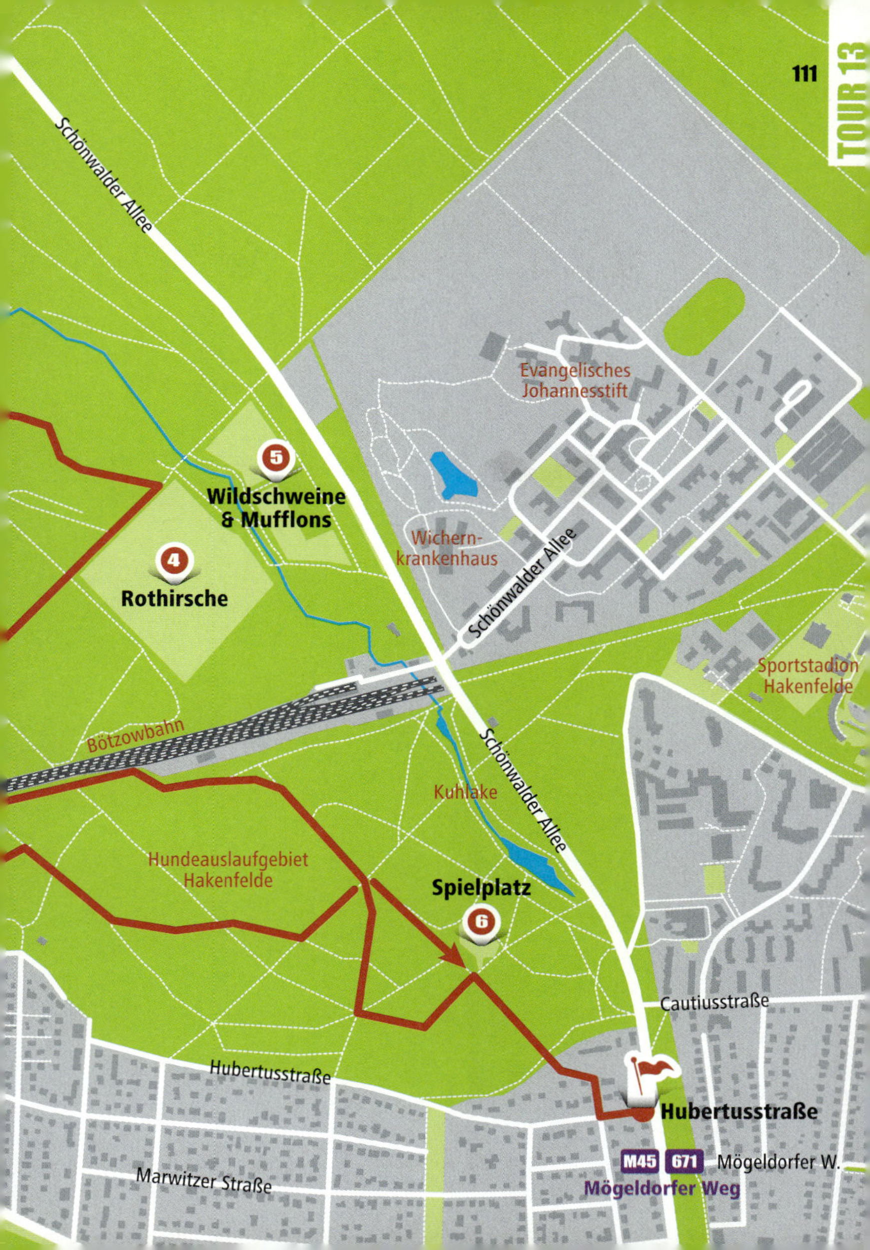
Schönwalder Allee
Evangelisches Johannesstift
5
Wildschweine & Mufflons
4
Rothirsche
Wichern-krankenhaus
Schönwalder Allee
Sportstadion Hakenfelde
Bötzowbahn
Schönwalder Allee
Kuhlake
Hundeauslaufgebiet Hakenfelde
Spielplatz
6
Cautiusstraße
Hubertusstraße
Hubertusstraße
M45 671 Mögeldorfer W.
Mögeldorfer Weg
Marwitzer Straße

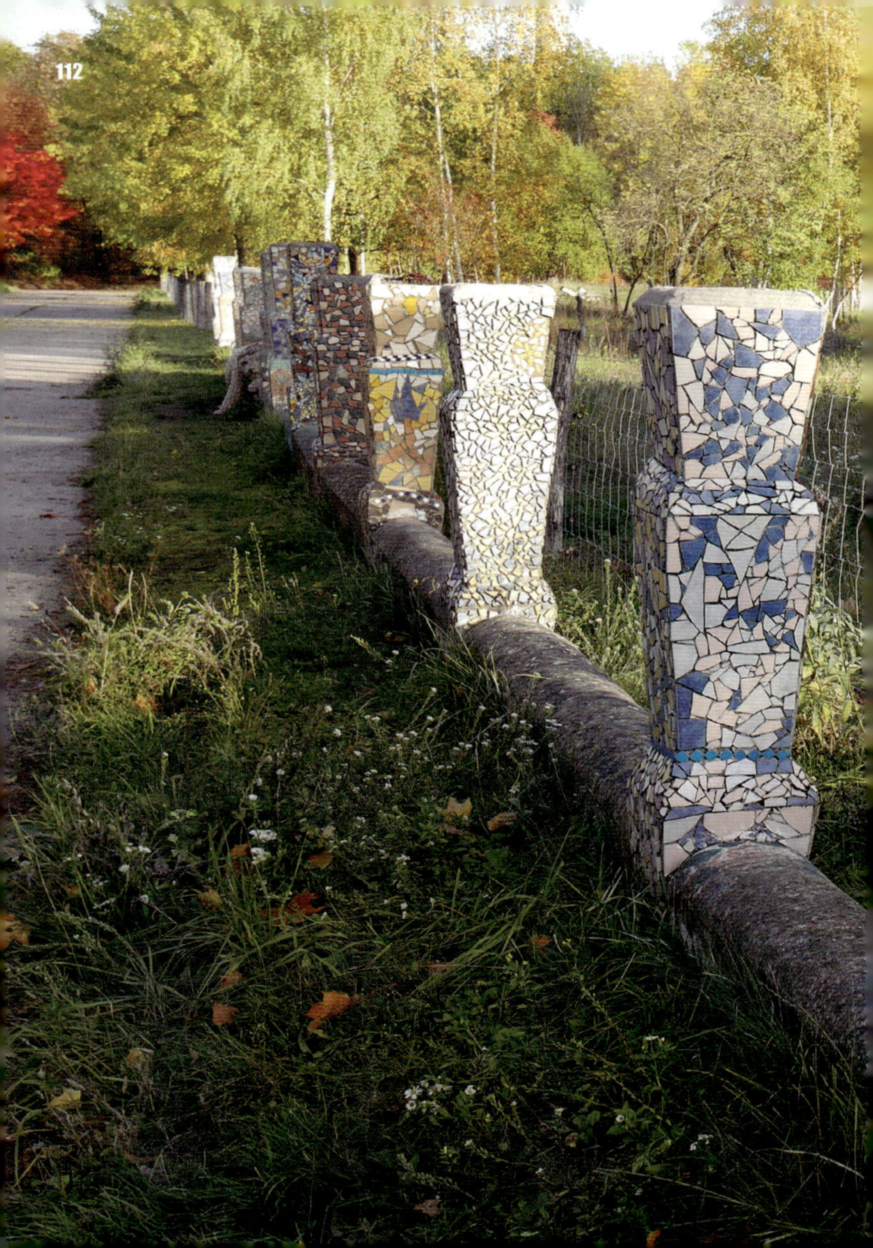

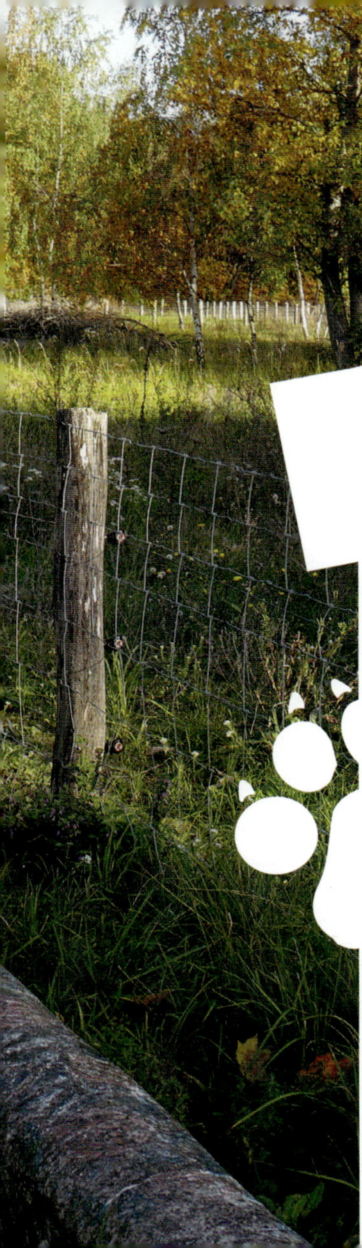

HERZBERGE

GRÜN MIT HERZ

Neugierig sein lohnt sich. Lichtenberg ist bei einigen sicherlich kein Bezirk, der unter die TOP 5 fallen würde. Und das völlig zu unrecht. Es gibt hier so schöne Ecken, versteckt hinter Hauptverkehrsadern, Großstadtlärm und Plattenbau.

Einen Teil davon erobern wir uns heute bei dieser kurzweiligen, bunten Tour durch den Berliner Nordosten. An sonnigen Sommertagen ist hier einiges los. Aber die Strecke ist eh weitestgehend Leinenpflichtgebiet, da wir hier einigen Ziegen und Schafen begegnen werden. Außerdem geht es ein Stück des Weges über den Zentralfriedhof. Und wenn auf diesem Gottesacker schon Hunde erlaubt sind, dann sollten sie sich auch benehmen. Oder nicht?

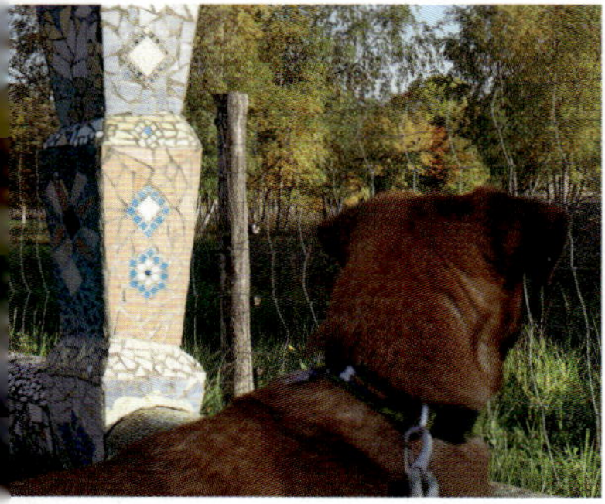

Zwischen Weiden, Grabsteinen, Gewächshäusern, Löwen und Schafen spazieren

Wir starten praktischerweise gegenüber Fressnapf. Wenn Dein Leckerlibeutel leer ist, hinein. Ansonsten gehen wir auf der linken Straßenseite mit der Rhinstraße im Rücken auf dem Weg ins Grüne. Wir laufen auf Asphalt rechts an den Fernwärmerohren vorbei und links neben dem Grenzgraben. Diesem Weg folgen wir, bis es links auf den Friedhof geht. Spätestens ab hier ist Leinenpflicht. Den Friedhof durchqueren wir der Länge nach. Wie viele Abstecher nach links und rechts Du machen möchtest, bleibt ganz Dir überlassen. Ein Blick lohnt sich auf jeden Fall auf die Gedenkstätte der Sozialisten ganz am Ende u.a. mit den Gedenktafeln von Rosa Luxemburg und Karl Liebknecht. Beide wurden im Januar 1919 in Tiergarten ermordet und hier begraben. Außerdem ruhen auf diesem Friedhof die Graphikerin Käthe Kollwitz, der Schriftsteller F.C. Weiskopf, Regisseur Konrad Wolf und Maler Paul Meyerheim. Und, wenn Du aufmerksam bist, dann wirst Du auf dem Weg parallel zur Kastanienallee ein blaues Grab entdecken, das ganz neue Akzente setzt. Mir gefällt es. Friedhöfe könnten mehr Farbe vertragen. Was mir aber an Friedhöfen ganz besonders gefällt, ob grau oder blau, ist, dass sich die Leute hier benehmen. Ansonsten hat man in Berlin ja immer ganz gute Chan-

TRACKINFO

1

Verlauf: Zentralfriedhof Friedrichsfelde, Landschaftspark Herzberge, Eichenpfuhl

Art: Rundwanderung, einfach

Tracklänge: 5,3km

Start: Rhinstraße 77 (Parkplatz)

Öffis: 27, 37, M8, M17 ➲ Station Allee der Kosmonauten/Rhinstraße

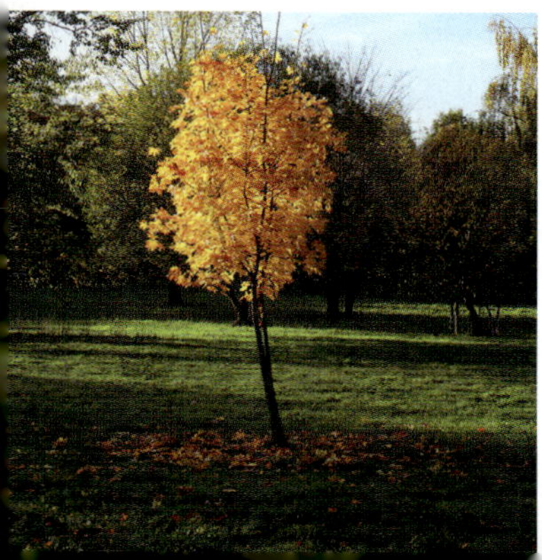

cen, auf einen – sorry – Idioten zu treffen. Auf Friedhöfen ist einfach mehr Stil, mehr Respekt, mehr Schön. Wenn wir den Friedhof am Ende durch den Haupteingang verlassen, wenden wir uns gleich nach rechts auf den Rückweg, allerdings außerhalb des Friedhofzauns. Auf der linken Seite haben wir moderne Wohnhäuser und auf der rechten erst Friedhof und dann ein wenig Wald. Wir laufen auf den Park und auf eine Gärtnerei zu. Bei der ersten Gelegenheit biegen wir von dem Weg rechts ab und wandeln zwischen den großen Gewächshäusern hindurch. Wenn Du möchtest, dann mach' vorher einen kleinen Abstecher in den kunstvoll angelegten Garten auf der linken Seite. Hinter den Gewächshäusern links ab und Du siehst das erste Schild des Naturpfades und auf der linken Seite die erste Weide. Hinter der Weide biege links ab und laufe zwischen den Zäunen hindurch, vorbei an sehr viel Kunst. Wirklich überraschend hier. Am Ende der Weiden gelangen wir hinter dem Picknickpilz auf den asphaltierten Weg, dem wir nach rechts folgen. Wenn viele Fahrräder unterwegs sind, kannst Du auch parallel durch den Wald laufen. Am Ende macht der Weg einen Rechtsbogen, vorbei an der Tramhaltestelle und gegenüber dem Königin Elizabeth Krankenhaus. Bei der ersten Gelegenheit geht es wieder rechts in den Wald hinein. Wir überqueren einen grünen Platz mit Naturpfad, Picknickplatz

LEBENSPLAN

Der Natur- und Gesundheitspfad im Naturerfahrungsraum Schafweide besteht aus sieben Stationen, die von Innerer Ausrichtung über Entspannung und Inspiration zu Ewiger Weisheit führen. Leider ist im Internet wenig über diese Initiative zu erfahren. So bleibt dem Neugierigen wohl nur das Ausprobieren und die Selbsterfahrung. Sehr liebevoll gestaltet sind die Stationen und – für Berliner Verhältnisse – sehr gut in Schuss. Und wessen Sache das In-sich-kehren in aller Öffentlichkeit nicht ist, der wird beim Durchlesen der Schilder vielleicht doch auf seine Kosten kommen. Wusstest Du, dass Eschenbäume sowohl männlich als auch weiblich als auch zwittrig sein können? Siehste!

Mal nachgedacht: Was würdest Du denn mit ewiger Weisheit anfangen? Vermutlich über der Menschheit verzweifeln. Oder? ▼

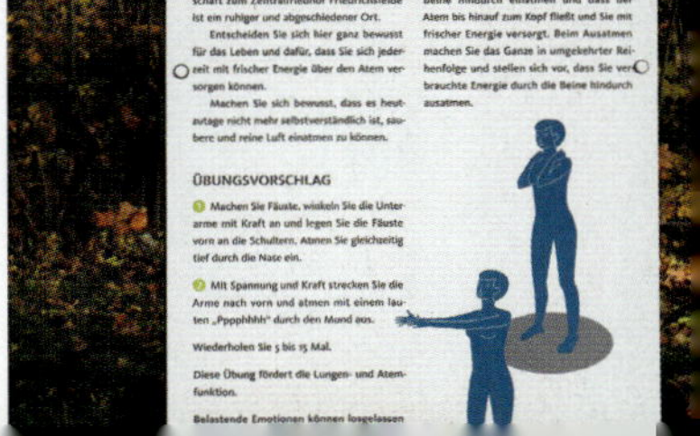

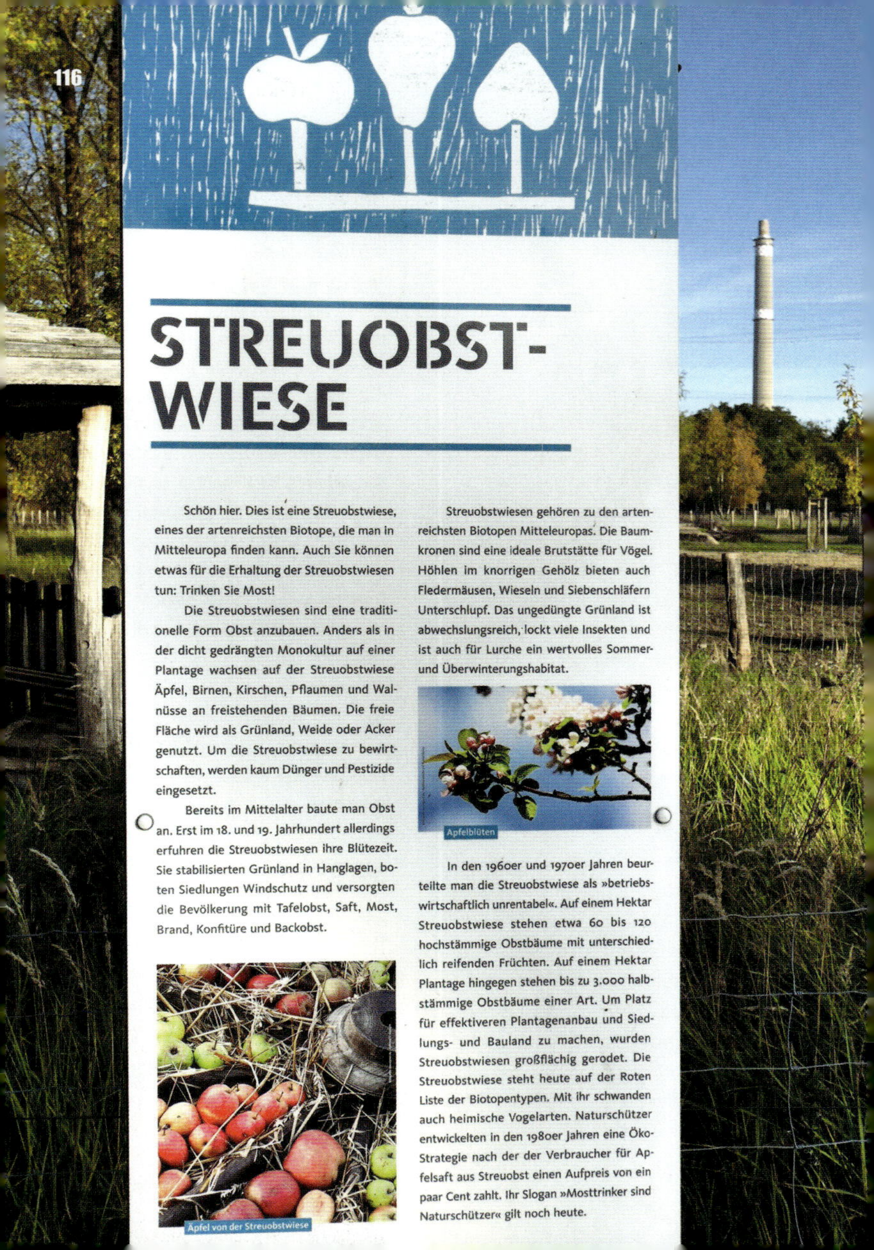
STREUOBST-
WIESE
Schön hier. Dies ist eine Streuobstwiese, eines der artenreichsten Biotope, die man in Mitteleuropa finden kann. Auch Sie können etwas für die Erhaltung der Streuobstwiesen tun: Trinken Sie Most!
Die Streuobstwiesen sind eine traditionelle Form Obst anzubauen. Anders als in der dicht gedrängten Monokultur auf einer Plantage wachsen auf der Streuobstwiese Äpfel, Birnen, Kirschen, Pflaumen und Walnüsse an freistehenden Bäumen. Die freie Fläche wird als Grünland, Weide oder Acker genutzt. Um die Streuobstwiese zu bewirtschaften, werden kaum Dünger und Pestizide eingesetzt.
Bereits im Mittelalter baute man Obst an. Erst im 18. und 19. Jahrhundert allerdings erfuhren die Streuobstwiesen ihre Blütezeit. Sie stabilisierten Grünland in Hanglagen, boten Siedlungen Windschutz und versorgten die Bevölkerung mit Tafelobst, Saft, Most, Brand, Konfitüre und Backobst.
Äpfel von der Streuobstwiese
Streuobstwiesen gehören zu den artenreichsten Biotopen Mitteleuropas. Die Baumkronen sind eine ideale Brutstätte für Vögel. Höhlen im knorrigen Gehölz bieten auch Fledermäusen, Wieseln und Siebenschläfern Unterschlupf. Das ungedüngte Grünland ist abwechslungsreich, lockt viele Insekten und ist auch für Lurche ein wertvolles Sommer- und Überwinterungshabitat.
Apfelblüten
In den 1960er und 1970er Jahren beurteilte man die Streuobstwiese als »betriebswirtschaftlich unrentabel«. Auf einem Hektar Streuobstwiese stehen etwa 60 bis 120 hochstämmige Obstbäume mit unterschiedlich reifenden Früchten. Auf einem Hektar Plantage hingegen stehen bis zu 3.000 halbstämmige Obstbäume einer Art. Um Platz für effektiveren Plantagenanbau und Siedlungs- und Bauland zu machen, wurden Streuobstwiesen großflächig gerodet. Die Streuobstwiese steht heute auf der Roten Liste der Biotopentypen. Mit ihr schwanden auch heimische Vogelarten. Naturschützer entwickelten in den 1980er Jahren eine Öko-Strategie nach der der Verbraucher für Apfelsaft aus Streuobst einen Aufpreis von ein paar Cent zahlt. Ihr Slogan »Mosttrinker sind Naturschützer« gilt noch heute.

und kleinem Spielplatz, gehen geradeaus weiter und an der nächsten Waldkreuzung links. Nun haben wir die Weiden hinter dem Waldrand auf unserer rechten Seite. Am Ende des Weges gehen wir weiter geradeaus, links am Plattenbau und rechts neben der großen Weide vorbei, raus aus dem Wald. Am Ende biegen wir rechts in den Ableger der Allee der Kosmonauten ab, laufen vor bis zum Oberstufenzentrum Energietechnik und dahinter links. Wir gelangen so wieder auf den Weg, den wir auch gekommen sind. An der Brücke haben die Hunde noch Gelegenheit, einen Schluck Wasser aus dem Graben zu nehmen. Prost.

Umgebungs- & Einkehrtipps

Tierpark Berlin
Der größte Landschaftstiergarten Europas und Dogs welcome.
10319 Berlin, Am Tierpark 125
www.tierpark-berlin.de

Fressnapf
10315 Berlin, Rhinstraße 83

Plattenbaukunst
10315 Berlin, Alt Friedrichsfelde Ecke Am Tierpark – An dieser Ecke ist die Platte malerisch verziert.

Canteen 55
A taste of home und Hunde dürfen mit.
10356 Berlin, Herzbergstraße 55

Hundepark, Free Dogs Berlin e.V.
10319 Berlin, Hönower Weg 30
www.freedogsberlin.de

DAS SCHWEIGEN DER LÄMMER

Als Hundebesitzer ist man ja oftmals mit dem Problem konfrontiert, dass Nachbarn, Freunde und Fremde immer wieder dem dringenden Bedürfnis nachgeben, den Hund zu füttern. Genau das gleiche müssen die Schafe hier durchmachen. Also: Füttern verboten. Schafe sind, logisch, wie Hunde auch, Herdentiere. Je ursprünglicher die Rasse, umso größer sollte die Herde sein. Sie trinken deutlich weniger Wasser als Caniden, tragen ihre »Welpen« aber deutlich länger, nämlich fünf Monate. Und sollte Dein Hund im Winter frieren, pack' ihm ein Schaf drum rum. Schafshaare sind von einzigartiger Zusammensetzung, die vor Kälte und Feuchtigkeit schützt wie nix anderes. Und zwar ein Schafleben lang, ca. zehn Jahre.

Demut ist angesagt bei diesem Kunstwerk. So viele Einzelstücke, so viel Arbeit, so schön. ▼

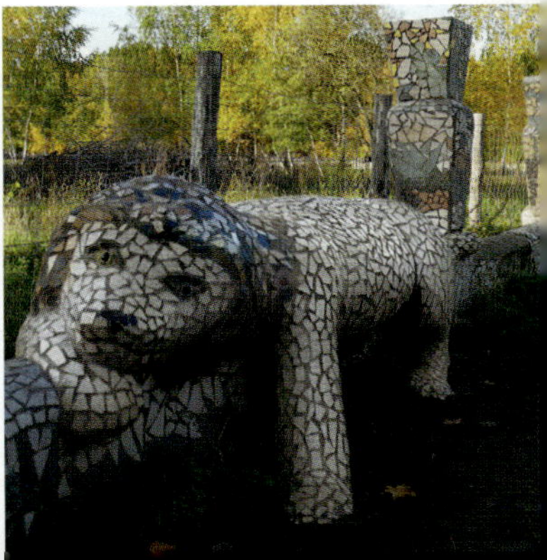

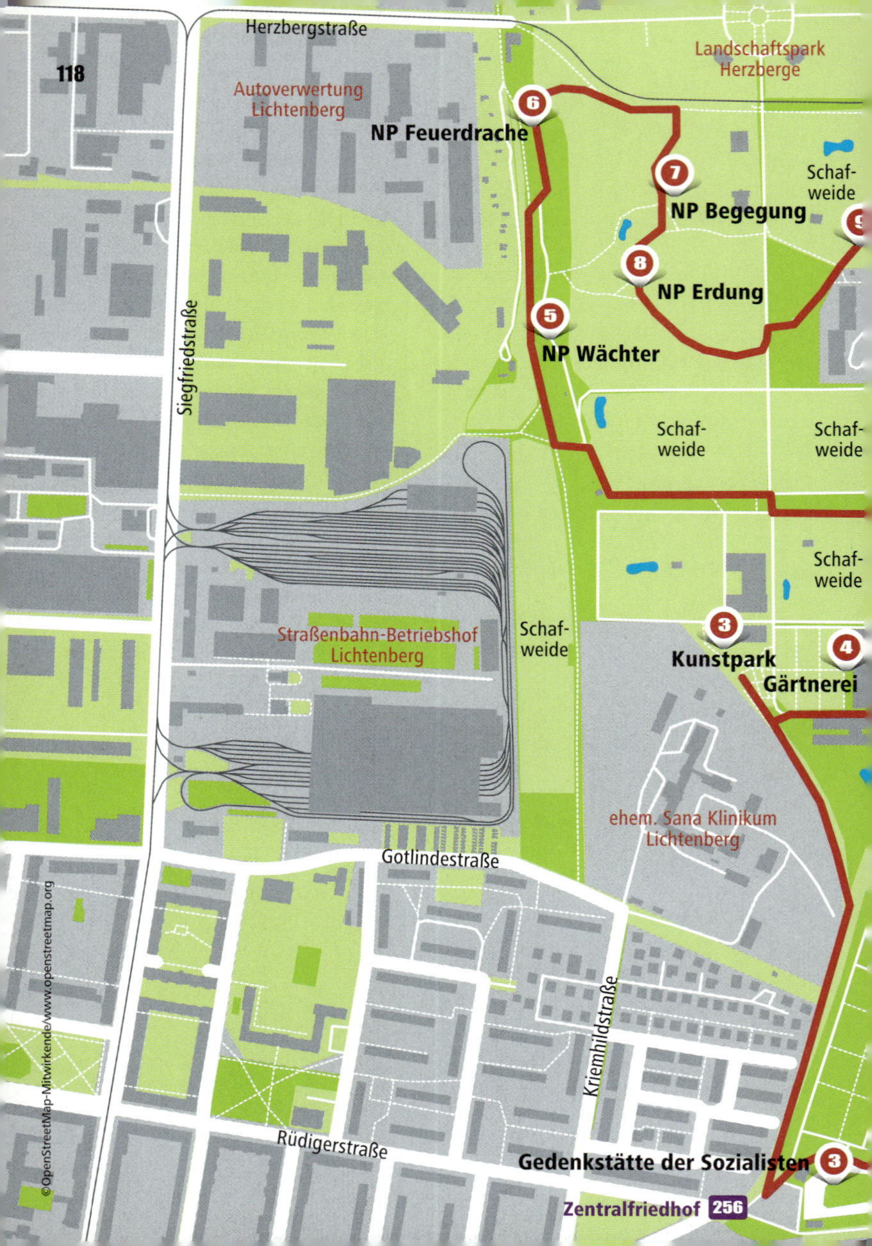
Herzbergstraße
Landschaftspark Herzberge
Autoverwertung Lichtenberg
6
NP Feuerdrache
7
NP Begegung
Schaf-weide
9
8
NP Erdung
5
NP Wächter
Siegfriedstraße
Schaf-weide
Schaf-weide
Schaf-weide
Straßenbahn-Betriebshof Lichtenberg
Schaf-weide
3
Kunstpark
4
Gärtnerei
ehem. Sana Klinikum Lichtenberg
Gotlindestraße
Kriemhildstraße
Rüdigerstraße
Gedenkstätte der Sozialisten
3
Zentralfriedhof 256
©OpenStreetMap-Mitwirkende/www.openstreetmap.org

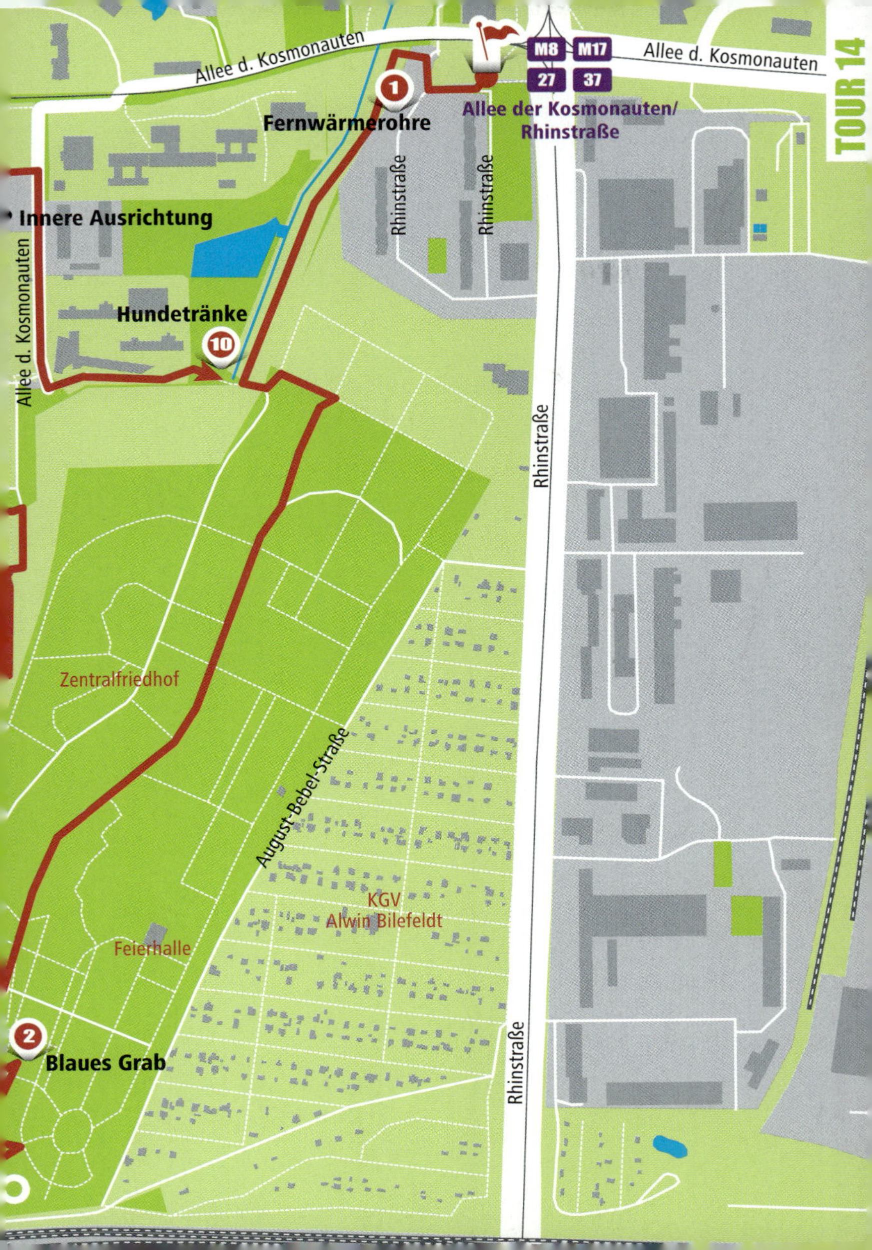
TOUR 14
Allee d. Kosmonauten
Allee d. Kosmonauten
M8
M17
27
37
Allee der Kosmonauten/
Rhinstraße
1
Fernwärmerohre
Rhinstraße
Rhinstraße
Innere Ausrichtung
Allee d. Kosmonauten
Hundetränke
10
Rhinstraße
Zentralfriedhof
August-Bebel-Straße
KGV
Alwin Bilefeldt
Feierhalle
2
Blaues Grab
Rhinstraße

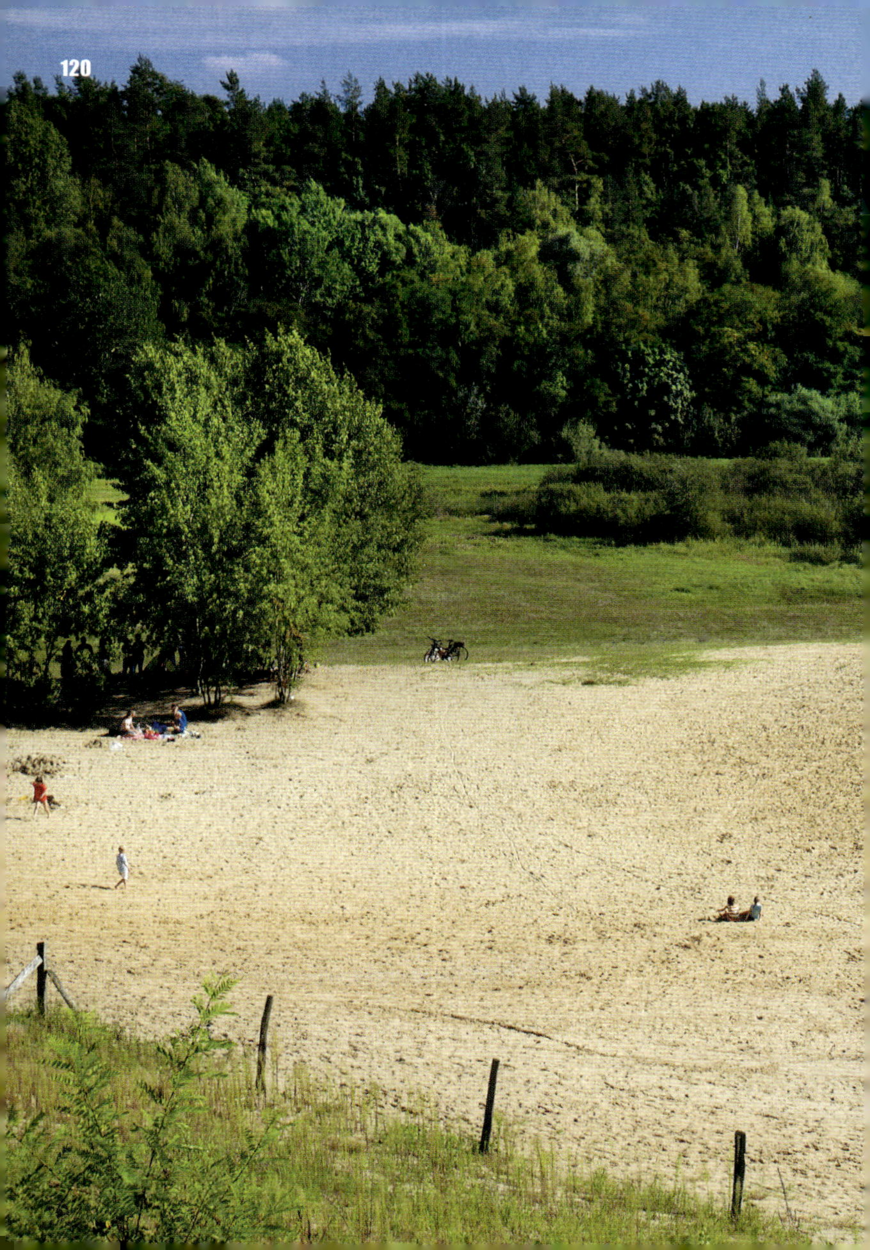

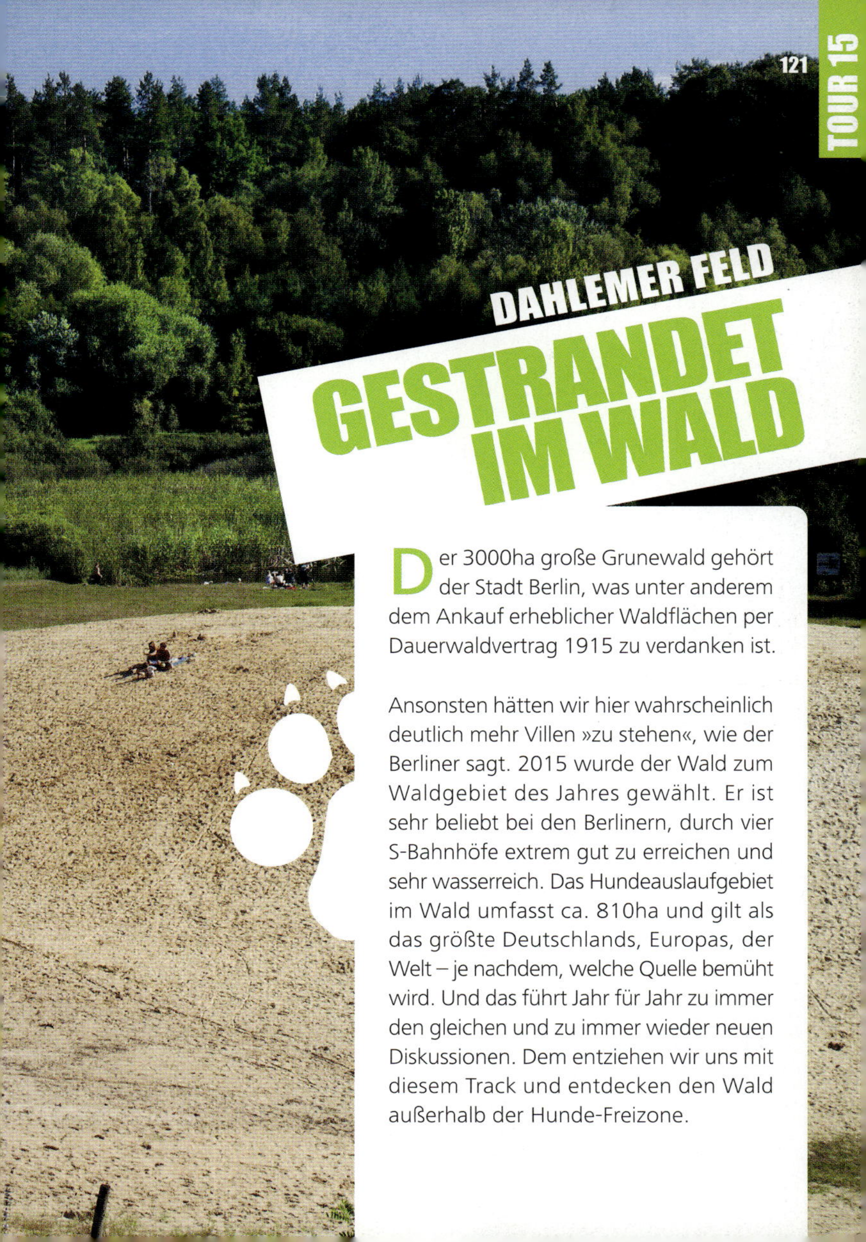

DAHLEMER FELD

GESTRANDET IM WALD

Der 3000ha große Grunewald gehört der Stadt Berlin, was unter anderem dem Ankauf erheblicher Waldflächen per Dauerwaldvertrag 1915 zu verdanken ist.

Ansonsten hätten wir hier wahrscheinlich deutlich mehr Villen »zu stehen«, wie der Berliner sagt. 2015 wurde der Wald zum Waldgebiet des Jahres gewählt. Er ist sehr beliebt bei den Berlinern, durch vier S-Bahnhöfe extrem gut zu erreichen und sehr wasserreich. Das Hundeauslaufgebiet im Wald umfasst ca. 810ha und gilt als das größte Deutschlands, Europas, der Welt – je nachdem, welche Quelle bemüht wird. Und das führt Jahr für Jahr zu immer den gleichen und zu immer wieder neuen Diskussionen. Dem entziehen wir uns mit diesem Track und entdecken den Wald außerhalb der Hunde-Freizone.

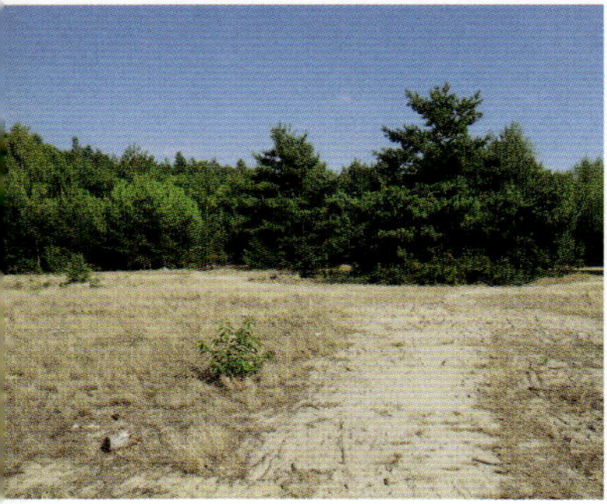

Unterwegs im Dahlemer Feld und der Sandgrube

Wir starten am trubeligen Schmetterlingsplatz ganz in der Nähe des S-Bahnhof Grunewald und biegen mit der AVUS im Rücken links ab. Der Weg ist als Reitweg gekennzeichnet, dem wir aber nur einige hundert Meter folgen. Wir überqueren einen Parkplatz, laufen am Sportplatz entlang und weiter auf einem Trampelpfad in den Wald hinein. Hier halten wir uns links und entscheiden uns bei der nächsten Wahlmöglichkeit auch wieder für links. Auf diesem Pfad laufen wir unbeirrt weiter geradeaus, bis wir an eine Vierwegkreuzung gelangen. Hier bitte links abbiegen. Danach kreuzen wir einen etwas breiteren Weg und laufen weiter der Nase nach. Irgendwann taucht ein Hochsitz auf, und wir bekommen hier schon einen Vorgeschmack auf das Dahlemer Feld; will heißen, wir gelangen auf eine Lichtung. Am Hochsitz biegen wir rechts ab und sind auf der richtigen Spur, wenn wir an den Bienenkörben rechts vorbeilaufen.

Auf der linken Seite des Feldes steht ein Forsthaus, wir gehen aber rechts vom Feld, kommen wieder an eine T-Kreuzung und wenden uns nach rechts auf einen etwas breiteren Weg. Die nächste Kreuzung mit einem Hauptweg führt uns nach links, dafür ignorieren wir die folgenden Abzweige, indem wir geradeaus

TRACKINFO

2

Verlauf: Schmetterlingsplatz, Sportplatz Jagen, Dahlemer Feld, Sandgrube

Art: Rundwanderung, mittel

Tracklänge: 7,0km

Start: Schmetterlingsplatz

Öffis: S7, Bus 186, 349, M19
➾ Station Grunewald

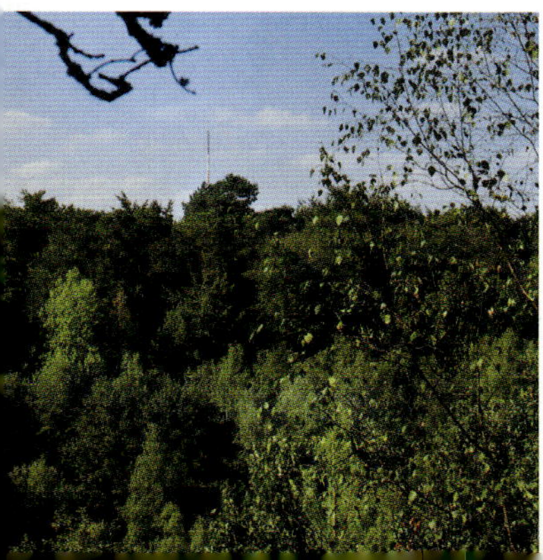

laufen. Nach wenigen Metern wird das Dahlemer Feld sichtbar. Wir laufen rechts am Feld entlang und wenn hier keine Schafe weiden, dann ist zwischen dem Zaun immer mal wieder ein Durchgang offen. Sollte dem so sein, ist es für die Hunde spannender, über das Feld zu laufen. Am Ende des Feldes, das aus zwei eingezäunten Bereichen besteht, biegen wir nach rechts. Wir kommen sogleich an eine Kreuzung mit Findling und laufen geradeaus weiter.

Wir bleiben dieser Richtung einige Zeit treu und zwar bis wir fast auf den gut ausgebauten Schildhornweg treffen. Geradeaus entdecken wir durch die Bäume schon das Ökowerk, links einen Picknickplatz. Wir gehen gar nicht vor bis zur Kreuzung, sondern biegen in den Waldweg rechts ab. Nach kurzer Zeit gelangen wir an ein eingezäuntes Gelände, biegen links ab und folgen dem Zaun bis zu seiner Öffnung, die uns nach rechts in die

S-BAHNHOF GRUNEWALD

Am 18. Oktober 1941 verließ der erste Deportationszug mit 1013 Menschen den Bahnhof Grunewald – Ziel Litzmannstadt; am 5. Januar 1945 mit 30 Personen der letzte – Ziel Sachsenhausen. Insgesamt wurden zwischen 1941 und 1945 mehr als 50.000 Menschen über diesen Bahnhof ins Grauen geschickt, wovon 15.122 sogenannte Alterstransporte nach Theresienstadt fuhren. Nur 11% aller überlebten. Da die Nazis über alle Deportationen genau Buch führten, konnten bereits kurz nach Kriegsende die ersten Listen veröffentlicht werden. Gut so, da Angehörige somit endlich Antworten auf ihre Fragen bekamen. Am 18.10.1991 wurde hier das Mahnmal des Künstlers Karol Broniatowski enthüllt. Jedes Jahr finden Gedenkfeiern statt, am 26.01.2010 unter Anwesenheit von Shimon Peres und Bundespräsident a. D. Köhler.

Jedem seine Gedanken. ▼

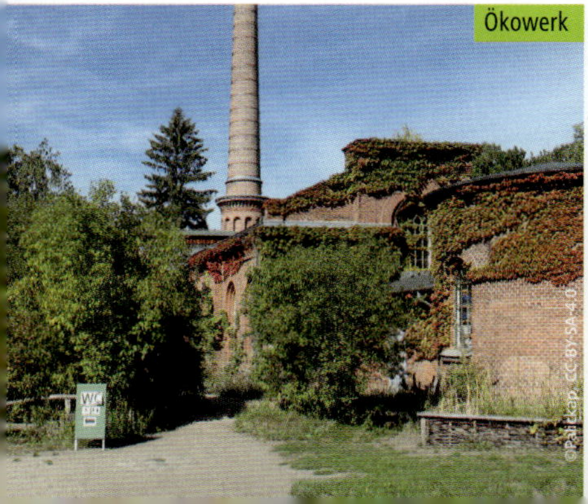

Ökowerk

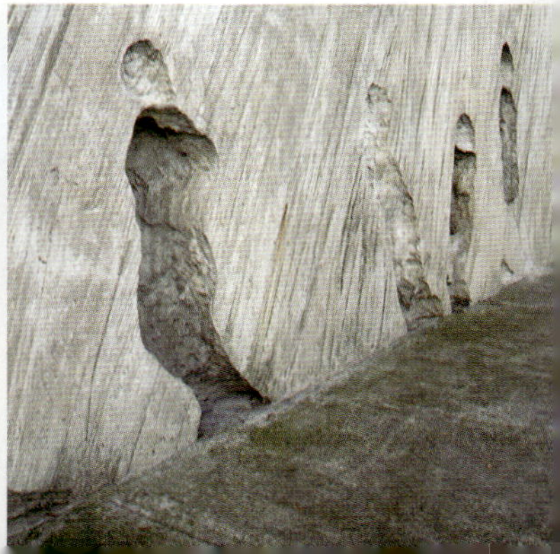

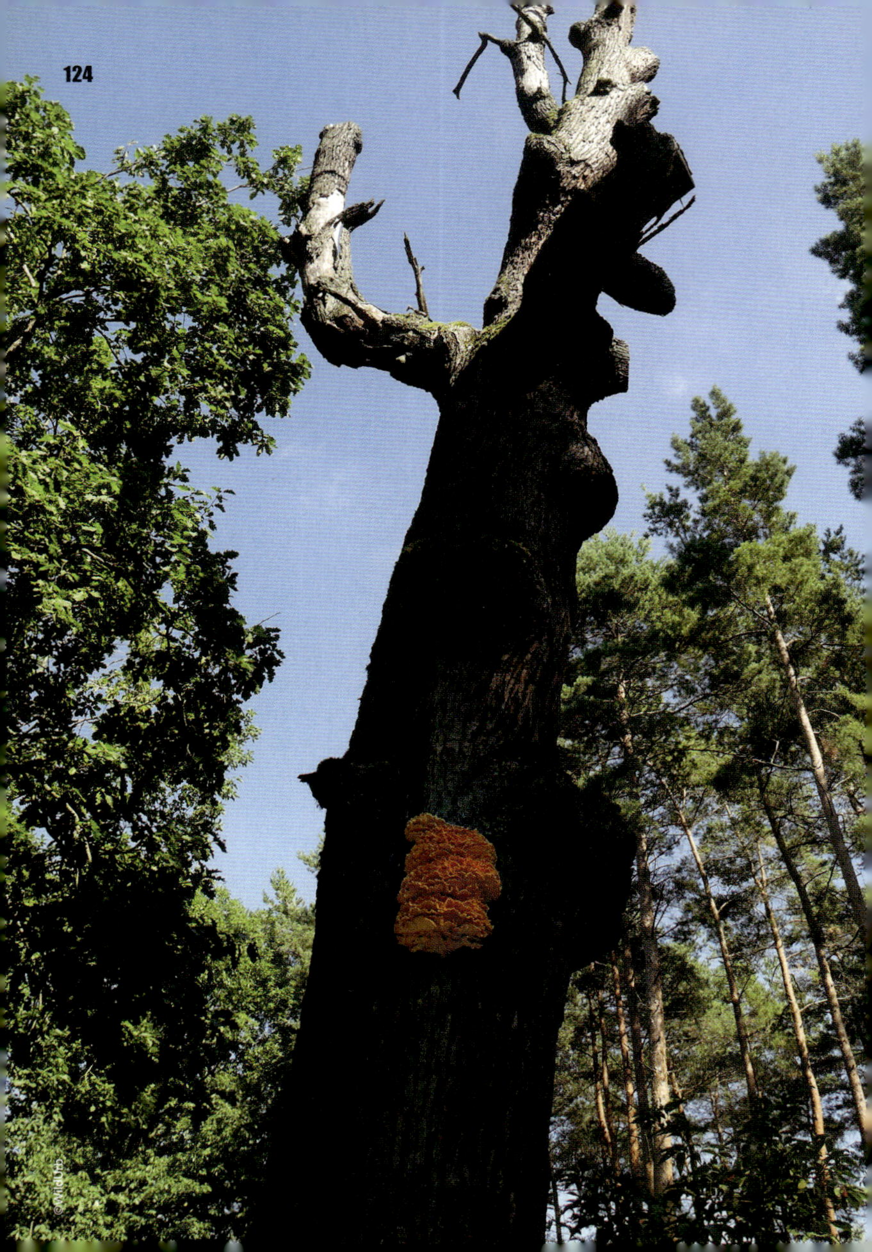

Sandgrube entlässt. Hier ist immer etwas los, was vor allem im Sommer verwunderlich ist, da es auf heißem Sand doch schnell den Eindruck von Backofen macht. Rechts in der Grube liegt ein kleiner See oder Weiher, in dem die Hunde ein paar Schlucke trinken können. Da wir uns im Naturschutzgebiet befinden, wäre es schön, wenn niemand an wild badenden Hunden Anstoß nehmen muss.

Wir verlassen die Grube über die Treppen hinten links und laufen dann rechts dem Hauptweg entlang. Um Radfahrern und Kinderwagen auszuweichen, können wir hier links auf einem Trampelpfad neben dem Hauptweg gehen. An der ersten Kreuzung bleiben wir auf rechts-geradeaus-Kurs, kurz danach dann links-geradeaus. Wir passieren die Revierförsterei Eichkamp und gelangen auf diesem Weg zurück auf den Schmetterlingsplatz.

Umgebungs- & Einkehrtipps

Restaurant Floh
Hundefreundliche Bewirtung
14193 Berlin, Am S-Bahnhof Grunewald
www.restaurantfloh.de

Hundestunde Berlin
12163 Berlin, Ahornstraße 8
www.hundestunde-berlin.de

Paulsborn am Grunewaldsee
Restaurant, Biergarten, Hotel
14193 Berlin, Hüttenweg 90
www.paulsborn.de

HUNDEAUSLAUFGEBIET – WAS HEISST DAS EIGENTLICH?

In Berlin geht man von einer Hundeanzahl von 100 bis 200 Tausend Tieren aus. Eine Riesenspanne und eine echte Hausnummer. Eine artgerechte Haltung macht zur Bedingung, dass der Vierbeiner rennen, laufen, toben kann – gerne ohne hinterherflatternden Halter. Das geht hervorragend in den Auslaufgebieten, die mitunter riesig sind, wie auch hier im Grunewald. Hundeauslauf ist aber nicht gleichzusetzen mit »hier kann er machen, was er will« – leider. Auch hier gilt: der Mensch, auch der ohne Hund, hat Vorrang. Hunde müssen immer im Einwirkungsbereich des Halters sein, möglichst des eigenen. Verunreinigungen von Hunden dürfen dort liegenbleiben, wo sie niemanden stören. Was allerdings stört, sind a) Kotbeutel, die an Zäune gehängt werden und b) ausgebuddelte Bänke oder Tische und Buddellöcher auf Wegen. Braucht man nicht.

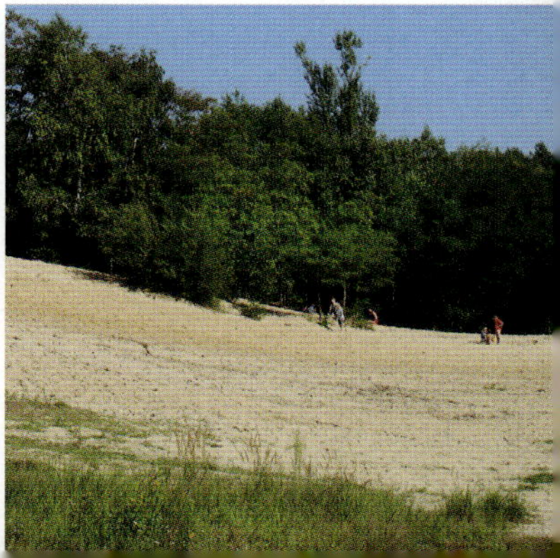

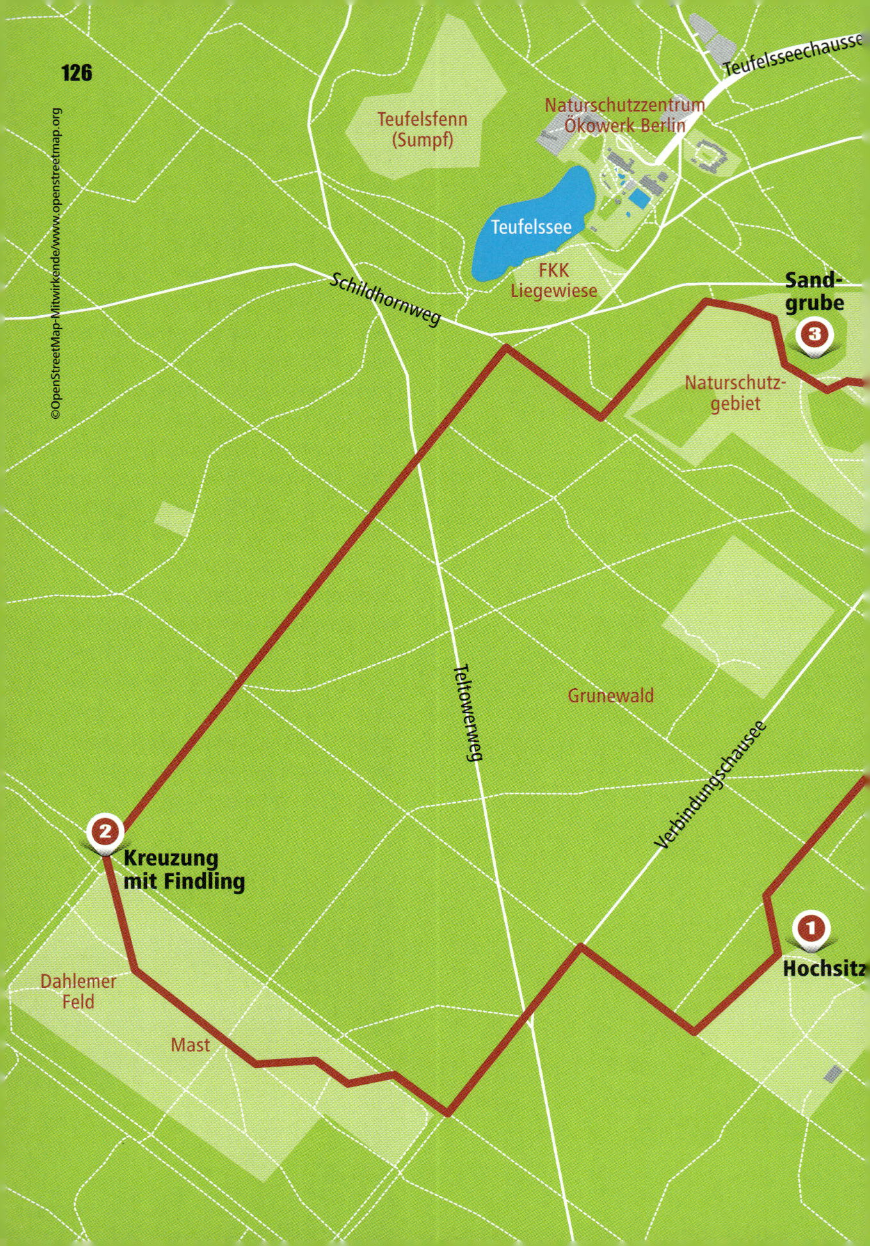
Teufelsseechausse
Naturschutzzentrum Ökowerk Berlin
Teufelsfenn (Sumpf)
Teufelssee
FKK Liegewiese
Schildhornweg
Sand-grube
3
Naturschutz-gebiet
Grunewald
Teltowerweg
Verbindungschausee
2
Kreuzung mit Findling
1
Hochsitz
Dahlemer Feld
Mast

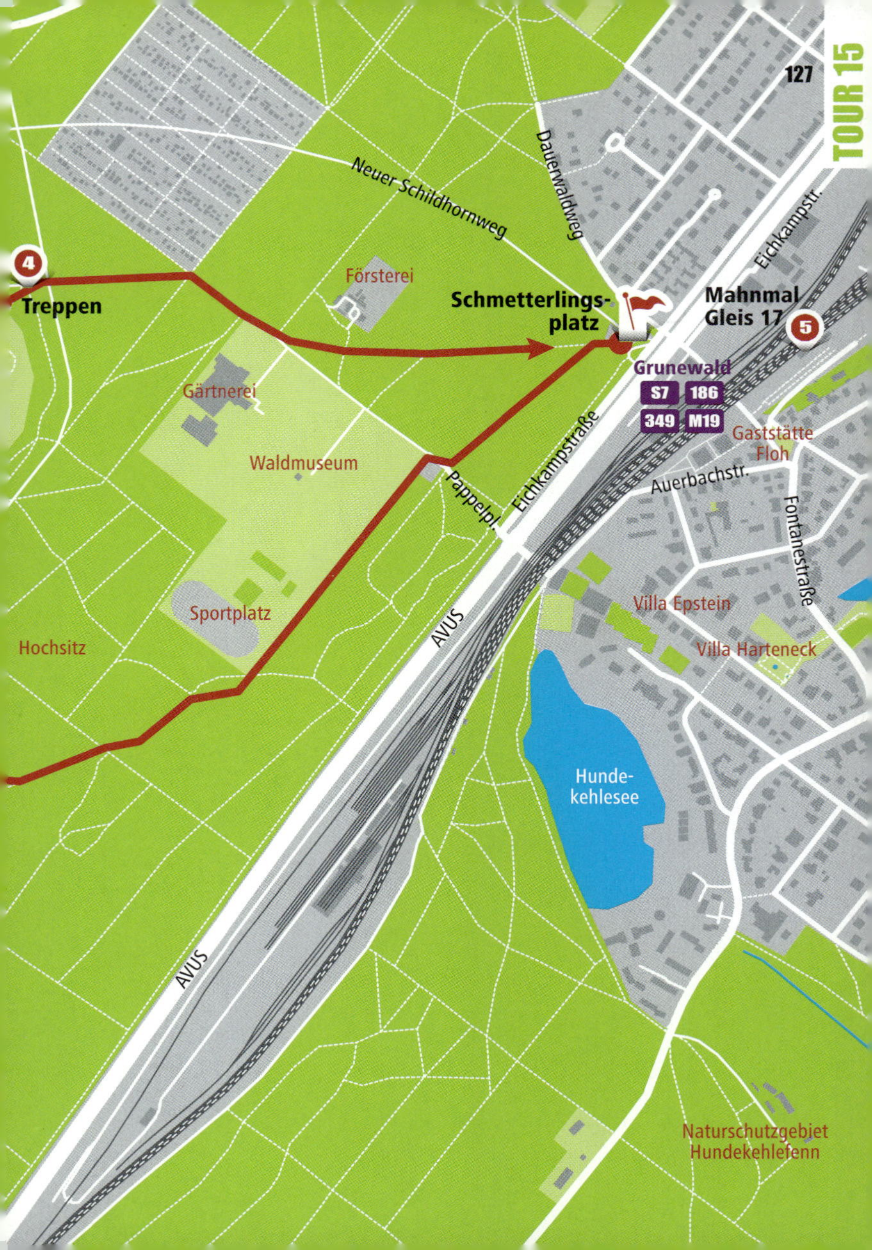
Neuer Schildhornweg
Dauerwaldweg
Eichkampstr.
Försterei
4
Treppen
Schmetterlingsplatz
Mahnmal Gleis 17
5
Grunewald
S7
186
349
M19
Gärtnerei
Gaststätte Floh
Waldmuseum
Pappelpl.
Eichkampstraße
Auerbachstr.
Fontanestraße
AVUS
Villa Epstein
Sportplatz
Hochsitz
Villa Harteneck
Hundekehlesee
AVUS
Naturschutzgebiet Hundekehlefenn

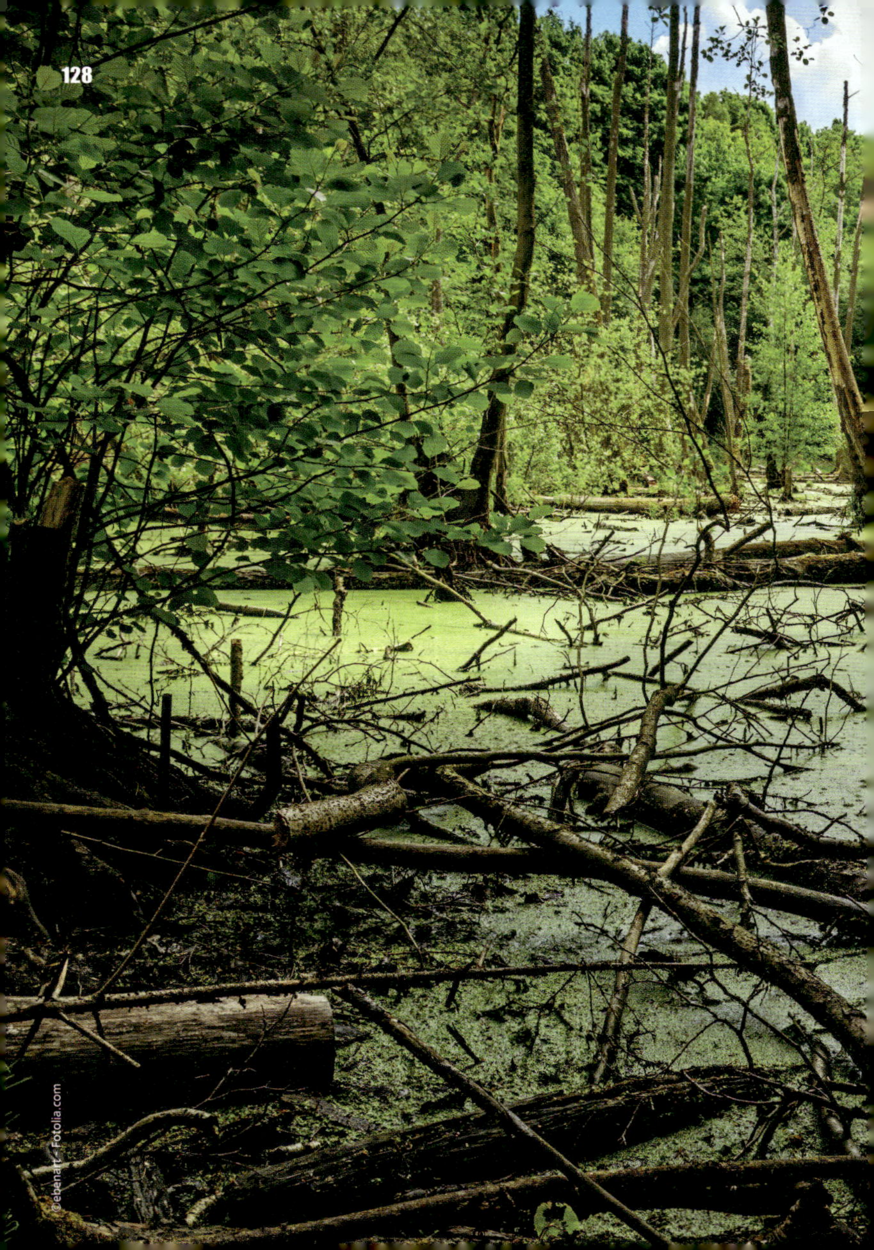

©ebenart - Fotolia.com

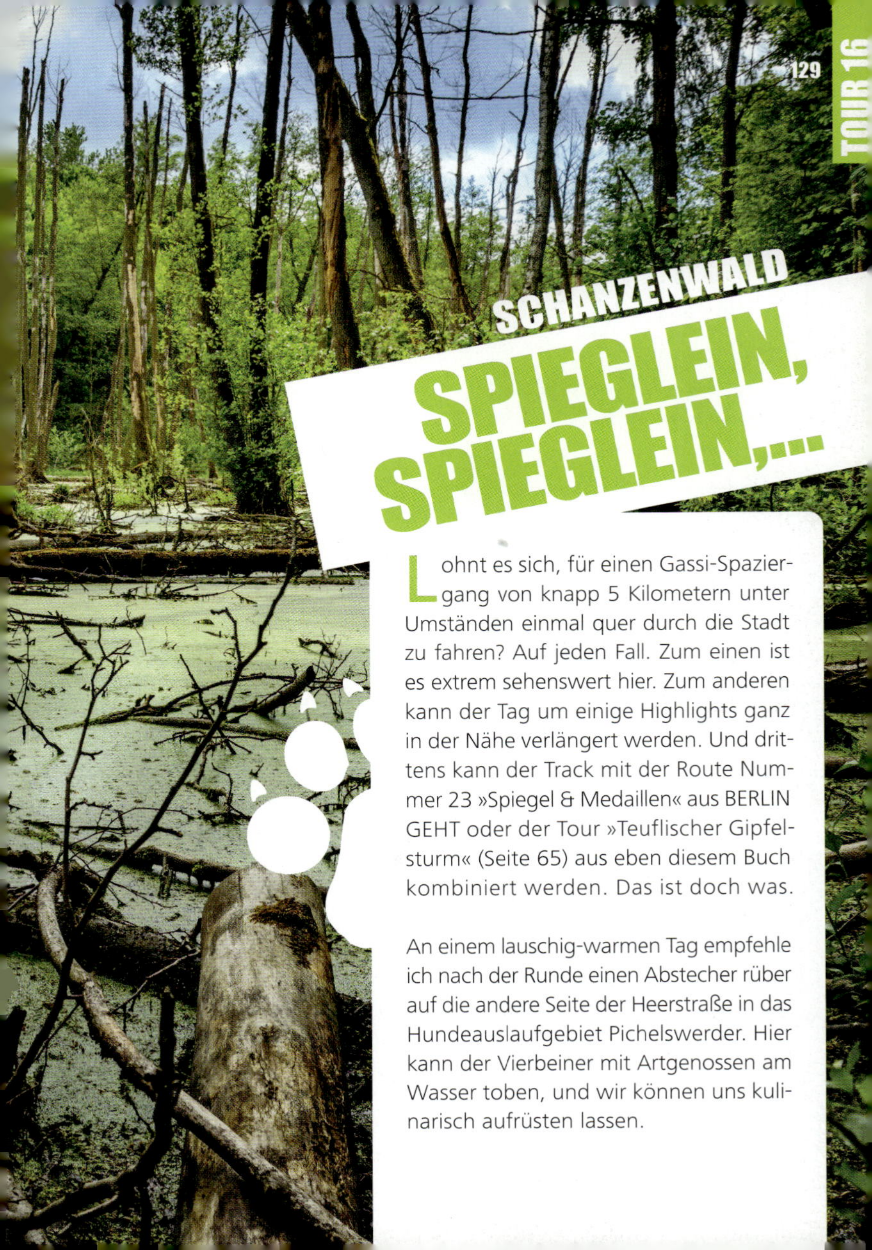

SCHANZENWALD

SPIEGLEIN, SPIEGLEIN,...

Lohnt es sich, für einen Gassi-Spaziergang von knapp 5 Kilometern unter Umständen einmal quer durch die Stadt zu fahren? Auf jeden Fall. Zum einen ist es extrem sehenswert hier. Zum anderen kann der Tag um einige Highlights ganz in der Nähe verlängert werden. Und drittens kann der Track mit der Route Nummer 23 »Spiegel & Medaillen« aus BERLIN GEHT oder der Tour »Teuflischer Gipfelsturm« (Seite 65) aus eben diesem Buch kombiniert werden. Das ist doch was.

An einem lauschig-warmen Tag empfehle ich nach der Runde einen Abstecher rüber auf die andere Seite der Heerstraße in das Hundeauslaufgebiet Pichelswerder. Hier kann der Vierbeiner mit Artgenossen am Wasser toben, und wir können uns kulinarisch aufrüsten lassen.

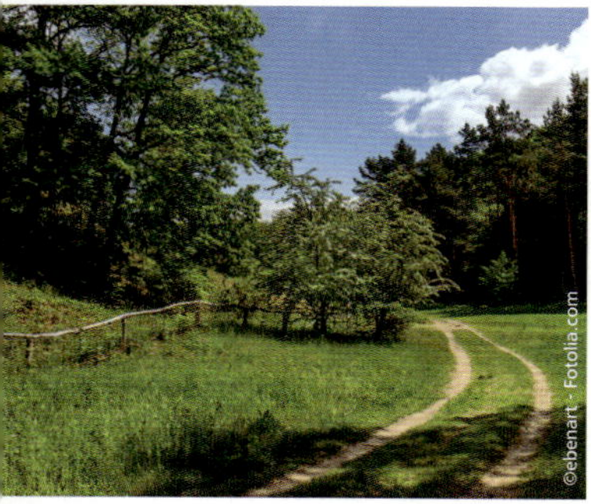

©ebenart - Fotolia.com

TRACKINFO

1

Verlauf: Hempelsteig, Fließwiese, Murellenberg, Denkzeichenweg, Talweg

Art: Rundwanderung, einfach

Tracklänge: 4,8km

Start: Friedhof Ruhleben, Am Hain 1

Öffis: U2, Bus 130, 131, M45
➲ Station Ruhleben

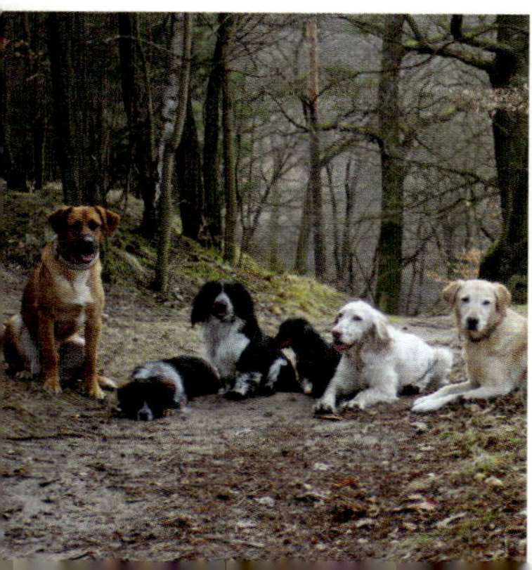

Vom Schanzenwald in die Murellenschlucht und zurück

Wir starten am Friedhof Am Hain, biegen vor dem Tor links ab und bei erstbester Gelegenheit rechts. Wir folgen dem Friedhofsgelände auf der rechten und dem Fließ auf der linken Seite. Wenn wir geradezu den Backstage-Bereich der Waldbühne entdecken, laufen wir den Hang rechts hinauf und landen auf dem Denkzeichenweg. Wenn Du möchtest, dann lauf' doch kurz ganz auf den Hügel hinauf. Hier verdichten sich die Spiegel, denn hier fand das statt, an das sie erinnern: die Hinrichtung von Deserteuren durch Nazi-Hände. 104 Spiegel stehen gesamt hier, davon 16 laserbeschriftet. Die Künstlerin Patricia Pisani sagt dazu: »Verkehrsspiegel sollen einer Gefahr vorbeugen, in dem sie etwas sichtbar machen, was außerhalb des Blickfeldes liegt. Ihre Funktion: zeigen, markieren, bezeichnen, warnen, beschützen.« Zwischen 1944 und 45 wurden hier über 200 Menschen erschossen. Es handelte sich um Deserteure und Kriegsdienstverweigerer. Aufgrund welcher Tatsache dieser Ort gewählt wurde, wo doch nur wenige Meter Luftlinie entfernt zehn Jahre zuvor die Olympischen Spiele in DEM Stadion schlechthin stattfanden, bleibt wohl im Dunkeln. Unser Weg führt, wenn wir den Hang hinaufgekraxelt sind, nach links. Wir befinden uns weiterhin auf dem Denkzeichenweg, laufen nach einiger Zeit die

Treppen hinunter und weiter auf dem Waldweg, rechts entlang. Wir sind hier auf dem Talweg durch die Murellenschlucht. Auf diesem Weg stoßen wir auf einen recht großen Findling, den uns die Eiszeit dagelassen hat. Er ist ein sogenanntes Naturdenkmal. Seinen Kompagnon hat man an den U-Bahnhof Ruhleben verfrachtet. Nach der Durchquerung der Schlucht biegen wir an der Hinweistafel neben den S-Bahngleisen rechts ab und laufen auf dem Hügelkamm quasi wieder zurück. Aber nur bis ungefähr zur Hälfte. Dann haben wir die Möglichkeit, links abzubiegen, die wir gutgelaunt nutzen. Wir sehen vor uns schon eine Lichtung auf der rechten Seite. Auf diese steuern wir zu. Wenn wir sie erreicht haben, dann treten wir auf die Wiese hinunter und durchqueren den ehemaligen Schießplatz der Länge nach. Aber Achtung: wir sind ganz in der Nähe des Polizeiübungsgeländes. Das heißt, hier wird noch geschossen. Das sollten

IM DIENSTE DER ÖFFENTLICHKEIT

Da wir bei dieser Tour ganz in die Nähe des Polizeihundesportvereins kommen (das Wort merke ich mir für die nächste Runde Scrabble oder Galgenraten), nutzen wir die Gelegenheit, einmal auf die dogs with jobs zu schauen. Nicht nur bei der Polizei wird Freund Vierbein eingesetzt, um Drogen oder Sprengstoff aufzuspüren, seinen Halter zu schützen oder Personen zu suchen. Auch Zoll und Strafvollzug setzen auf die Fähigkeiten von Malinois & Co. Aber auch im Krieg haben Hunde eine traurige Rolle gespielt. Sie zogen Maschinengewehre, transportierten Munition und sorgten als Schlittenhunde für die Versorgung von Gebirgstruppen. Just Nuisance ist der Name einer Deutschen Dogge, die von 1939 bis 1944 als Vollmatrose auf der HMS Afrikander der Royal Navy diente. Dog Ahoi!

Das renaturierte Militärgelände Schanzenwald in Berlin-Ruhleben. ▼

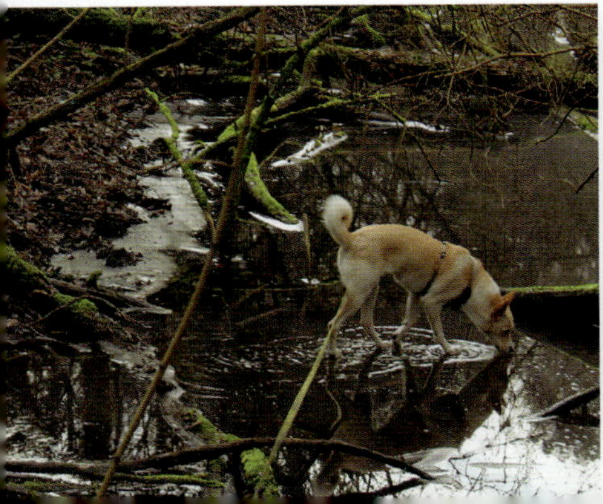

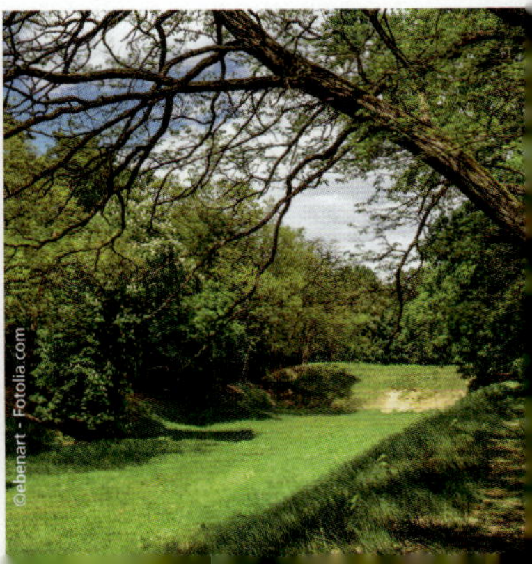

©ebenart - Fotolia.com

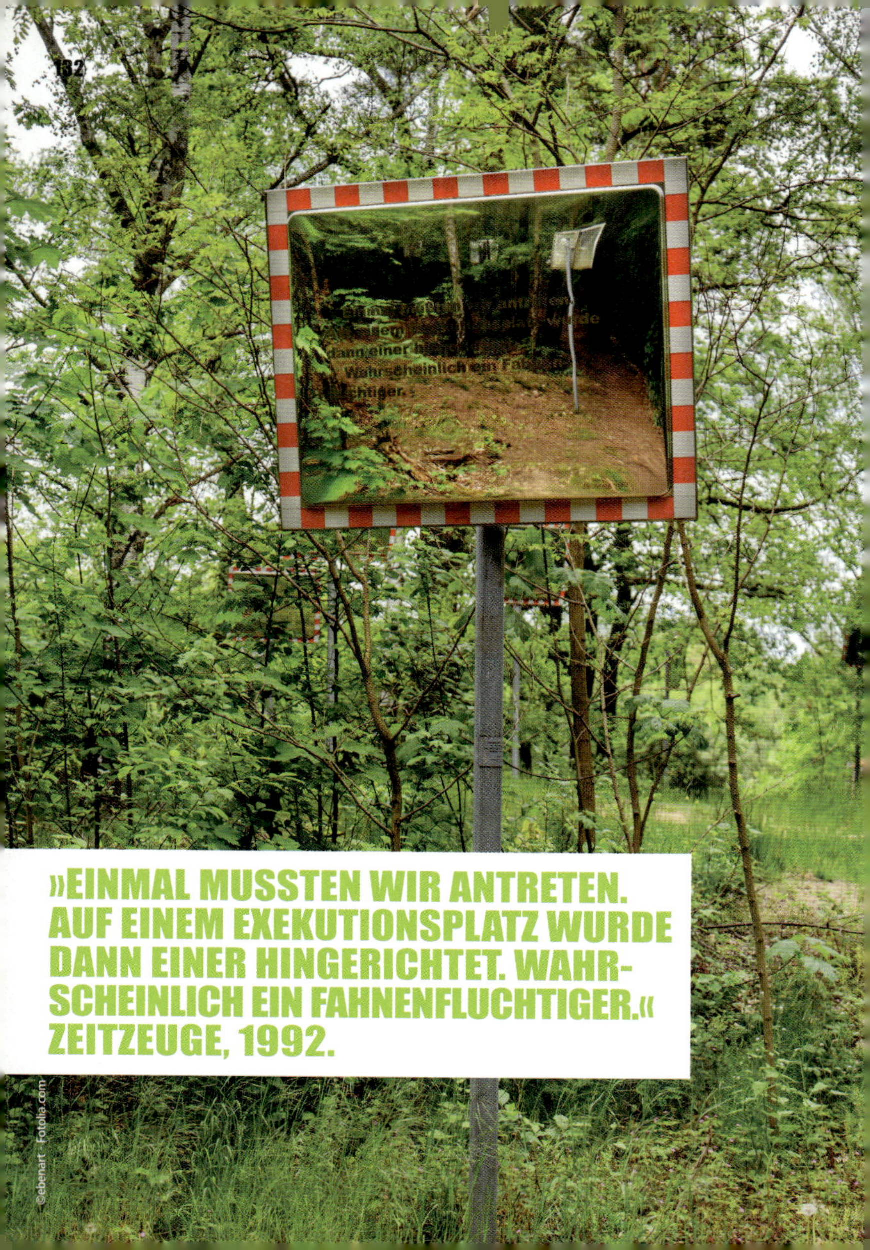

»EINMAL MUSSTEN WIR ANTRETEN. AUF EINEM EXEKUTIONSPLATZ WURDE DANN EINER HINGERICHTET. WAHRSCHEINLICH EIN FAHNENFLUCHTIGER.«
ZEITZEUGE, 1992.

all diejenigen bedenken, die schreckhafte Hunde dabei haben. Am Kopfende des Grüns stoppt uns ein Zaun. Wir wenden uns nach rechts und laufen auf die Hügelkuppe hinauf. Hier auf diesem schmalen Grat gehen wir wieder zurück. Warum? Weil hier so tolle Bäume stehen. Manch Rinde sieht aus wie ein Gesicht. Wirklich großartig. Eine Freundin versicherte mir, dass es sich bei diesen Bäumen um Robinien handelt. Und aus purer Unwissenheit in Sachen Flora bin ich sehr bereit, ihr zu glauben. Am Ende gehen wir an den Brandmauern links. Auf der linken Seite rückt eine weitere Wiese in unser Blickfeld. Wir steigen in die Senke, gehen mit einem Rechtsschwung über die Wiese und gelangen auf der rechten Seite wieder auf den Denkzeichenweg. Oberhalb des Fließes machen wir uns nun auf den Rückweg.

Umgebungs- & Einkehrtipps

Glockenturm
April bis Ende Oktober täglich von 9:00 - 18:00 Uhr, leider nur ohne Hund
14053 Berlin, Am Glockenturm

Pichelsberger Krug
Imbiss am S-Bahnhof Pichelsberg
14055 Berlin, Schirwindter Allee 24

Hundeauslaufgebiet Pichelswerder
13595 Berlin, Siemenswerderweg 36

Dirk's Werft Casino
13595 Berlin, Siemenswerderweg 48
www.werftzumgrauenhecht.de

SERUM RUN TO NOME

Wenn wir schon von berühmten Hunden reden, sollten wir auch über Balto sprechen. Der Siberian Husky Rüde war Leithund eines Schlittenhundgespanns – und zwar eines ganz besonderen. Zu Beginn des Jahres 1925 brach in dem Ort Nome in Alaska eine Diptherie-Epidemie aus. 1000 Meilen entfernt in Anchorage lagerte die Rettung in Form eines Serums. Fehlende Straßen und schlechte Flugmöglichkeiten ließen nur die Möglichkeit zu, das Serum mit Schlittenhunden zu holen. 20 Musher machten mit und kämpften gegen die Zeit, Temperaturen von -23 Grad und beißenden Wind. Der vorletzte Musher, Gunnar Kaasen, verpasste seinen Staffelpartner und fuhr weiter. Am 2. Februar 1925 um 5:30h erreichten er und Balto Nome und wurden zu Helden. Balto wurde nach seinem Tod ausgestopft und steht im Museum von Cleveland.

Fließwiese Ruhleben ▼

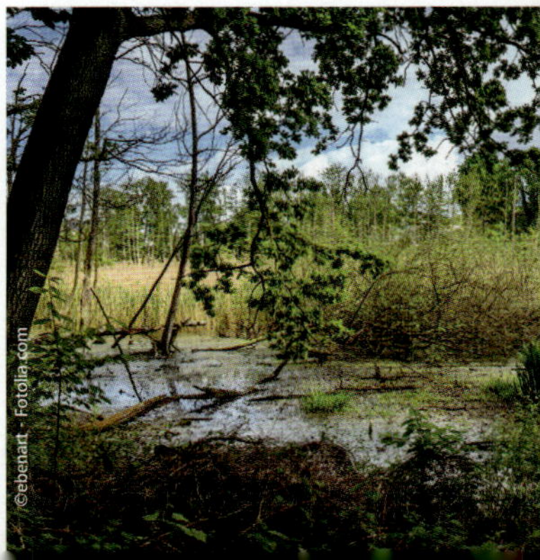

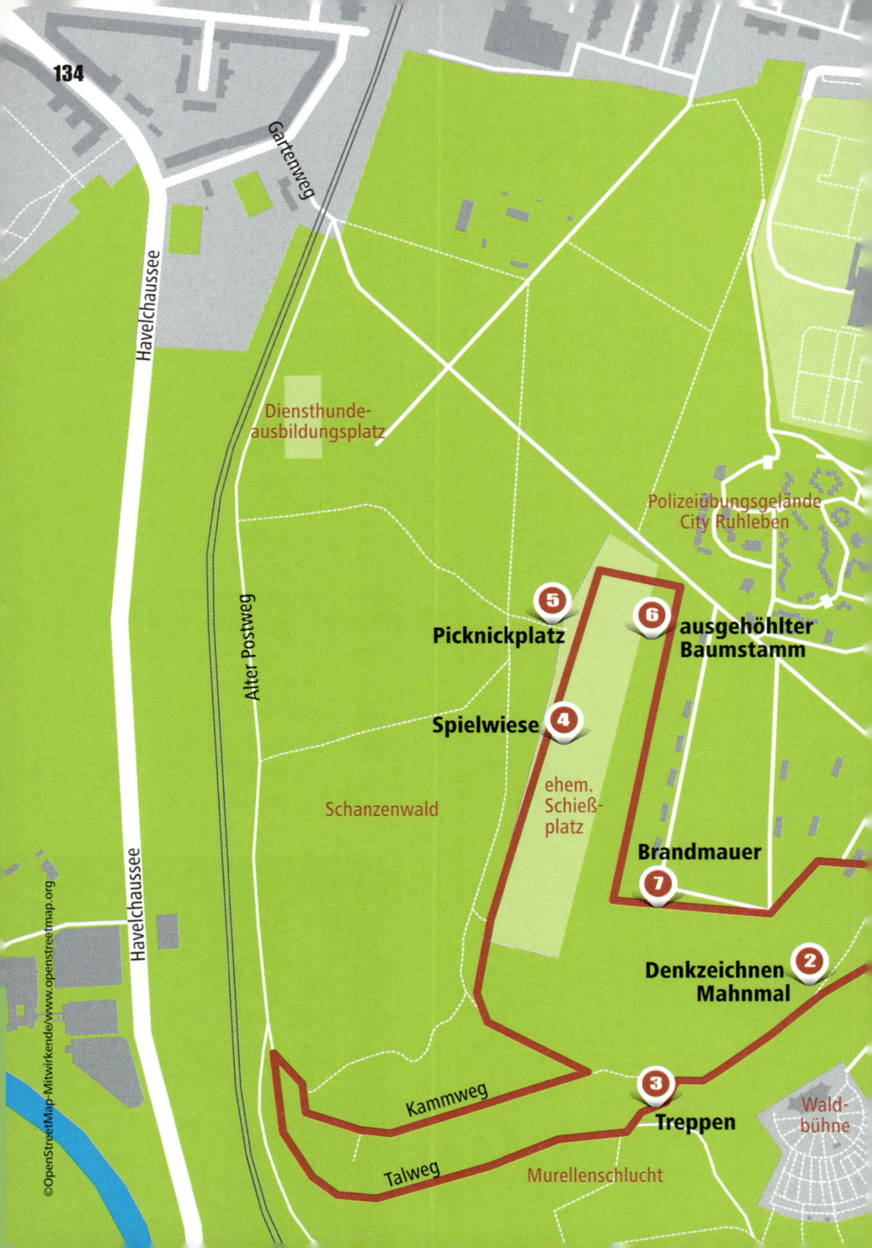
Gartenweg
Havelchaussee
Diensthunde-
ausbildungsplatz
Polizeiübungsgelände
City Ruhleben
5
Picknickplatz
6
ausgehöhlter
Baumstamm
Alter Postweg
4
Spielwiese
ehem.
Schieß-
platz
Schanzenwald
Brandmauer
7
Havelchaussee
Denkzeichnen
Mahnmal
2
3
Kammweg
Treppen
Wald-
bühne
Talweg
Murellenschlucht
©OpenStreetMap-Mitwirkende/www.openstreetmap.org

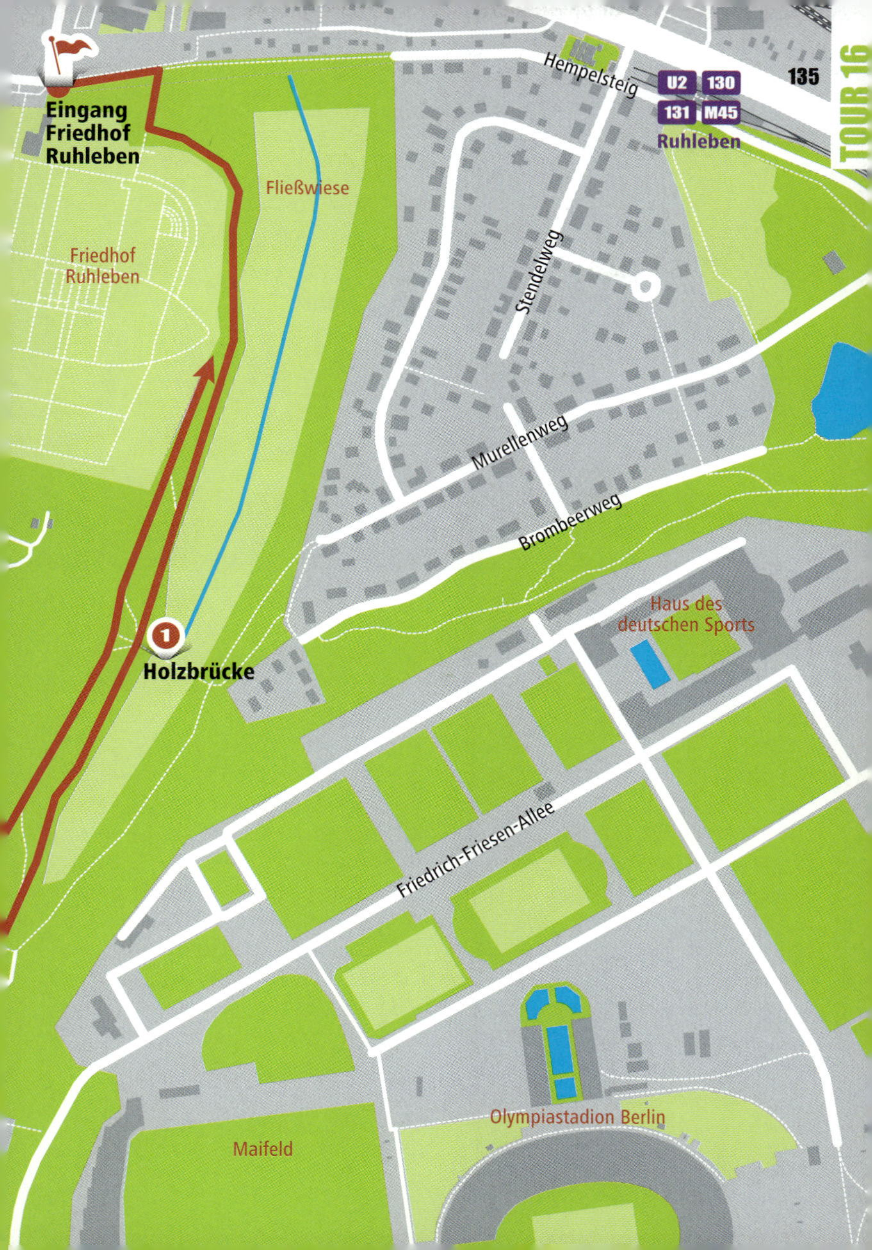
Eingang Friedhof Ruhleben
Friedhof Ruhleben
Fließwiese
Hempelsteig
U2 130 131 M45
Ruhleben
Stendelweg
Murellenweg
Brombeerweg
1
Holzbrücke
Haus des deutschen Sports
Friedrich-Friesen-Allee
Olympiastadion Berlin
Maifeld

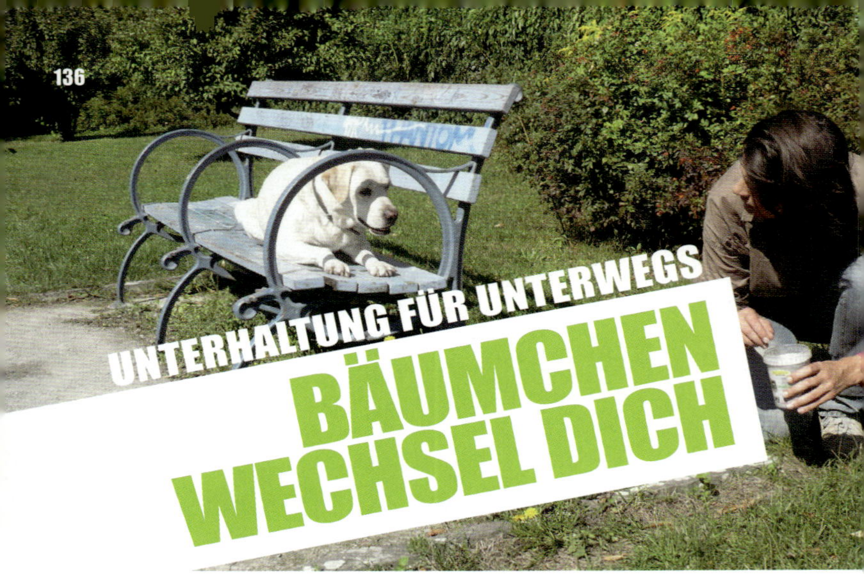

UNTERHALTUNG FÜR UNTERWEGS

BÄUMCHEN WECHSEL DICH

Manch ein Hund hat einen straffen Wochenstundenplan. Da geht es vom Agility direkt zum »Komm-zurück-Kurs« und weiter zum Hunde-Yoga. Zwischendurch ist noch eine Gassirunde mit den Kumpels gleicher Rasse geplant und abends gilt dann Entspannung beim halbstündigen Kontaktliegen im hauseigenen Wohnzimmer. Ach ja, um 18 Uhr wird gegessen. Pünktlich. Jeden Tag. Komme, was wolle. Dazu gibt es leider auch das Gegenteil. Nämlich den Vierbeiner, egal ob Australian Shepherd oder Basset, der dreimal am Tag für 15 Minuten die gleiche Runde durch den Kiez dreht. Selbstverständlich an der Leine. Den Rest des Tages ist Körbchen oder Sofa angesagt. Und für den Ausgleich und gegen das schlechte Gewissen sorgen jede Menge Leckereien. Okay. Das ist wohl etwas überspitzt dargestellt. Gott sei Dank, kann man da nur sagen. Der richtige Weg liegt wohl irgendwo in der Mitte und ist abhängig von Hundecharakter und Menschenbedürfnis. Auch ich kenne als Hundehalter das schlechte Gewissen, wenn aus dem 3-Stunden-Draußen-Pensum aufgrund von Krankheit, Job, Familie auf einmal nur eine Stunde wird. Schlimm? I wo! Wichtig für mich ist, dass diese Stunde eine Quality Time Stunde mit meinen Vierbeinern ist. Und das ist manchmal einfacher zu bewerkstelligen, als Du denkst. Hier ein paar Tipps. Viel Spaß!

Rechts herum und links herum

Wenn ich mit meinen Hunden unterwegs ein paar Aufgaben einflechten möchte, dann nutze ich gerne die Dinge, die sowieso auf der Straße oder im Park herumliegen oder -stehen. Ich bin kein Fan von Ballschleudern, Frisbees & Co, schlichtweg, weil ich sie meistens zu Hause vergesse. Der Baum, die Bank oder das Geländer sind immer da. Und diese können herrlich für ein drunter, drüber oder drum herum genutzt werden. Fangen wir mit dem Geländer an. Das kann ein Fahrradständer sein oder eine Absperrbarke. Meistens laufen wir daran vorbei, ohne dem Gegenstand Beachtung zu schenken.

Aber Deine Umgebung ist ein einziger Agility-Parcours, wenn Du nur Deine Wahrnehmung änderst und Deine Phantasie ankurbelst. Aus einem Fahrradständer kann ein spannendes Drunter-Durch-Kriechen-Hindernis oder ein Slalom-Parcours werden, wenn Du Deinen Vierbeiner entweder mit der Hand pur oder mit der leckerlibestückten Hand hindurch lockst. Ein Baum oder ein Laternenpfahl eignen sich wunderbar für ein Drumherum. So lernt Dein Hund auch spielerisch, Leinensalat zu vermeiden und auf Deiner Seite der Laterne oder des Pfeilers entlang zu laufen.

Ohne Leine kannst Du Deinen Vierbeiner entweder rechts oder links um einen Baum schicken. Du übst ganz am Anfang an einem Baum, der so dünn ist, dass Du ihn gut mit Deinen Armen umfassen kannst. Mit einem Leckerli lockst Du Deinen Hund um den Baum herum. Wenn das gut klappt, wird der Baum immer breiter, die lockende Hand nur noch genutzt, um auf den Baum zu zeigen und das Ganze mit einem Kommando verknüpft.

Auf einer Bank hat ein Hund natürlich nichts zu suchen *zwinker*. Aber drunter durch krabbeln kann er durchaus. Und wenn gar nichts da ist, dann kannst Du immer noch aus Deinen Beinen ein Hindernis formen. Entweder zum Slalomlaufen – der Klassiker, oder zum drüber springen, wenn Du Deinen Fuß fest gegen eine Wand stemmst und nicht die weiße Leinenhose anhast.

Küss' die Hand

Über diese Übung kann ich gar nicht oft genug schreiben, da sie mir schon oft geholfen hat, meine Hunde an Situationen vorbei zu locken, die sonst anstrengend geworden wären. Hierbei geht es darum, dass Dein Vierbeiner lernt, auf ein von Dir gewähltes Kommando Deine Hand zu berühren. Das übst Du zunächst zu Hause. Hock Dich vor Deinen Hund, halte ihm mit eini-

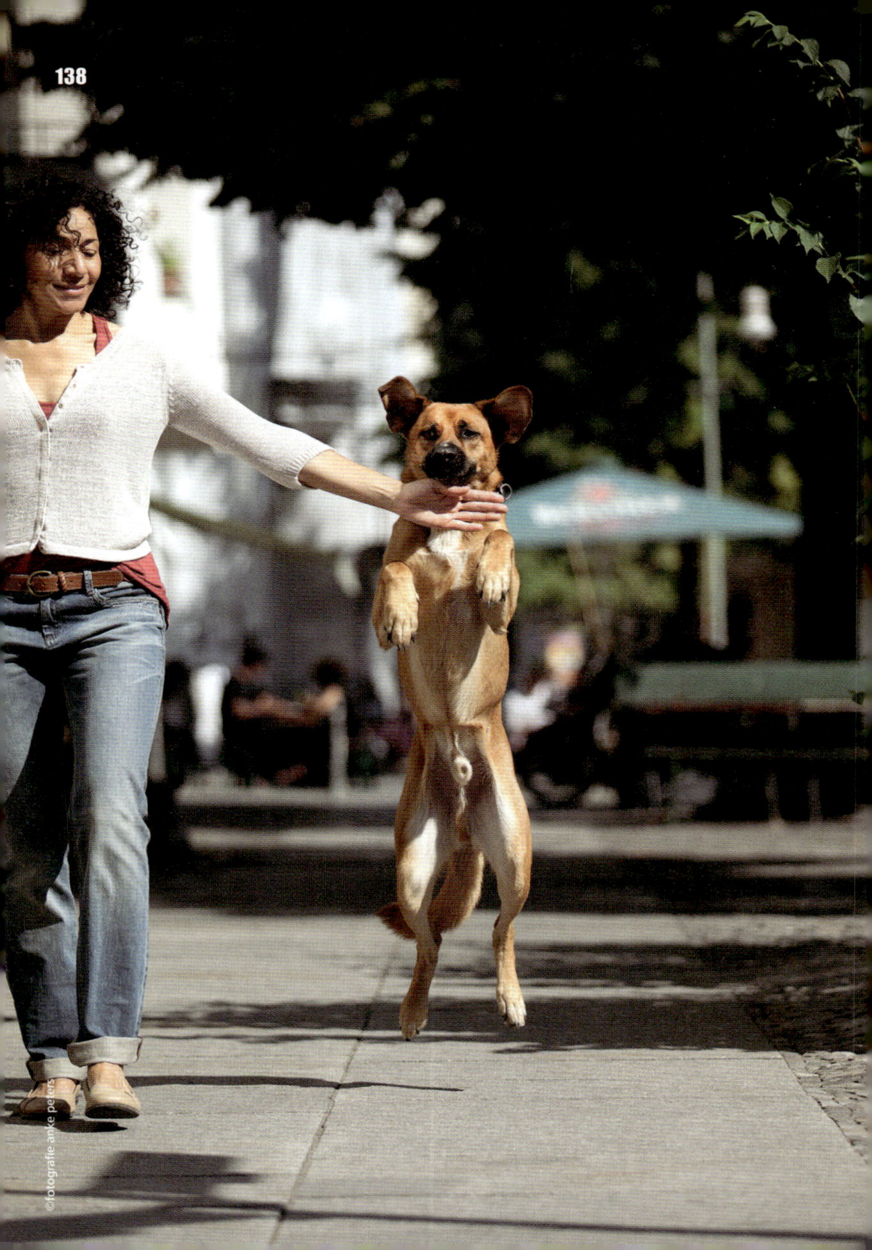

gem Abstand Deinen Handrücken hin, sag' nichts, gar nichts und warte, was passiert. Wenn der Hund mit der Nase an die Hand geht, bestätige das sofort und belohne ihn. Wie immer: Timing ist alles. Das übst Du so oft, bis es von zehn Mal neun Mal super klappt. Dann, kannst Du ein Kommando setzen. Das könnte »touch«, »Hand« oder »buff« sein, was auch immer Dir gefällt.

Wenn die Übung sicher klappt, vergrößere den Abstand so weit, bis der Hund sogar an Deine Hand springen muss. Damit kannst Du dann draußen weitermachen und den Hund mitunter sehr gut ablenken. Die Übung ist genauso abwechslungsreich, wie Deine Hand beweglich ist.

Mein Hund kann

Das ist etwas, was Du machen kannst, wenn Du mit mehreren Hundehaltern unterwegs bist. Stellt Euch in einer ruhigen Ecke in einem Kreis auf. Einer fängt an und sagt: »Mein Hund kann Sitz!« und er bringt seinen Hund ins Sitz. Der nächste, wie bei »Ich packe meinen Koffer« wiederholt das und fügt etwas Neues hinzu. Also »Mein Hund kann Sitz« – sitz wird gemacht »und Platz« und Platz wird angeschlossen. Der Dritte klingt dann zum Beispiel folgendermaßen: »Mein Hund kann Sitz, Platz und Rolle« und alles Drei wird vorgeführt. Mal sehen, wie viele Runden Ihr schafft.

Bei allen neuen Aufgaben gilt, wie immer im Hundetraining, was zu Hause nicht klappt, das klappt draußen auch nicht. Was an der Leine nicht funktioniert, wird ohne Leine auch nicht funktionieren. Fang in ganz kleinen Schritten an, erhöhe den Schwierigkeitsgrad langsam und höre immer mit einem Erfolgserlebnis für den Hund auf. Eine Übungseinheit sollte nicht länger als ein paar Minuten dauern. Das hängt natürlich auch von dem Hund ab. Manche sind nach zwei Minuten bereits platt, andere können nach zehn Minuten noch kein Ende finden. Und vergiß' bitte vor lauter Ehrgeiz nicht, dass Dein Vierbeiner an allem Spaß haben soll. Dann lernt es sich leichter.

Ein kleiner Tipp

Viele Hundeschulen bieten heutzutage gemeinsame Wanderungen oder Lern-Spaziergänge an, bei denen es sich um Einzeltermine handelt. Wer also keine Lust hat, immer einen ganzen Kurs zu buchen, der sollte sich mal danach erkundigen. Ein Beispiel dafür ist die Hundeschule Berliner Stadthunde in Zehlendorf. Hier kannst Du ein Trainingsgassi mitmachen oder mit Deinem Hund zur Spielzone kommen.
www.berlinerstadthunde.de

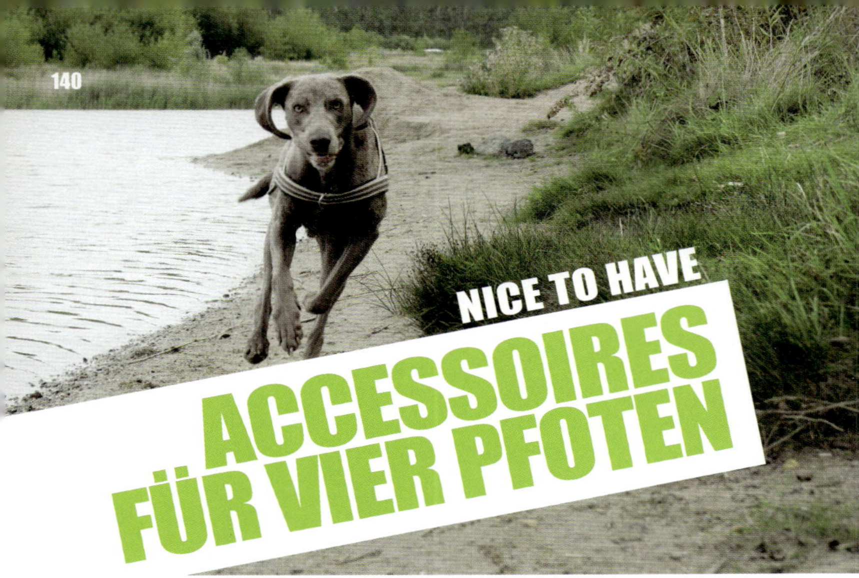

NICE TO HAVE
ACCESSOIRES FÜR VIER PFOTEN

Unglaublich, was es für Hunde alles gibt. Als ich die ersten Schritte als Hundehalter gegangen bin, waren Halsbänder Standard und Geschirre eine Rarität. Das hat sich ordentlich gewandelt und selbst meine Vierbeiner haben sowohl Halsband als auch Geschirr, je nachdem was wir vorhaben. Die Hundebranche generiert pro Jahr einen geschätzten Umsatz von 6 Milliarden Euro. Diese Zahl darfst Du Dir erstmal auf der Zunge zergehen lassen. Ungefähr 100.000 Arbeitsplätze stehen diesem Umsatz gegenüber. Übrigens genau so viel wie in der Verpackungsindustrie. Wenn wir von ungefähr 5,5 Millionen Hunden in Deutschland ausgehen, sind das pro Hund im Jahr 1.100 Euro Ausgaben. Das meiste davon wird sicherlich (hoffentlich) in Futter investiert. Von dem Rest werden Ballschleudern, Leinen, Halsbänder, Spielzeuge für drinnen und draußen, Jacken, Decken, Körbchen, Hundesteuer und -versicherungen, Autodecken, Hundefriseure, Zekkenzangen und derlei mehr gekauft. Vermutlich reisen Hundehalter auch weniger ins Ausland, sondern verbringen Ihren Urlaub innerhalb Deutschlands, so dass auch das Geld hier bleibt. Und wenn wir dann noch die Schätzung der Uni Göttingen aus dem Jahre 2006 heranziehen, die vermutet, dass durch Hundehaltung ca. 2 Milliarden Euro an Gesundheitskosten reduziert werden können – Hundehalter leben

einfach gesünder – wird schnell klar, dass Hundehaltung der Gesellschaft ganz gut zu Gesichte steht.
(Quelle: www.bestehunde.de)

Die Elastische von Ruffwear

Ich liebe sie, diese Leine. Sie war, nach meinen Hunden, die beste Investition, die ich getätigt habe. Es handelt sich bei der Roamer Leash um eine stufenlos verstellbare Hundeleine mit einem eingebauten Expander. Du kannst die Leine in der Hand halten oder – viel besser – um die Hüften wickeln, so dass Du die Hände frei hast. Ideal zum Joggen, Walken, Wandern oder wenn Du mit dem Berlin Geht Gassi Buch unterwegs bist und hin und wieder durch die Seiten blättern oder ein Foto machen möchtest. An den Produkten der amerikanischen Firma Ruffwear kommst Du garantiert nicht vorbei, wenn Du Hundesport à la Canicross oder Bike-Jöring machst. In den letzten Jahren hat sich an der Produktpalette so einiges getan. Und auch an der Verfügbarkeit auf dem deutschen Markt. Ruffwear stellt übrigens auch wunderbare und ausbruchsichere Geschirre her, die perfekt für ängstliche Hunde sind.
www.ruffwear.com

Die TaschenTasche

Ein beherzter Griff in die Jackentasche auf der Suche nach dem Taschentuch und – igitt. Was ist das denn? Ach ja, genau. Die Leckerli. Ganz vergessen. Da ist wohl eine Reinigung fällig, damit die Krümel auch aus der letzten Stofffalte verschwinden. Welcher Hundehalter kennt das nicht? Abhilfe schafft die TaschenTasche von Dogs and More. Kreiert und vor allem auch produziert wird sie, wie alle Artikel der Firma, in Berlin. Leckerlitaschen, die sich Hundehalter an den Gürtel klemmen oder um die Hüfte schnallen können, sind ja bekannt. Aber die kleine Tasche für die Tasche ist neu und ziemlich praktisch, robust und haltbar.
shop.dogsandmore.de

Faltbarer Wassernapf

Für den Sommer, für den Urlaub oder auch wenn eine längere Wanderung ansteht und nicht bekannt ist, ob unterwegs Wasser zur Verfügung steht, gehört es sich wohl, welches dabei zu haben. Die Flaschen sind schon sperrig genug, da muss nicht auch noch die Plastikschale in den Rucksack gestopft werden. Gott sei Dank gibt es seit einigen Jahren faltbare Wasser- und auch Futternäpfe für unterwegs – in verschiedenen Ausfertigungen. Mit denen aus Silikon, die in sich gestaucht werden können, waren wir persönlich nur ein Jahr lang zufrieden. Dann sind sie – unserer häufigen Nutzung geschuldet – in die Knie bzw. in die Brüche gegangen.

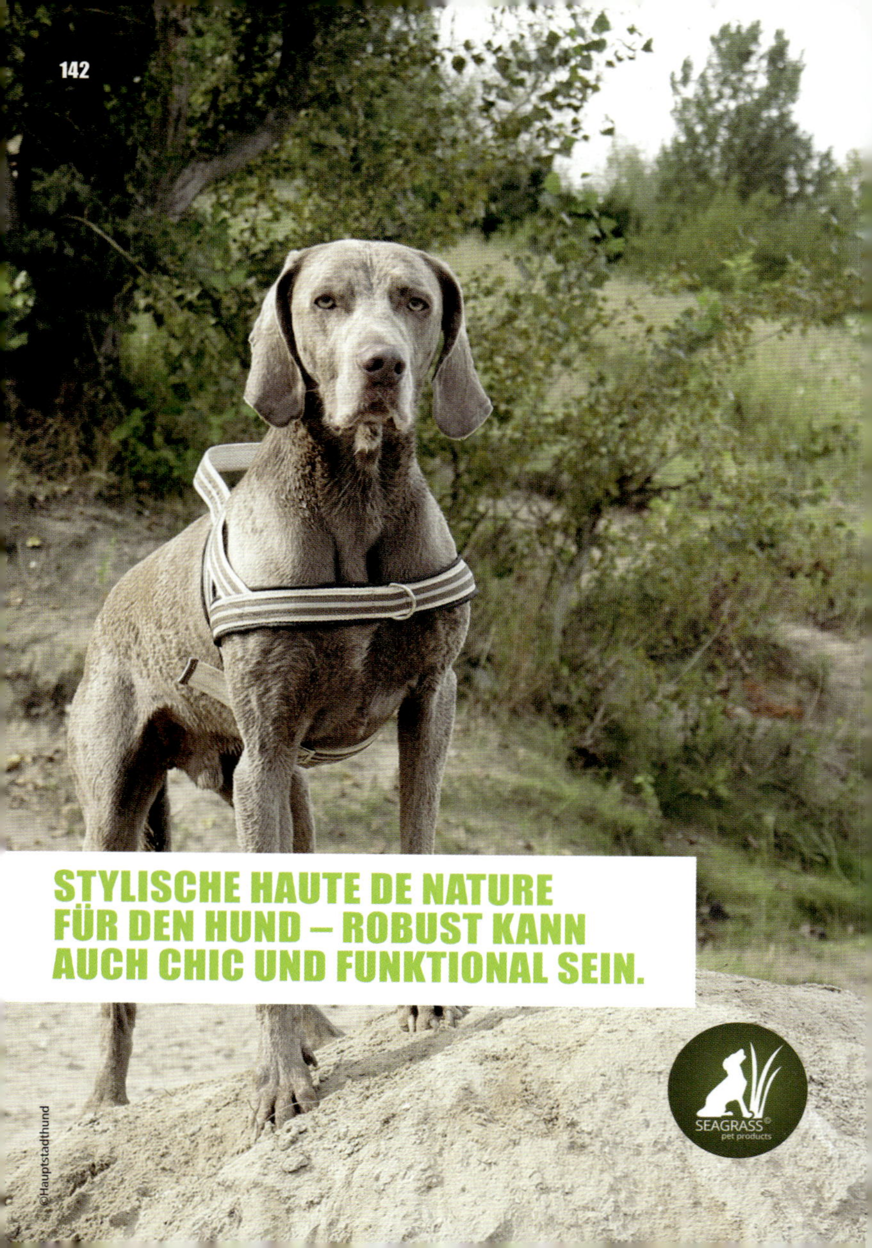

©Hauptstadthund

Viel länger haben wir etwas von den Nylonnäpfen, die auf kleinstem Raum Platz finden, extrem schnell trocknen und lange halten. Diese faltbaren Näpfe werden unter anderem auch von Dogs and More und ruffwear hergestellt.

Soggy Doggy Super Shammy

Wer hat sich wohl diesen Namen ausgedacht? Man oh man. Aber andererseits wäre einfach nur »Hundehandtuch« wohl nicht interessant genug. Obwohl es gut ist. Sehr gut sogar. Das Tolle an diesem Handtuch ist zum einen das Fassungsvermögen. Je nachdem, welchen Anbieter man bemüht, ist die Mikrofaser in der Lage, zwischen fünf- bis siebenmal mehr Wasser aufzunehmen als ein normales Baumwollhandtuch. Und zum anderen hat der Hersteller an jede Seite des Handtuches Eingriffstaschen eingebaut, so dass Du als Hundehalter Deinen Vierbeiner nach einem Matsch- und Nasstag ordentlich abrubbeln kannst, bevor es in die Wohnung geht. Daumen hoch von uns.
www.soggydoggydoormat.com

Rapunzel, Rapunzel, lass Dein Haar draußen

Hundehalter erzählen ja gerne, dass auf ein ordentliches Outfit auch das Hundehaar gehört. Das hört sich nach einem »akzeptiere, was Du nicht ändern kannst« Mantra an. Ich mag Kleidung auch ohne Hundehaare. Meine Wohnung übrigens auch. Daher ist jeder Saisonwechsel in Sachen Outfit bei meinen Hunden ein Graus und immer wieder Grund genug, über einen nicht haarenden Pudel als nächstes Model nachzudenken. Fellwechsel, mögest Du schnell vorübergehen. Auf einen Helfer möchte ich in dieser schweren Zeit nicht verzichten und das ist der Furminator. Frech teuer für eine Hundebürste, aber wenn das Geld einmal investiert wurde, bereut es niemand. So viele Haare bekommt keine andere Bürste aus dem Hund.
www.furminator.com

Das Umweltgeschirr

Wir haben seit fünf Jahren ein Geschirr von Jack B. Und da ist nichts dran. Mit diesem Geschirr haben wir deutlich jüngere Halsbänder, Leinen und andere Geschirre bereits zum Müll getragen. Seit einiger Zeit stellt Jack B. unter anderem Hundeaccessoires aus Naturmaterialen her wie zum Beispiel Geschirre aus Ostseegras. Was für eine schöne Idee. Und die Geschirre sind nicht nur hübsch, sondern auch durchdacht. Verfügen sie nicht nur über einen Leinenring auf dem Rücken, sondern auch noch über einen weiteren vor der Brust – wunderbar zum Training und zum sicheren Führen des Hundes geeignet.
www.jack-b.de

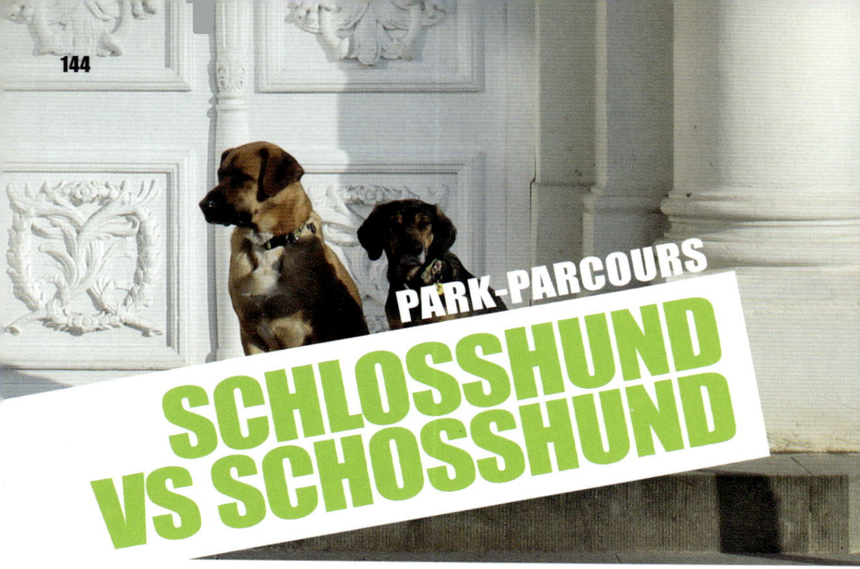

PARK-PARCOURS

SCHLOSSHUND VS SCHOSSHUND

Wir packen die virtuelle Reisetasche und machen uns auf – zurück in die Vergangenheit. Berlin hat nicht nur im Jahre 1989 die große Vereinigung gefeiert. Vereinigung und Eingemeidung ist in Berlin seit Anbeginn quasi Tagesgeschäft. Das Jahr 1237 gilt offiziell als Geburtsjahr der Stadt. Die Geburt war bereits die erste Vereinigung – und zwar von Berlin und Cölln rechts und links der Spree. Unter königlicher Obhut wird Anfang des 18. Jahrhunderts Berlin um Friedrichswerder, die Dorotheenstadt und die Friedrichsstadt erweitert. Mehr als 100 Jahre später folgen Wedding, Moabit, Charlottenburg, Schöneberg und Tempelhof. Und so geht es weiter, bis am 1. Oktober 1920 durch das Groß-Berlin-Gesetz sieben umgebende Städte, 59 Landgemeinden und 27 Gutsbezirke nach Berlin eingemeindet und das Stadtgebiet in 20 Bezirke eingeteilt wird. Und jetzt kommen wir zurück in die Gegenwart und auf den Punkt: viele der ehemaligen eigenen Gemeinden und Städte haben in der königlichen Epoche und auch zu Kaiserzeiten eigene Schlösser errichtet. Einige davon stehen noch heute und sind teilweise umgeben von wunderbaren Parkanlagen. Und ein paar beschnuppern wir gleich mal genauer.

Jagdschloss Grunewald

Dieses Renaissance-Schloss ist das älteste der Stadt und liegt – welch ein Glück,

im Grunewald mitten im Hundeauslaufgebiet. Diese Leinenfrei-Zone ist der Hot Spot der Auslaufgebiete in der Hauptstadt. Wer kennt ihn nicht, den Grunewaldsee inklusive Badeplatz für Vierbeiner? Wenn man so will, dann ist der Grunewald der schönste Schlossgarten, den man sich als Hundehalter wünschen kann. Richtung Weihnachten findet übrigens in diesem Jagdschloss ein wunderschöner Weihnachtsmarkt statt. Und dieses Event ist seit ein, zwei Jahren gekoppelt mit einem Hundeweihnachtsmarkt am Restaurant Paulsborn. Mehr Information bietet die Facebookseite von Sirius Hundestern Hundeweihnachtsmarkt.
14193 Berlin, Hüttenweg 100

Schloss SansSouci

Schon allein die Tatsache, dass Friedrich der Große Hundenarr war und seine Vierbeiner hier begraben liegen, ist ja wohl Grund genug, Hunde im Schlosspark zu gestatten. Also auf nach Potsdam, Vierbeiner und Leine mit an Bord.
14469 Potsdam, Maulbeerallee

Schloss Bellevue

Dieses Schloss ist, wer weiß es nicht, offizieller Sitz des deutschen Bundespräsidenten. Seit 1786 steht es im Tiergarten und erfreut Berliner und Nicht-Berliner gleichermaßen. Der Tiergarten rund um das Schloss bietet jede Menge Möglichkeiten, stundenlang mit dem Vierbeiner spazieren zu gehen, ohne irgendeinen Weg doppelt laufen zu müssen. Schön und meist ruhiger als der Rest ist der Bereich hinter Bellevue und rund um den Englischen Garten. Eine spannende Tour in dieser Gegend findest Du auch im BERLIN GEHT Buch.
10557 Berlin, Spreeweg 1

Schloss Charlottenburg

Brandenburgische Kurfürsten, preußische Könige und deutsche Kaiser erfreuten sich gleichermaßen an diesem einst bedeutendsten Schloss Charlottenburgs. Friedrich III. schenkte seiner Gemahlin Sophie Charlotte von Hannover das Grundstück, und sie ließ sich dort ein Schloss bauen, das 1699 fertig wurde. Der dazugehörige Garten ist heute der großartigste Barockgarten Berlins. Und auch hier sind Hunde an der Leine erlaubt. Auch eine weite Anreise lohnt sich, denn der Spaziergang

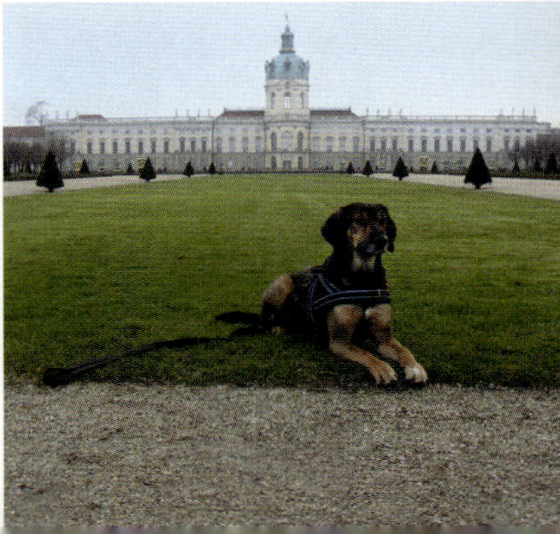

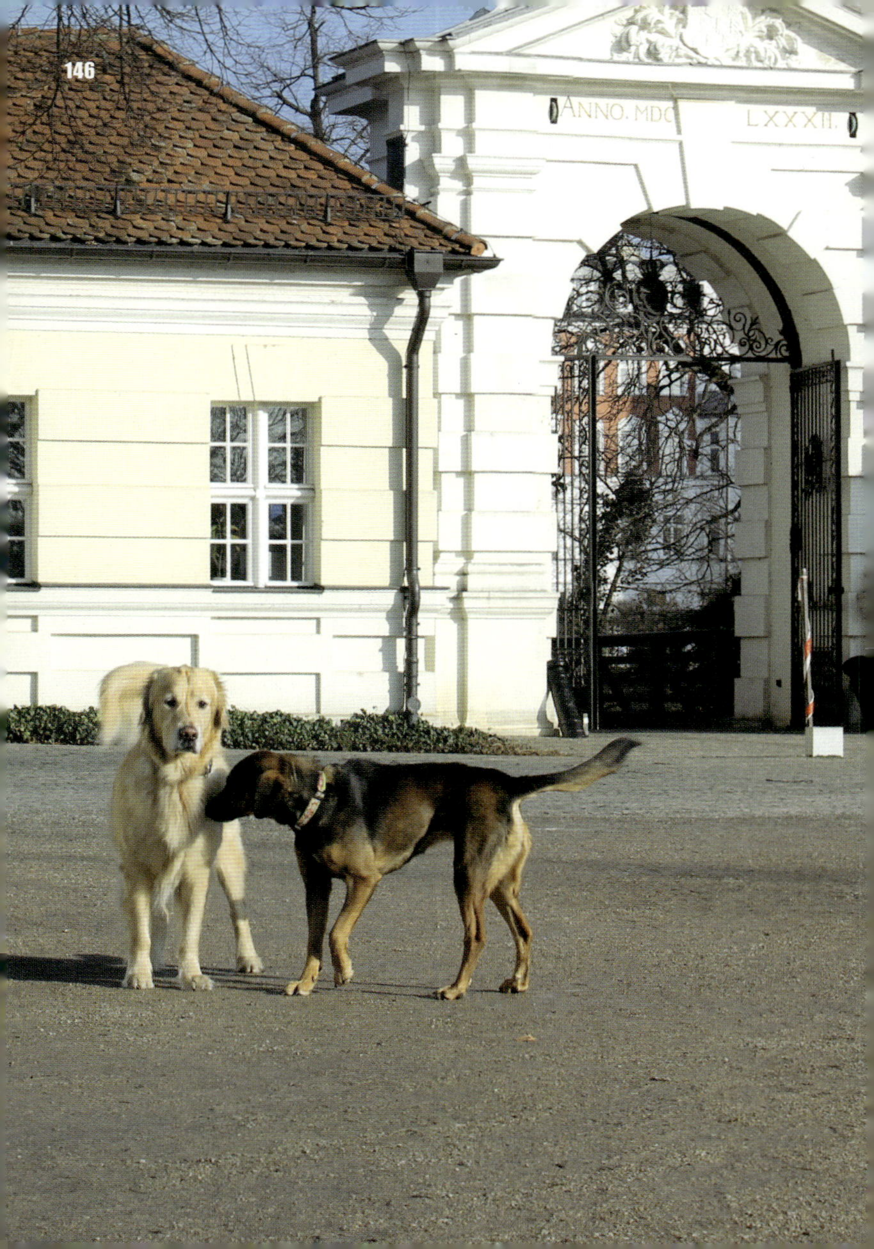
ANNO. MDC
LXXXII.

im Schlossgarten kann durchaus ein sehr ausgedehnter sein.
14059 Berlin, Spandauer Damm 20-24

Schloss Schönhausen

Auch dieses wunderschöne Schloss hat seine ganz eigene Geschichte. Als die Nazis in Deutschland an der Macht waren, lagerten in diesem Schloss tausende beschlagnahmte Kunstwerke, die von den Nazis als »entartete Kunst« tituliert wurden. Nach dem Zweiten Weltkrieg diente das Schloss Wilhelm Pieck, Staatsoberhaupt der DDR, als Amtssitz. Nach seinem Tod blieb das Schloss bis zum Ende der DDR das oberste Regierungsgebäude – und zwar unter Walter Ulbricht. Der Schlosspark erstreckt sich in Pankow von der Ossietzkystraße bis zur Schloßallee. Ein Spaziergang durch den Schlosspark kann wunderbar mit einem Abstecher in den Bürgerpark und die Schönholzer Heide verlängert werden.
13156 Berlin, Tschaikowskistraße 1

Schloss Glienicke

Dieses Schloss ist der Traum eines 21-jährigen Prinzen von einer italienischen Villa; geträumt nach einer Italienreise im Jahre 1823 und realisiert mit Hilfe des Berliner Kennt-doch-jeder-Architekten Karl Friedrich Schinkel. Schloss, Casino, Große und Kleine Neugierde wurden aus dem ehemaligen Landgut geschnitzt und sind umgeben von Wasser, Grün und Wald. Auch in dieser Ecke Berlins waren wir schon mit dem BERLIN GEHT Buch. Ganz in der Nähe findest Du die Kirche St. Peter und Paul, das Restaurant Moorlake und das Wirtshaus Zur Pfaueninsel. Einem ausgedehnten Gassigang durch den weitläufigen Volkspark Glienicke steht nichts im Wege. Ganz in der Nähe ist auch ein Hundeauslaufgebiet. Perfekt.
14109 Berlin, Königstraße 36

Schloss Friedrichsfelde

Das Motto dieses Schlossbesuches ist »zwei Fliegen mit einer Klappe schlagen«, denn dieses Schloss liegt im Tierpark Berlin. Und da wollten wir doch sowieso einmal hin, oder? Dogs welcome. Auch dieses Schloss ist ein ehemaliges Lustschloss. Jetzt werfen wir hier mit dem Begriff nur so um uns, aber was bedeutet das überhaupt: Lustschloss? Luftschlösser kennen wir ja alle, nicht wahr? Ein Lustschloss, auch Maison de plaisance genannt, ist ein meist kleines Schloss, das dem privaten Vergnügen des Besitzers diente. Daher wurde hier in der Regel auf Hofzeremoniell und Etikette verzichtet. Ebenso wurden Amtsgeschäfte nicht hierher verlegt. Übersetzt in die heutige Zeit ist dem König sein Lustschloss, was dem Berliner seine Datsche ist.
10319 Berlin, Am Tierpark 125

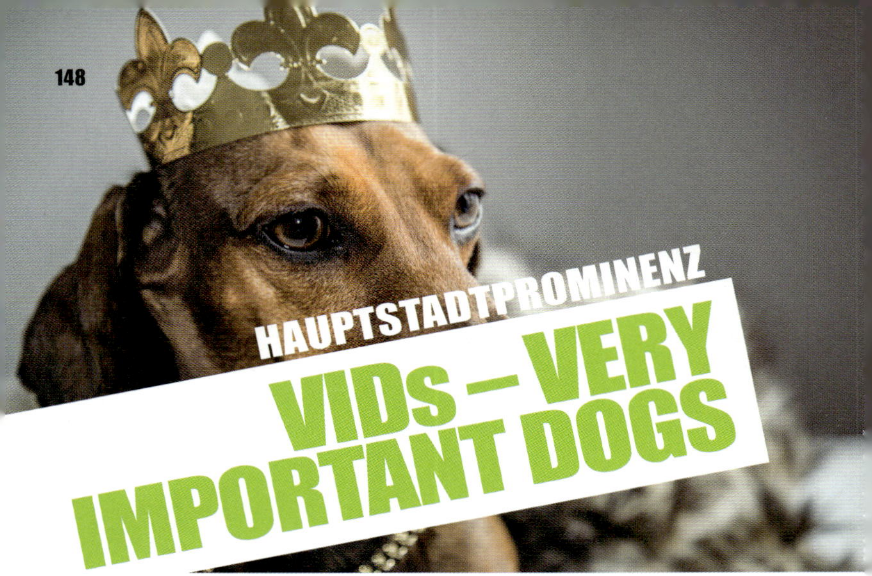

HAUPTSTADTPROMINENZ

VIDs – VERY IMPORTANT DOGS

Berlin – die Stadt der Stars und Sternchen. Hier trifft sich alles, was Rang und Namen hat. Allerdings nicht nur auf zwei Beinen, sondern auch auf vier Pfoten. Viele Hunde der Hauptstadt schrieben bereits Schlagzeilen.

Unsere Reise zu den berühmten Hauptstadthunden führt zunächst in das Jahr 1878. Im Sommer jenes Jahres machte Dogge Tyras von sich Reden, als sie beim Berliner Kongress dem russischen Außenminister die Hosen zerriss. Der Besitzer dieses Tieres mit Vorliebe für russischen Zwirn war kein geringerer als Otto von Bismarck, erster Reichskanzler des deutschen Reiches. Ob ausschließlich politische Differenzen zu seiner Entlassung durch Wilhelm II. geführt haben, oder auch die Tatsache, dass Bismarck eine Dogge und Wilhelm einen Dackel hatte, ist nicht bekannt, aber auch nicht auszuschließen.

Ein Sprung um 100 Jahre bringt uns zu einer Hündin, die zwar niemals deutschen Boden betrat, aber dennoch untrennbar mit Berlin verbunden ist. Die Rede ist von Laika, der russischen Straßenhündin, die als erstes Lebewesen in den Welttraum reiste. Ihr Bellen wurde, wenn auch nur ganz kurz, in der Funkstelle in Beelitz bei Berlin empfangen.

Raudi im Schloss Bellevue

Ein glücklicheres Leben war Fellnase Scooter beschieden. Als vierbeiniges Mitglied der Familie Rau geht er als erster Hund eines Bundespräsidenten in die Geschichte ein. Und darüber darf auch ein Hund sich freuen. Im März 2003 begrüßte Scooter sein Herrchen derart stürmisch, dass dieser sich erstmal setzte. Und zwar äußerst unsanft. Ein Bluterguss am Rau'schen Knie war die Folge. Danach musste Scooter mit der viel zitierten Meinung seines Herrchens leben: »Als Hund ist er eine Katastrophe, aber als Mensch ist er unersetzlich!« Auch Joschka Fischer's Kangal Benno soll hier nicht unerwähnt bleiben. Die Beiden werden häufig bei langen Runden um den Grunewaldsee gesichtet. Wer allerdings in dieser Beziehung das Sagen hat, ist noch nicht geklärt. Als Minister hat Fischer auf Personenschutz verzichtet, heute übernimmt Benno diesen Job.

Prominenz am Schlachtensee

Und wenn wir schon gedanklich im Grunewald angekommen sind, dann treffen wir hier mitunter auf ein joggendes Quartett aus Mops Coco, Boxer Calypso, Dogge Gustav und der Schauspielerin Andrea Sawatzki. Sie lebt mit Familie und Rudel am Schlachtensee und nutzt die Möglichkeiten des Hundeauslaufgebietes, um Sport und Gassi miteinander zu verbinden. Eigenen Angaben zufolge trennt sie aber gerne Boxer und Dogge, da beide zusammen ein Hobby eint: das Jagen.

Muse auf vier Pfoten

Im Mai 2012 hat Modedesigner und Paradiesvogel Harald Glööckler seine DogCouture by Karlie auf der Heimtiermesse in Nürnberg vorgestellt. Muse und Model war ihm dafür sein Schmetterlingshund Billy King, der für Glööckler nach eigenen Aussagen wie ein Kind ist. Und für dieses »Kind« stand Glööckler täglich am Herd seiner 1400m^2 großen Wohnung Unter den Linden und bereitete eigenhändig die Leibspeisen seines Vierbeiners zu. Nach seiner Eheschließung mit Dieter Schroth im Februar 2015 – Billy King war Trauzeuge – ist das Rudel nach Kirchheim gezogen.

Friedrich II. und die italienischen Windspiele: Der royale Hundenarr von Sans Soucis

Friedrich II. wurde am 24. Januar 1712 in Berlin geboren. Im 300. Jubiläumsjahr des König von Preußen werfen wir einen Blick auf das, was ihm im Leben mit am liebsten war: seine Hunde. Biche, Alcmene, Arsinoe, Thysbe, Philis, Diana, Thysbe II., Diana II., Superbe, Amourette und Pax – Besucher von Sanssouci entdecken beim Spaziergang

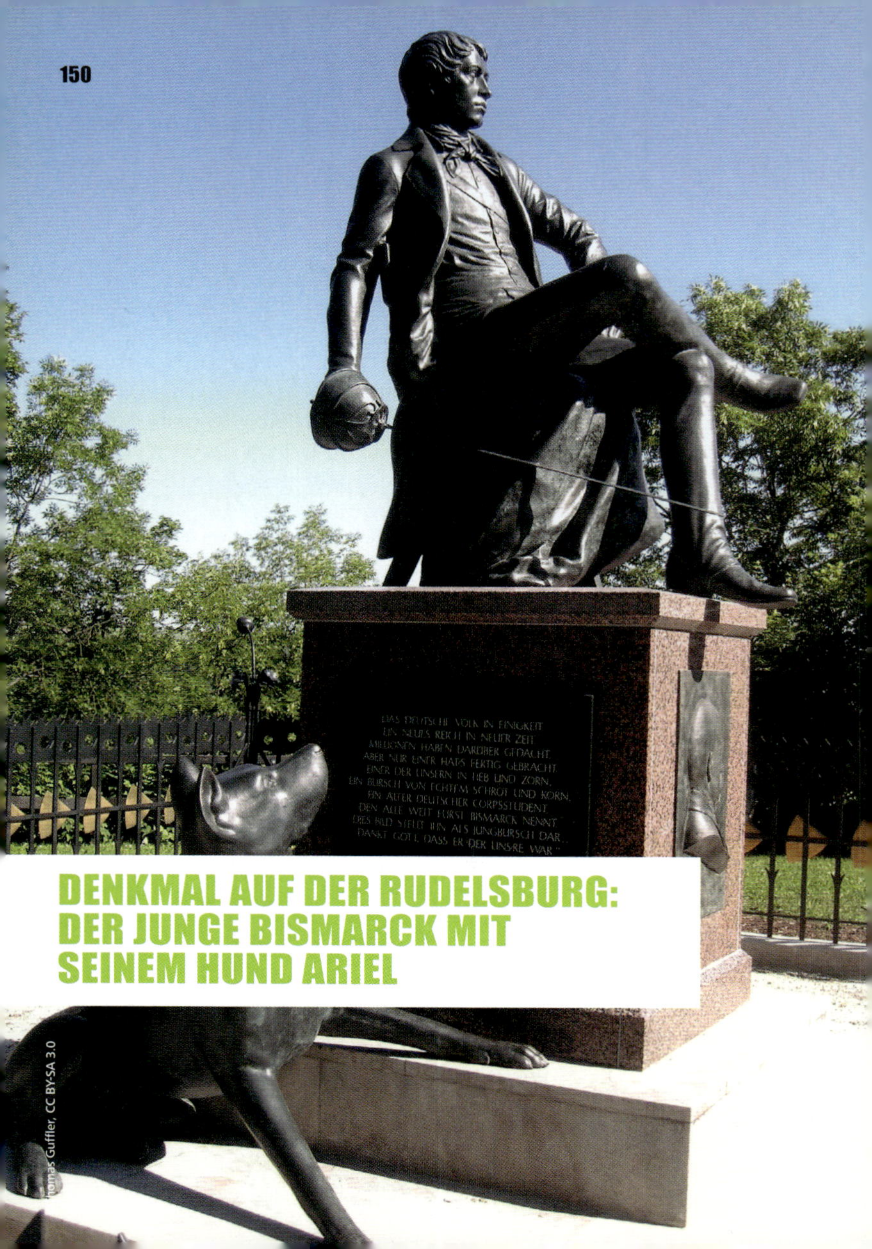

DENKMAL AUF DER RUDELSBURG: DER JUNGE BISMARCK MIT SEINEM HUND ARIEL

entlang der Terrasse des Schlosses Steinplatten mit diesen Namen. Unter diesen Platten haben die liebsten Gefährten Friedrich des II. ihre letzte Ruhestätte gefunden. Hier liegen seine Hunde begraben, ohne die man ihn selten sah. Bereits zu Lebzeiten verfügte Friedrich, seine letzte Ruhestätte nerben seinen Hunden zu bekommen. Dieser Wunsch wurde ihm erst lange nach seinem Tod im Jahre 1991 erfüllt.

»Hunde haben alle guten Eigenschaften des Menschen, ohne gleichzeitig ihre Fehler zu besitzen.«

Friedrich II. hielt sich ausschließlich Italienische Windspiele. Diese genossen damals als Rasse kein besonderes Ansehen, aber er schätzte ihre sensible Art und ihren zarten Charakter. Vom eigenen Vater gedrillt und mit Herzenskälte gequält, fand er bei seinen Hunden das, was er bei den Menschen vermisste: Ehrlichkeit und bedingungslose Liebe. So hart er selbst den Menschen gegenüber auftrat, so weich ging er mit seinen Hunden um. Friedrichs Hunde genossen Narrenfreiheit. Überall im Schloss lagen eigens angefertigte Lederbälle zum Spiel herum. Canapées und Sessel waren zerschlissen von Hundekrallen. Besucher wie Bedienstete mussten sich daran gewöhnen, dass die Tiere vom Tisch gefüttert wurden und auch im königlichen Bett schlafen durften. Und Lakaien mussten die Hunde auf französisch und mit »Sie« anreden.

Nicht ohne seine Hunde

Die Hunde begleiteten Friedrich überall hin, sogar in den Krieg. Im Oktober 1745 geriet er mit seiner Hündin Biche in eine brisante Situation. Sein Biograph Franz Kugler schrieb darüber folgendes: »Plötzlich bemerkte er einen Trupp Panduren, die ihm des Wegs entgegen geritten kamen; ihm blieb nichts anderes übrig, als eilig in einen Graben zu springen und sich unter der Brücke zu verbergen. Nun fürchtete er, das Biche, die bei ihm war, bei dem Geräusch der Pferde bellen und ihn verrathen würde; das Thier jedoch, als ob es die Gefahr seines Herrn ahne, schmiegte sich dicht an ihn und gab keinen Laut von sich.«

Selbst noch kurz vor dem eigenen Tod am 17. August 1786 galten die Gedanken des Alten Fritz seinen Hunden. Zu dieser Zeit konnte er vor Schmerzen nicht mehr liegen. Die letzten Stunden seines Lebens verbrachte er in einem Stuhl, neben sich seine Hündin Superbe. Beide zitterten vor Kälte und die letzte verständliche Äußerung des Preußenkönigs war der Befehl, Superbe zuzudecken. »Deckt es zu, gibt ihm eine Decke, es friert.« Kurz danach verstarb Friedrich II, genannt Der Große.

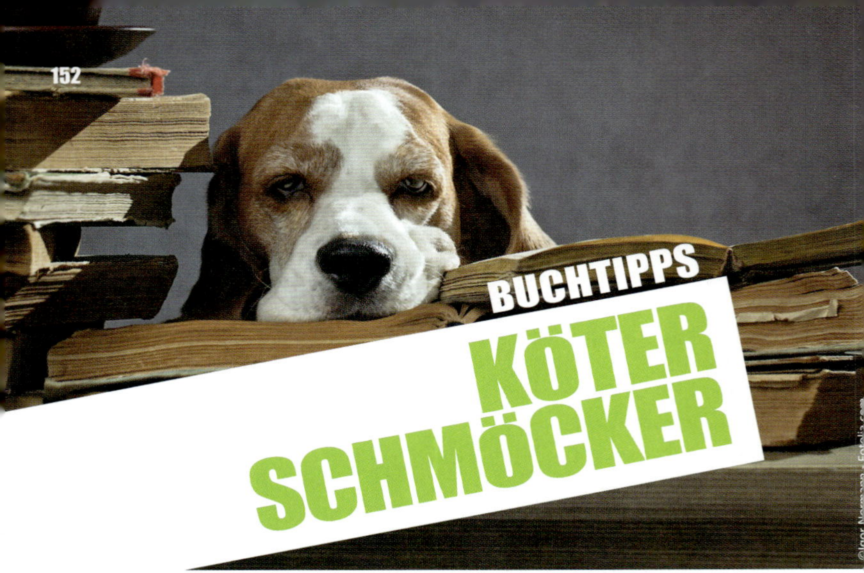

©Igor Normann - Fotolia.com

BUCHTIPPS

KÖTER SCHMÖCKER

Über 29.000 Treffer landet der Hundehalter, wenn er als Stichwort »Hund« auf die Homepage einschlägiger Buchverkäufer tackert. Man oh man…und mit diesem hier gibt es dann noch eines mehr. Das Angebot reicht von den Tipps zahlreicher Hundeflüsterer über Entspannungstraining und Hunde-Yoga bis hin zu bestsellerverdächtigen 8-9-oder-10-Wochen-Trainingsprogrammen für den perfekt erzogenen Hund. Ja ja, da ist ein wenig Polemik drin, was das Trainingsprogramm in Wochen anbelangt, läßt es doch das Individuelle am eigenen Hund meist außer Acht. Daher bin ich kein Freund von Training aus dem Buch. Aber die ein oder andere Anregung gepaart mit gesundem Menschenverstand, Erfahrung und einer objektiven Beobachtungsgabe lässt sich aus dem einen oder anderen Werk schon schöpfen. Dennoch, sich durch den Hundebuchdschungel zu fräsen und die Besten der Besten herauszusuchen wäre ebenso vermessen wie unerfolgreich. Daher verlassen wir uns bei unserer Auswahl einzigst auf unseren Geschmack, unser Bauchgefühl und darauf, dass wir die Autoren persönlich kennenlernen durften.

Hoffnung auf Freundschaft

Im Untertitel steht: »Das erste Jahr des Hundes«. Stimmt. Und doch geht es in dem Buch um viel mehr. Wir begleiten zwei Welpen, Wurfgeschwister, die in zwei gleichermaßen engagierten Familien aufwachsen, sich aber sehr unterschiedlich entwickeln. Warum wird aus dem einen Welpen ein zwar temperamentvoller, aber verträglicher und im guten Sinne unauffälliger Hund, während der andere zum Durchsetzen seiner Interessen gerne die Zähne einsetzt und schlussendlich unter Tränen im Tierheim landet? Warum geht es weder in der Welpenerziehung noch im Leben darum, alles »richtig« zu machen? Michael Grewe und Inez Meyer ist mit »Hoffnung auf Freundschaft« ein Rundumschlag zu der scheinbar so banalen Frage gelungen: was ist das eigentlich, ein Hund? Hoffnung auf Freundschaft ist kein Ratgeber, sondern ein leidenschaftliches Plädoyer für das Leben.

ISBN: 978-3440127629, €19,99

Hunde brauchen klare Grenzen

Sieben Hundetrainer durch – nur das Problem ist geblieben. Man soll den Hund ignorieren – dem aber ist das gleichgültig? Clickern ist gewaltfrei – aber ist es auch gut? Stimmt es, dass gähnende Hunde ihre Menschen beschwichtigen – oder sind sie einfach nur müde? Für all jene, die sich einen Überblick über Sinn und Unsinn von Erziehungsmethoden und Erziehungsmoden verschaffen wollen, ist dieses überaus humorvoll und flüssig geschriebene Buch ein Muss. Ein Page-Turner, der nachdenklich macht.

ISBN: 978-3440127629, €19,95

Kastration und Verhalten beim Hund

Soll ich meinen Hund kastrieren lassen? Diese Frage stellt sich irgendwann fast jeder Hundehalter und so sieht er sich konfrontiert mit einer ganzen Reihe weiterer Fragen: Was spricht für eine Kastration, was dagegen? Wann sollte der Eingriff erfolgen? Wie läuft er ab? Mit welchen Komplikationen muss gerechnet werden? Wie verändert sich der Hund? Wird er dick und faul? Sämtliche Antworten auf diese und viele weitere Fragen zu einem der unter Hundehaltern am heißesten diskutierten Themen liefern die Autoren in diesem Buch, dass in keinem Hundehalter-Bücherregal fehlen sollte!

ISBN: 978-3275018208, €19,95

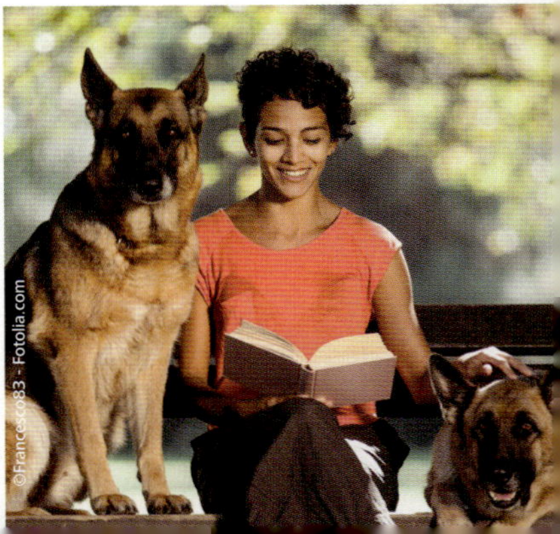

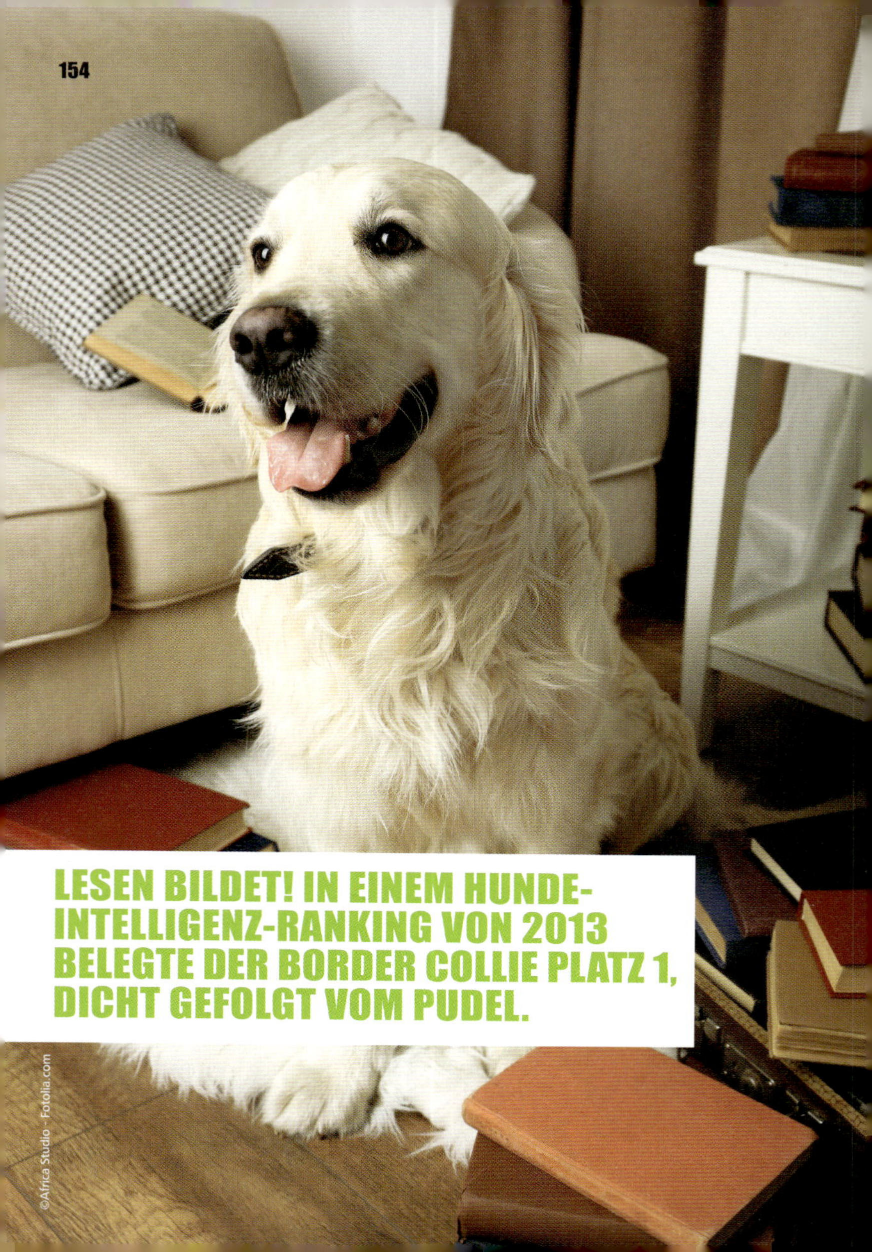

LESEN BILDET! IN EINEM HUNDE-INTELLIGENZ-RANKING VON 2013 BELEGTE DER BORDER COLLIE PLATZ 1, DICHT GEFOLGT VOM PUDEL.

Notfall! Erste Hilfe für meinen Hund (DVD)

Bei akuten Erkrankungen des Hundes ist richtiges Handeln unter Umständen lebensrettend. Wissen hilft im Notfall. Diese DVD bietet Dir eine Fülle an Informationen rund um die Gesundheit Deines Hundes und informiert Dich über Sofortmaßnahmen im Fall der Fälle! Es gibt doch nichts Schlimmeres, als hilflos neben einem verletzten Hund zu stehen und nicht zu wissen, was zu tun ist. Insbesondere in einer Großstadt ist das Risiko von Glassplittern in der Pfote, einem rumorenden Magen durch das Fressen von Abfall oder der Ansteckung durch einen anderen Vierbeiner sicherlich höher als in einer reizärmeren Gegend. Genauso, wie man als Führer eines Fahrzeuges seinen Erste-Hilfe-Kurs absolvieren muss, sollte man das als Führer eines Hundes auch tun. Frag' doch auch einmal Deinen Tierarzt, ob er Dir ein paar Tricks zeigen kann. Meiner hat das gemacht.

ISBN: 978-3937322285, €17,92

Das Klugscheisser-Hundebuch Fitness Gassi

Entweder Fitness-Studio oder Gassi gehen? Diese Entscheidung treffen täglich viele Hundehalter und bringen sich immer wieder in die Bredouille oder rutschen in die Schlechtes-Gewissen-Falle; entweder dem Hund oder dem Bauchspeck gegenüber. Mit diesem Buch ist es damit vorbei. Zusammen mit dem Vierbeiner ist mehr als Joggen, Radfahren oder Skaten drin. Sport mit dem Hund muss nicht immer nur up tempo sein. In drei Kapiteln mit je sechs Übungen kümmert sich das Buch um Koordination, Beweglichkeit und Kraft – und zwar beim Hundehalter. Aber auch der Vierbeiner hat sein Tun. Da er meist fitter ist als sein Mensch, variieren seine Aufgaben von drunter oder drüber kraxeln überspringen bis hin zu stillhalten – für manch einen Hund die größte Herausforderung. Das vierte Kapitel hält komplette Workouts in verschiedenen Schwierigkeiten bereit. Ready to start. Und auch ein paar Worte zu Warm up und Cool down wirst Du in diesem Werk nicht vermissen. Dann mal los, ab in die Turnschuhe!

ISBN: 978-3956930133, €9,90

Vom Welpen zum Senior: Reise durchs Hundeleben

In diesem Buch, das genau das hält, was der Titel verspricht, wird es lustig, interessant und abwechslungsreich, aber auch emotional, berührend und nachdenklich. Sowohl in Büchern als auch in Seminaren gelingt es Sophie Strodtbeck, Scheuklappen von den Augen zu nehmen und neue Gedankensamen zu pflanzen. Immer wieder eine Reise wert.

ISBN: 978-3275020140, €19,95

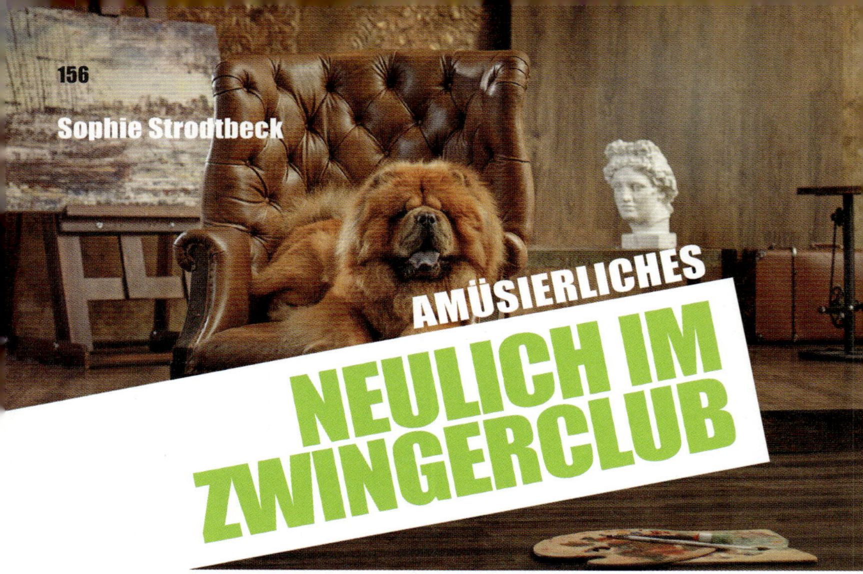

Sophie Strodtbeck

AMÜSIERLICHES

NEULICH IM ZWINGERCLUB

Es begab sich neulich im Zwingerclub, dass sich der Lagotto mit dem Romagnolo aufmachte, um einen shepherden Abend zu verbringen. Vor der Tür stand der Hova – »Wart! Ich komm mit« spitzte er die Lefzen und drängelte sich vor – »Steh, Hund!« rief der Segugio auf Italiano und weil der Shih den Tzu wieder nicht vernünftig zugebunden hatte, fiel er fast auf den Nasen-Jäger, der es sowieso seit seiner Jugend immer schwer gehabt hat, weil er dauernd wegen seiner großen Nase Sheltie bekam. Doch dieser whipperte zwar mit den Füßen, konnte aber gerade noch das Gleichgewicht halten. Gerade nochmal Schwein gehabt, feixte der Sau-Packer, während die Schuh-Bandlbracke hilfsbereit Nachsuchestunden im Schuhebinden anbot.

Nach einem kurzen Smalltalk im Teacup-Format (»Scheißwetter heute, orkanartige Windspiele aus Italien sind über die Alpen gekommen«, »heute gab es einen Volcanoausbruch in Italiano«, »habt Ihr schon gehört, der Hypochonder hat einen Beschwerdeschutzhund«), gingen sie gemeinsam an die Bar.

»Ich nehme eine gepflegte 68er Bordeaux-Dogge« shepherde der Aussi.
»Hey Bro, hol' mer mal ein Bier aus'm Kühlschrank!«
»Ich nehme einen Kelpierinha!«
»Einen Mopsito, bitte!«

»Windsprite für mich!«
»Einen Malteser!«
»Ich trinke einen Piccolo«
»Und ich einen Mai-Thai«, forderte der Ridge.
»Einen Nasenjägermeister bitte«
»Und für mich einen Labradoff!« krakeelten sie alle wie die Wildhunde durcheinander.
»Schnauzer jetzt!« rief der Barmann entnervt und die Situation entspanielte sich.
»Na dann mal Prost – oder sagt man bei euch Löwchen?«
»Bei uns sagt man Chi-Chi
oder Shih-Tzu«
»Sind hier eigentlich gebeaglete Hemden Pflicht?« wollte der Edel-Terrier wissen?
»Nein, nur Stehohrkragen«
Der Sauhund hatte bereits nach kurzer Zeit zu viel Bleu de Gascognac getrunken und verschüttet. »Ich viszla das mal weg« bot der reinlichrassige Retriever an. »Und dann lasst uns feiern wie die Bouviers in Flandern!«
»Au ja, dann singen wir alle zusammen 'Chi-hua-hua' und tanzen einen Dingo!«
»Überlass das den Singer Spaniels, die können das besser!«
»Und tanzen ist sowieso viel zu anstrengend, da steht einem ja der Gebirgsschweiß auf der Stirn«
»Was macht eigentlich der alte Entle?«
»Der Entle liest im Buche, der alte Langweiler!«
»Dann soll er lieber mit dem Berner zum Sennen gehen, dort findet er vielleicht neue Länder, die Neu-Fund-Länder.«
»Kann-gal nicht sein« warf der Anatole ein, der erst seit kurzem in Weimar-angekommen war und noch mit seinem Azawakhzent zu kämpfen hatte, »es gibt nur die bekannten Komfort-Länder, wir landseehern keine Neu-Fund-Länder, vorsteht das hier keiner?«
Der Galgo espanjohlt und wird ganz rott, weil er sich nach Bern sennt, da er da vor kurzem den Powder gepufft, den schwarzen Afghanen probiert und am nächsten Tag mit dem Terrier »Ling« das Bed zerwühlt hat.
»Du bist ganz nackt, Hund. Ich werde ganz doodelig und bekomme eine Joe-Cocker-Wut! Da kann ich ja gleich mit Schafen pudeln! Der Zwerg ist heute wieder sowas von spitz« sagte Ling damals elo-quent und schaute empört auf den Griff-von dem Galgo. »Da hat wohl jemand meine Kleider gemopst?!«
Damals in Bern war die Party wohl in eine altdeutsches Schäferstündchen ausgeartet... Hätte sie vorher Lunde gerochen, wäre sie niemals mit dem andoggenden Galgo mitgegangen. »Dann noch lieber des Königs Pudel, Kuhns Hund oder den Pe-Chinese entle-buchen, als dieses spanische Windhund-Ei! Und allemal lieber Leonberg als Bern« sagte sie.

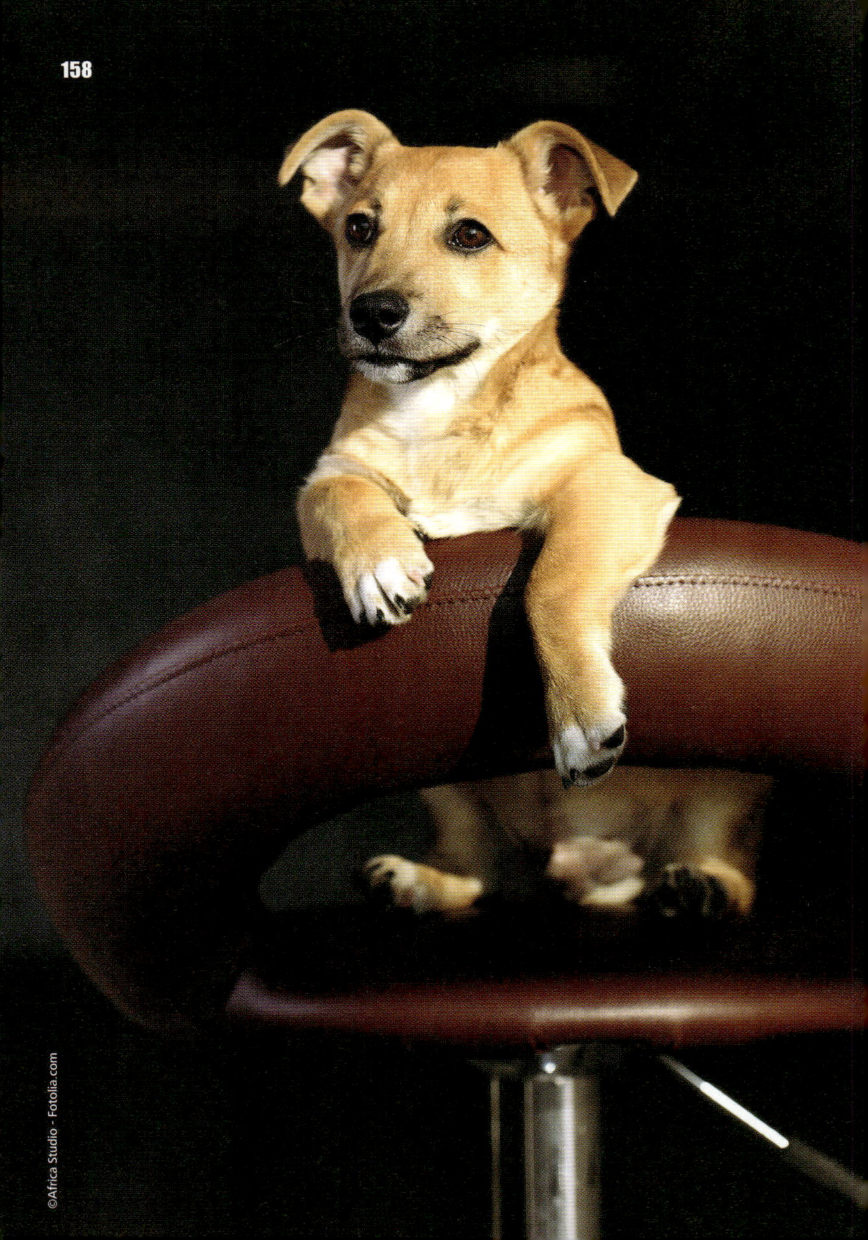

»Azawakh, das hätte ich nicht gedacht?« war damals die Antwort des Galgos gewesen. »Die soll den Schäfermund mal nicht so weit aufreissen, das wird ja immer toller hier, ich duck mich jetzt weg. Ich mach mich doch nicht zum Affen, Du Pinscher! Mir steht schon das Draathaar zu Berge«.
Bei genauem Nachdenken sennte sich der Galgo nun doch nicht mehr nach Bern, sondern war froh, im Zwingerclub zu sein.
Aber auch im Zwingerclub hielt die Party nun nicht mehr, was sie versprach. Der Doodle prahlte inzwischen mit seinem Golden Reciever, der 500 Programme empfangen kann, King Charles erzählte langweilige Geschichten von seinem Urlaub in Spaniel, der Labradoff hinterließ bei allen seine Spuren und der Magyar machte sich bereits vom Agar.
»Ich bin malamüde« sagte er noch und Schipperkte davon.
»Chow-Chow« riefen die anderen ihm hinterher. Aber er war schneller wieder drinnen, als der Rest schauen konnte!
»Ich kangal nicht raus, es regnet ohne Unterlass, Scheiß Setter! Bei so nem Wetter York-I keinen Hund vor die Tür!« Oh Bracke...
»Nur Mudi, wir können ja noch zusammen in die Caféterrier gehen« schlug Terrier verpatterd vor. »Ich bichon frisiert worden und zu jeder Schandtat bereit, also was geht noch ap-so?«
»Yes, my dear Hound, ich bin dabei« antwortete der Magyar Agar und sie beagelten sich in Lichtgeschwindigkeit davon.
»Ich fil-a a gewisse Müdigkeit, und bin auch nur noch mittel-spitz, ich re-setter mal, zuhause gibt es noch Spaghetti bologneser« – den anderen fiel die Kinnlunde runter, dass sich sogar der sonst so feierwütige Labrador auf den Heimweg machte. Wahrscheinlich hatte er mal wieder die Pointer des Abends nicht verstanden...
»Fall aufm Heimweg nicht von der intermediären Brücke nach all den Labradoffs!« rief ihm der Schutzhund hinterher.
Die anderen tanzten noch ein bisschen »Oh Tscharka, Oh Tscharka«, was dem schwarzen Afghanen peinlich war, so dass er sich bemüßigt fühlte, jedem Passanten ungefragt »die Cairn net zu mir!« zu erklären. Seine Toller-ranz war ein biss-chen ausbauhundfähig. Na ja, man kann nicht alles durchboxen...
Und weil der Abend so haar-nebüchen war, gingen auch die restlichen Pointer im Pudel nach Hause, um es sich noch in der Meute bei »Furminator 3« vor der Glotze gemütlich zu machen...

Sophie Strodtbeck
Tierärztin, Autorin und Verhaltenstherapeutin, www.strodtbeck.de

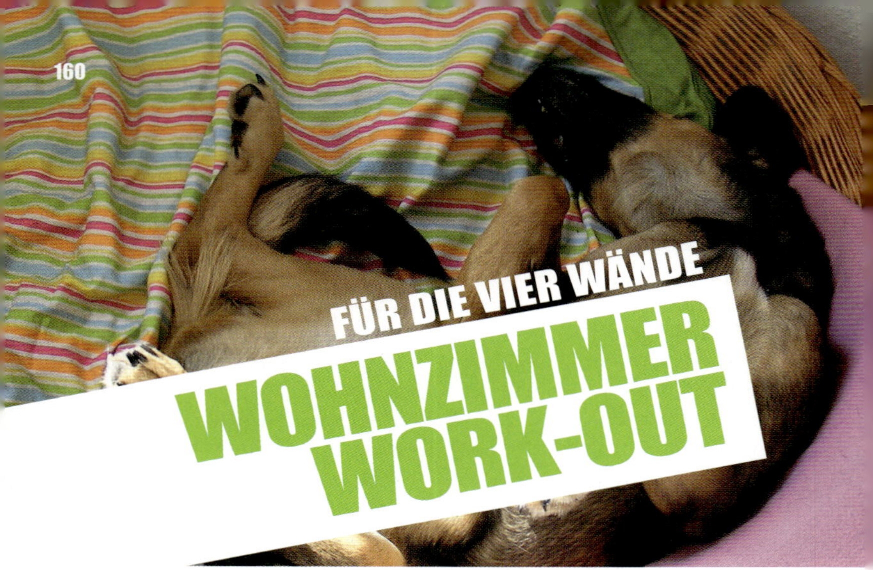

FÜR DIE VIER WÄNDE

WOHNZIMMER WORK-OUT

Am Ende des Jahres warten kurze Tage und schlechtes Wetter auf Hund und Halter. Alle Jahre wieder stellt sich die Frage: wie werde ich meinem Vierbeiner gerecht? Bei der Beschäftigung im Inneren gilt wie immer: Step by Step mit Geduld. Für uns Menschen sind kausale Zusammenhänge oft glasklar. Anders sieht es bei unserer Fellpfote aus. Gib ihr die Gelegenheit, eine Übung in Teilschritten zu erlernen. Ungeduld ist hier ein schlechter Ratgeber. Eine Übungssequenz sollte nicht länger als zehn Minuten dauern und immer mit einem Erfolg enden.

Hula Hoop – ein Multitalent der Beschäftigung

Solch ein Reifen bietet sich zum Durchhüpfen an, wobei auf rutschige Böden zu achten ist. Auch bei dieser denkbar einfachen Aufgabe gilt das Motto der kleinen Schritte. Halte den Reifen mit einer Hand fest und drücke ihn auf den Boden. Mit dem Lieblingsspielzeug oder einem Leckerli in der anderen Hand lockst Du Deinen Vierbeiner durch den Reifen. Wenn das bedenkenlos funktioniert, kann der Abstand des Reifens zum Boden nach und nach erweitert werden, so dass Dein Hund irgendwann springen darf. Hunde, die aufgrund von Alter oder Verletzung nicht zu stark bewegt werden dürfen, sollten nur durch den Reifen spazieren. Um das aufregender zu gestalten, wird mit Hilfe einer Decke aus dem gleichen Reifen schnell ein spannender Tunnel. Der Hula Hoop, der flach auf dem Boden liegt, bietet ebenso vielfältige Aufgaben. Mit Hilfe von Leckerli oder Spielzeug, die im Reifen platziert werden, schickst Du Deinen Hund voraus in den Reifen. Am Ende der Übung sollte er im Reifen sitzen bleiben, bis die Übung per Befehl aufgehoben wird. Wer dieses Spiel mit einem Lautsignal wie »Reifen« oder »Rein« verknüpft, kann seinen Hund bald aus jeder Ecke der Wohnung auf diesen neuen Platz schicken. Genau umgekehrt funktioniert es auch und zwar, indem der Reifen zur Sperrzone erklärt wird. Obwohl sich Leckerli in der Mitte des Reifens befinden, darf der Hund den Reifen nicht betreten, auch dann nicht, wenn sein Mensch das Zimmer verlässt.

Eine abgewandelte Form des Indoor-Longieren ist mit Hilfe des Hula Hoop auch daheim möglich. Entweder zeigt eine Spur aus Leckerli dem Vierbeiner den Weg um den Reifen oder Du führst ihn per Handzeichen herum. Gleichzeitig wird auch diese Aktion mit dem entsprechenden Lautsignal verknüpft. Hier bieten sich die Befehle »rum«, »außen« oder »Kreis« an. Profis erweitern die Aufgabe um ein rechts herum und ein links herum und ersetzen den Befehl schnell durch ein Handzeichen.

Vater, Mutter, Kind, Hund

Ein lustiges Spiel für die ganze Familie verlangt ein wenig Vorbereitung. Benötigt werden drei Stoffbahnen von je 2m Länge und 50cm Breite. Die Stoffbahnen werden am Anfang mit Start und am Ende mit Ziel gekennzeichnet. Dazwischen werden blaue Punkte, gelbe Punkte und rote Punkte hintereinander gemalt und in gleicher Reihenfolge immer wiederholt, bis das Ziel erreicht ist. Alle drei Stoffbahnen müssen identisch sein. Der Hund bekommt einen Schaumstoffwürfel, dessen Seiten ebenfalls angemalt werden und zwar in den gleichen Farben wie die Stoffe- zwei Seiten blau, zwei gelb und zwei rot. Jeder Mitspieler stellt sich nun auf seine Stoffbahn an den Start und der Hund fängt an, für den ersten Spieler zu würfeln. Dazu wird der Würfel

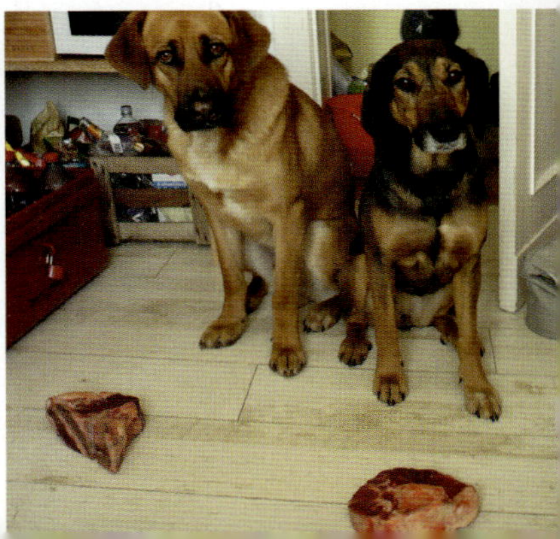

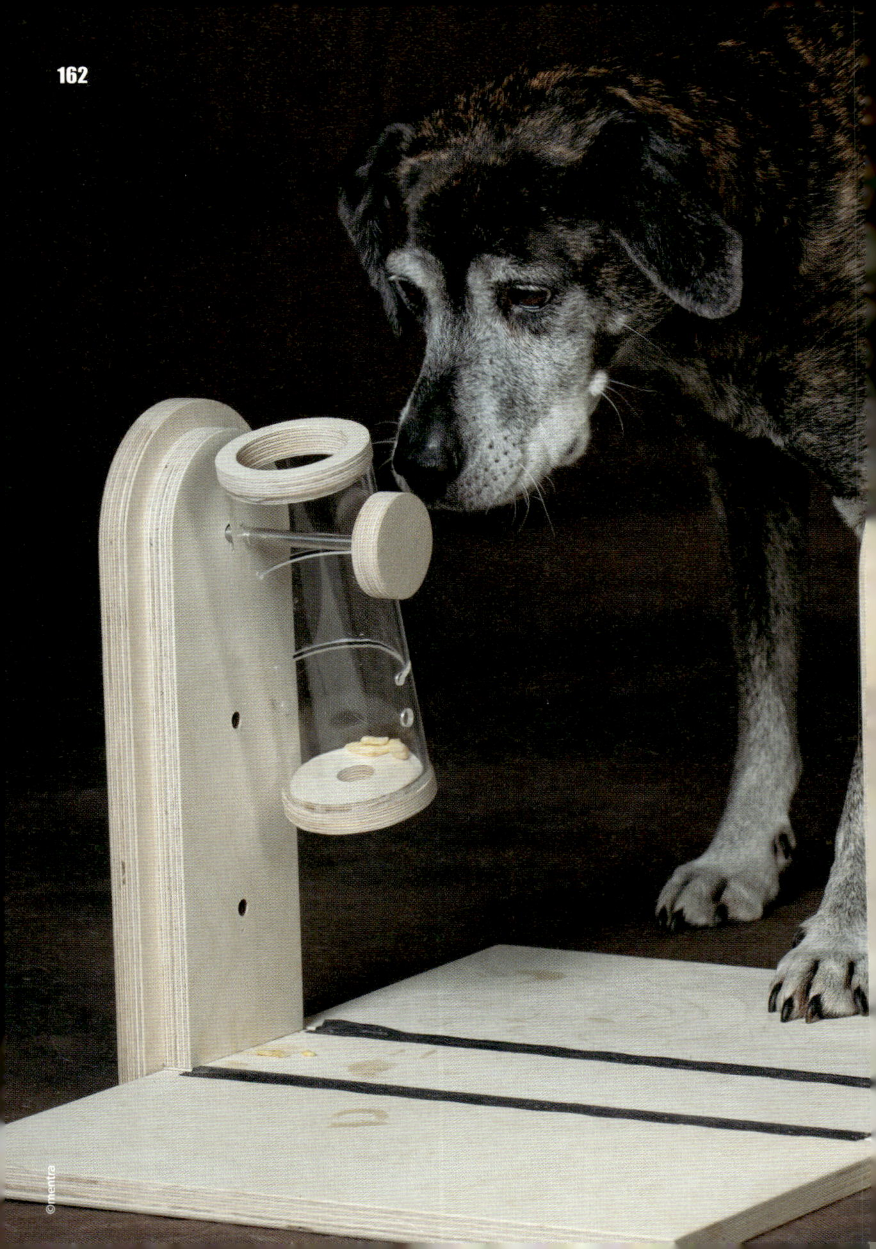

auf eine erhöhte Schale oder einen umgedrehten Wischeimer gelegt, in dessen Mulde ein Leckerli versteckt wurde. Um an das Leckerli zu gelangen, wird der Hund den Würfel anstupsen. Dieser fällt und bleibt mit einer Farbe nach oben liegen. Sollte das zum Beispiel die Farbe Blau sein, dann darf der erste Spieler bis zu dem blauen Punkt auf seinem Spielfeld vorrücken. So setzt sich das Spiel fort, bis ein Spieler exakt ins Ziel gewürfelt wurde. Natürlich können auch Freunde dieses Spiel spielen.

»Wurst im Jeansmantel«

Besonders geeignet zum Aufspüren sind gut riechende Leckereien wie Würstchen oder Käse, aber auch Gegenstände mit einem starken Eigengeruch, wie Kräuter- oder Teebeutel. Während die Suche nach Essbarem sofort starten kann, muss das Anzeigen von Teebeuteln erst einmal konditioniert werden. Halte Deinem einen Teebeutel vor die Nase und bestätige per Klicker oder mit Stimme und Leckerli umgehend, sobald er sich ihm mit der Nase nähert. Sobald das anstandslos funktioniert, geht es einen Schritt weiter. Im Folgenden werden die Suchobjekte zunächst in Sichtweite des Hundes versteckt, so dass er sie schnell findet. Die Schwierigkeit nimmt mit jeder gelungenen Suche zu. Eine weitere Steigerung dieser Aufgabe ist dann das Verstecken außer Sichtweite. Der Hund bleibt im Flur liegen, während das Objekt der Begierde im Wohnzimmer versteckt wird. Auch das Warten und die damit verbundene Impulskontrolle des Hundes sind eine nicht zu unterschätzende Herausforderung für ihn.

Eine ganz besondere Überraschung bereitest Du Deinem Partner auf vier Pfoten, wenn Du seine Lieblingsschmankerl einer alten Jeans in die Tasche steckst. Danach werden die Beine der Hose mehrfach verknotet und die »leckere« Jeans versteckt. Auch wenn Dein Schnüffelexperte die Hose schnell gefunden hat, so wird er doch einige Zeit damit verbringen, ihren Taschen die darin verborgenen Delikatessen zu entlocken, während vor dem Fenster aus dem Winter langsam wieder Frühling wird.

Mentra – Mentales Training

Ja, es ist nicht ganz günstig, aber mit Liebe zum Detail gefertigt. Dieser Denkspielkoffer hat kein überflüssiges Teil an sich. Alles, was hier verbaut wurde, wird auch genutzt. Und zwar, um den Hund in den eigenen vier Wänden zum Denken anzuregen. Sechs Elemente begeistern mit über 12 Funktionen den Hund. Bei Nichtgebrauch lässt sich Mentra platzsparend zusammenklappen. www.mentra.de

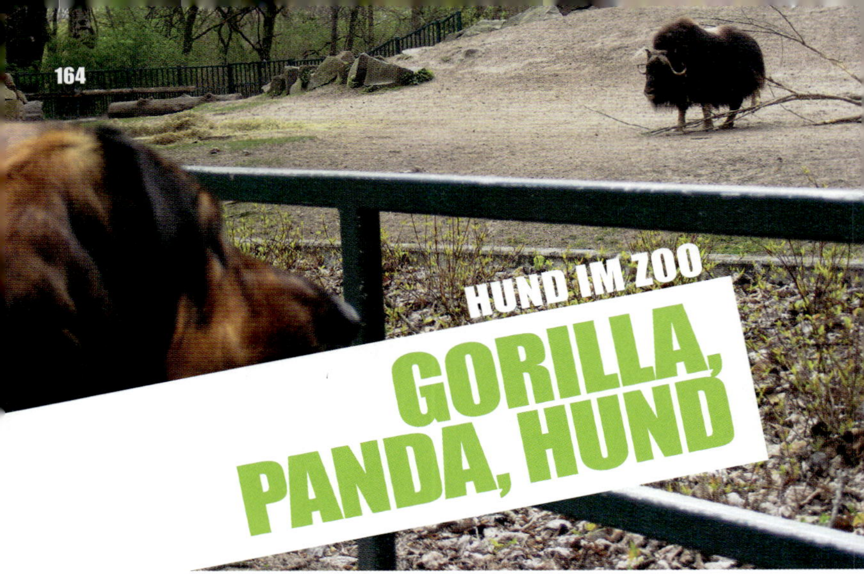

HUND IM ZOO

GORILLA, PANDA, HUND

Über zoologische Einrichtungen mag man ja denken, was man will, und das soll auch so bleiben. Nicht unser Thema. Nicht hier. Nicht jetzt. Das Tierschutz-Fass wollen wir an dieser Stelle nicht aufmachen. Aber wir möchten gerne in Dein ganz persönliches Wusste-Ich-Noch-Nicht-Fass blicken. Wusstest Du, dass in manch einem Zoo Hunde erlaubt sind? Und wusstest Du, dass manch ein Zoo sogar extra Hundetage veranstaltet? Wusstest Du, dass Zoos aus diesem und hundert anderen Gründen ihre Berechtigung haben? Und wusstest Du, dass viele Hunde den Besuch in einem Zoo unglaublich spannend finden? Wir wissen das erst seit ein paar Jahren. In unseren ersten Berliner Jahren waren wir diesbezüglich völlig unbedarft. Aber seitdem wir das wissen, kann man uns hin und wieder auf einer Bank vor dem Wolfsgehege besuchen. Denn dort bekomme ich meine Hunde nur unter Androhung von Liebesentzug wieder weg.

Tierpark Berlin

Wir leben in Berlin zwischen zwei Zoologischen Einrichtungen. Dem Berliner Zoo in der Nähe des gleichnamigen Bahnhofs, der im Sommer Touristenmagnet, mitunter richtig voll und für Hunde verboten ist. Etwas beschaulicher geht es im Tierpark im Osten der Stadt zu. Und das liegt unter anderem an seinen 160ha Fläche. 160ha! Der

Zoo am Zoo umfasst 35ha, passt somit 4½ mal in den Tierpark. Unglaublich! Natürlich dürfen wir mit Hund in den Tierpark Berlin, um uns dort einem ausgedehnten Spaziergang hinzugeben in dem Wissen, danach längst nicht alles gesehen zu haben. »Restreiz lassen« ist das Motto. Und da der Hund umsonst hineinkommt, der Eintritt bei nur 13€ für einen Erwachsenen liegt und an 365 Tagen geöffnet ist, steht fest: wir kommen wieder. Über 7000 Tiere und mehr als 900 Arten dürfen wir hier besuchen. Für die Hunde eine wahre Geruchsexplosion gepaart mit einem Augenschmaus und Spannung pur. Den Bären zu riechen, aber ihn nicht sehen zu können, hat selbst meine sehr abgeklärte Hündin kurz nervös gemacht. Aufgrund der Größe macht es Sinn, den Besuch im Tierpark zu planen. Auf www.tierpark-berlin.de gibt es nicht nur einen Übersichtsplan, sondern auch Informationen zu Fütterungen und Shows, die für den Hundehalter ein Highlight sind.

Und wie bereits im Nebensatz erwähnt, veranstaltet der Tierpark einmal im Jahr einen Hundetag. Dieser wird von den Freunden des Hauptstadtzoos gestaltet und organisiert. Eine eigene Internet- und Facebookseite informieren über Termine und über das, was der Besucher auf zwei Beinen und vier Pfoten er-

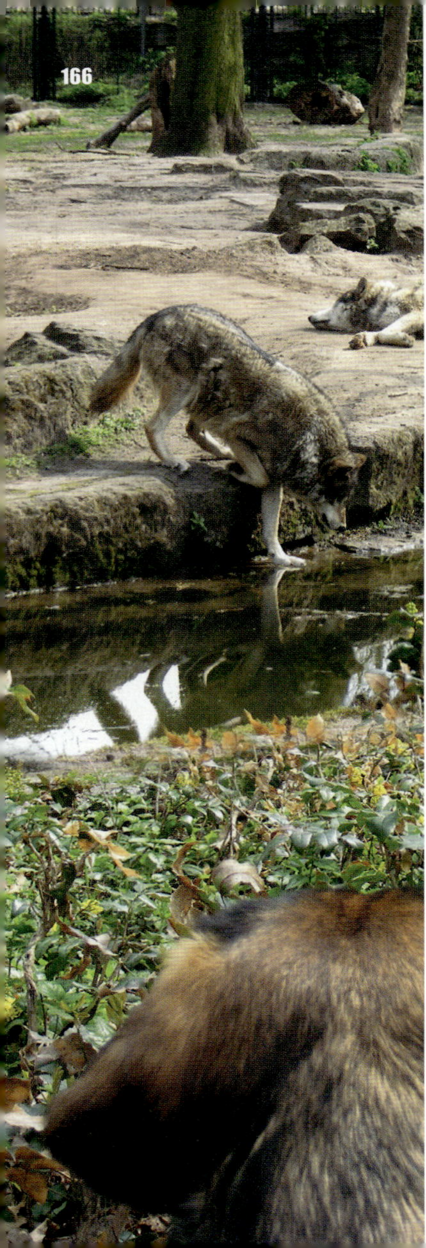

warten darf: ein Mix aus Messe, Action und Show, gespickt mit kulinarischen Genüssen – auch für Menschen – und ergänzt um eine individuelle Runde durch den Tierpark. www.hundetag-tierpark.de oder www.facebook.com/Hundetag1. Vielleicht treffen wir uns ja dort! Bei den Wölfen!

Tierpark Berlin-Friedrichsfelde
10319 Berlin, Am Tierpark 125
Telefon: +49 30 515310
www.tierpark-berlin.de
Facebook.com/tierparkberlin

Zoo Eberswalde

Ja, klar. Das ist nicht mehr ganz Berlin, aber auch nicht allzu weit weg. Diesem ehemaligen DDR-Zoo hat der Mauerfall wirklich gut getan. Er ist von einem Heimattierpark zu einem national wie international anerkannten Zoologischen Garten geworden. Und auch hier sind Hunde an der kurzen Leine erlaubt. Auf der Homepage des Zoos erklärt der Direktor Dr. Bernd Hensch, dass nicht nur die Geburten, sondern auch die Besucherzahlen von Jahr zu Jahr steigen. Ob es da einen Zusammenhang gibt? Rührend und bemerkenswert ist der Wunsch, den Hensch am Ende seines Textes an die Leser richtet: »Sehr geehrte Leser, bleiben Sie uns gewogen und besuchen Sie Ihren Tiergarten so fleißig wie bisher. Und liebe Politiker, steht bitte im gleichen „Schulterschluss" zu Eurem Zoo wie die vielen Bürgermeister, Stadträte und Stadtverordnete in den 80 Jahren zuvor. Wie arm wäre unsere Kreisstadt wohl ohne ihr beliebtes Ausflugsziel?«

Auch dieser Zoo ist täglich geöffnet und zwar von 9:00 Uhr bis zum Einbruch der Dämmerung. Unbedingt zu erwähnen und zu sehen ist zweifelsohne das Löwengehege, von dem selbstbewußt behauptet wird, es sei das aufregendste Löwengehege der Welt. Besucher mit und ohne Hund stehen in einer Glashöhle und genießen einen unverstellten Blick auf die herumschleichenden Großkatzen. Darüber hinaus gibt es Affen, die frei durch den Wald toben, Bären, die in Gemeinschaft mit Wölfen leben, eine Gletscherlandschaft für die wunderschönen Armur-Tiger, natürlich einen Streichelzoo und auch Kulinarisches. Das hört sich doch nach einem wunderbaren Programm für Mensch mit Hund an, oder?
Zoologischer Garten Eberswalde
16225 Eberswalde, Am Wasserfall 1
Telefon: +49 3334 22733
www.zoo.eberswalde.de

Tierpark Senftenberg

Das Unternehmen Integrationswerkstätten gGmbH Niederlausitz hat sich die Beschäftigung von behinderten Menschen in verschiedenen Werkstätten und Projekten zur Aufgabe gemacht. Eines dieser Projekte ist der kleine, aber feine Tierpark im brandenburgischen Senftenberg. 1931 wurden aus sumpfigem Umland Gehege, Reviere, Volieren und Infrastruktur. Heute leben ca. 350 Tiere im Tierpark. Der Tierpark ist täglich ab 9:00 Uhr geöffnet und schließt je nach Jahreszeit mal früher, mal später. Hunde dürfen für 1€ mit hinein ins Vergnügen (Stand Februar 2016). Ein Projekt, das fraglos unterstützenswert ist.
Integrationswerkstätten
gGmbH Niederlausitz, Tierpark
01968 Senftenberg, Steindamm 24
Telefon: +49 3573 36748622
www.tierpark-senftenberg.de

Weitere Tierparks für »mit Hund«

Heimattiergarten Fürstenwalde
Täglich ab 9:00 Uhr geöffnet
Hunde: 0,50€ (Stand Februar 2016)
15517 Fürstenwalde
Dr.-Wilhelm-Külz-Straße 10b
Telefon: +49 33 61 45 41
heimattiergarten-fuerstenwalde.de
Heimattierpark Dahme/Mark
Täglich geöffnet
Eintritt frei, Hunde erlaubt
7,5 überschauliche Hektar
15936 Dahme, Trift
Telefon: +49 35451 98133
www.tierparkdahme.de

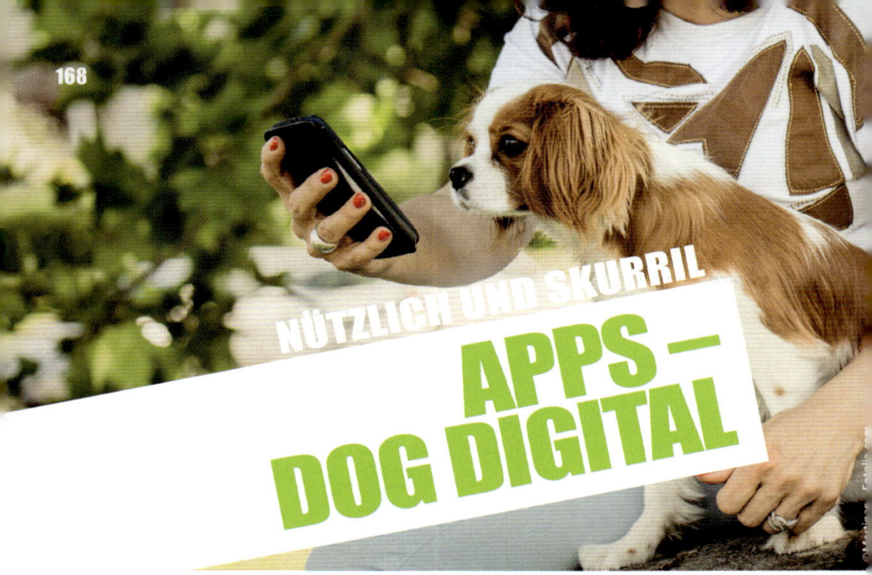

NÜTZLICH UND SKURRIL

APPS – DOG DIGITAL

Wenn Du mal Zeit und Langeweile hast, dann gib doch mal in dem App-Store Deines Vertrauens den Suchbegriff Hund ein und dann: viel Spaß. Unglaublich, was da alles angeboten wird. Einiges bringt mich zum Schmunzeln, anderes zum Zweifeln und wieder anderes macht mir Angst. Spielen Hundebesitzer wirklich mit dem »Hund Überlebenssimulator« und lassen einen digitalen Dobermann auf alle möglichen »Gefahren« loskrachen? Oder spielen Hundehalter ihren Vierbeinern Töne aus der Hundegebell-App vor? Wer braucht so etwas? Darüber hinaus gibt es auch Applikationen, die den Besuch beim Arzt überflüssig machen. Kann man alles spielen. Laut Beschreibung, deren schlechte Übersetzung ins Deutsche wie so oft viel Interpretationsspielraum zulässt, heißt es (O-Ton): »Wählen Sie aus 4 entzückende Kinder. Tippen Sie auf, um verschiedene Werkzeuge auswählen. Scheren, Injektionen, Bandagen und mehr. Design – mit schönen Grafiken. Sehr glatte spielen« was auch immer das heißen mag.

Aber es gibt auch Apps für Zwei- mit Vierbeinern, die echt Spaß machen und durchaus Sinn ergeben. Ein paar möchten wir Dir hier vorstellen.

Dog's Places

Wie der Name schon sagt, finde ich in dieser Anwendung, Orte, die von Interesse sein könnten. Das geht von Hundewiesen über Hundestrände bis hin zu Einkaufstipps und Tierärzten in meiner Nähe. Die App ist gut programmiert und einfach zu bedienen. Beispielsweise kann ich aus den Adressdaten hinaus gleich den betreffenden Kontakt anrufen. Da jeder Hundebesitzer seine Lieblingsplätze selber dort eintragen kann, wächst diese App stetig. Aktuell gibt es die Kategorien Gassi gehen und spielen, Dogbag und Hundeklo, hundefreundlich unterwegs, Betreuung und Pflege, Shopping, Ausbildung und Training, Tiermedizin sowie vieles andere (Tierfotograf, Tiefriedhof, Tierheim).

Daten: 7,58 MB, angeboten von meeting elements gmbH, Preis: gratis

Mydog 365

»Für diese App wird dein Hund dich lieben« versprechen die Programmierer von My Dog 365. Weiter wird erklärt, dass zertifizierte Hundetrainer dem App-Besitzer täglich wertvolle Tipps und Ideen liefern, was dieser mit seinem Hund üben oder trainieren kann. Die Anleitungen sind teilweise per Videoanleitungen und dienen der Abwechslung und sinnvollen Beschäftigung. Der ein oder andere Trick zum Angeben auf der Hundewiese ist selbstverständlich auch dabei. Auf der Internetseite mydog365.de findest Du außerdem ein liebevoll gestaltetes Blog mit einigen interessanten Artikeln.

Daten: 32,59 MB, angeboten von TopDogs Media OHG, Preis: gratis

Hundeführerschein des DHVE

Seit Jahren wird in Berlin über den Hundeführerschein diskutiert. Wir schreiben das Jahr 2016 und aktuelle Meldungen beteuern glaubhaft: der kommt. Damit Du Dich gut vorbereiten kannst, gibt es auch dafür die passende App. Es handelt sich um eine Lernkarten-App, die mitdenkt. Fragen, die Du fehlerfrei beantwortest, werden nach hinten geschoben. Fragen, an denen Du Dir die Zähne ausbeißt, bekommst Du immer wieder gestellt. Du darfst Dich auf fünf Kategorien mit 220 Fragen freuen. Diese drehen sich um rechtliche Themen, Hundehaltung im Einklang mit dem Tierschutz, Erziehung und Ausbildung von Hunden, Sozialverhalten von Caniden, und das Erkennen und Beur-

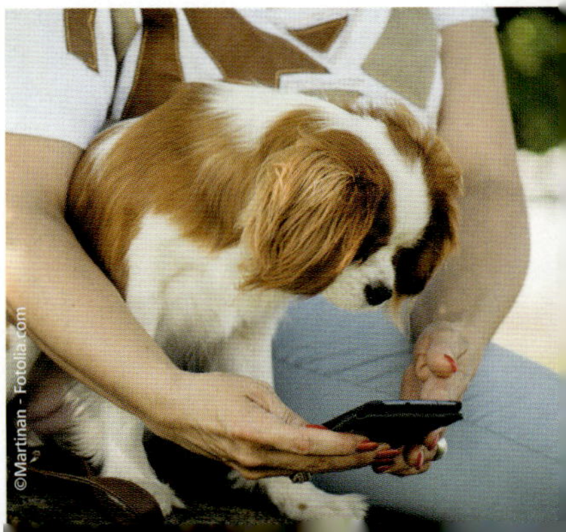

©Martinan - Fotolia.com

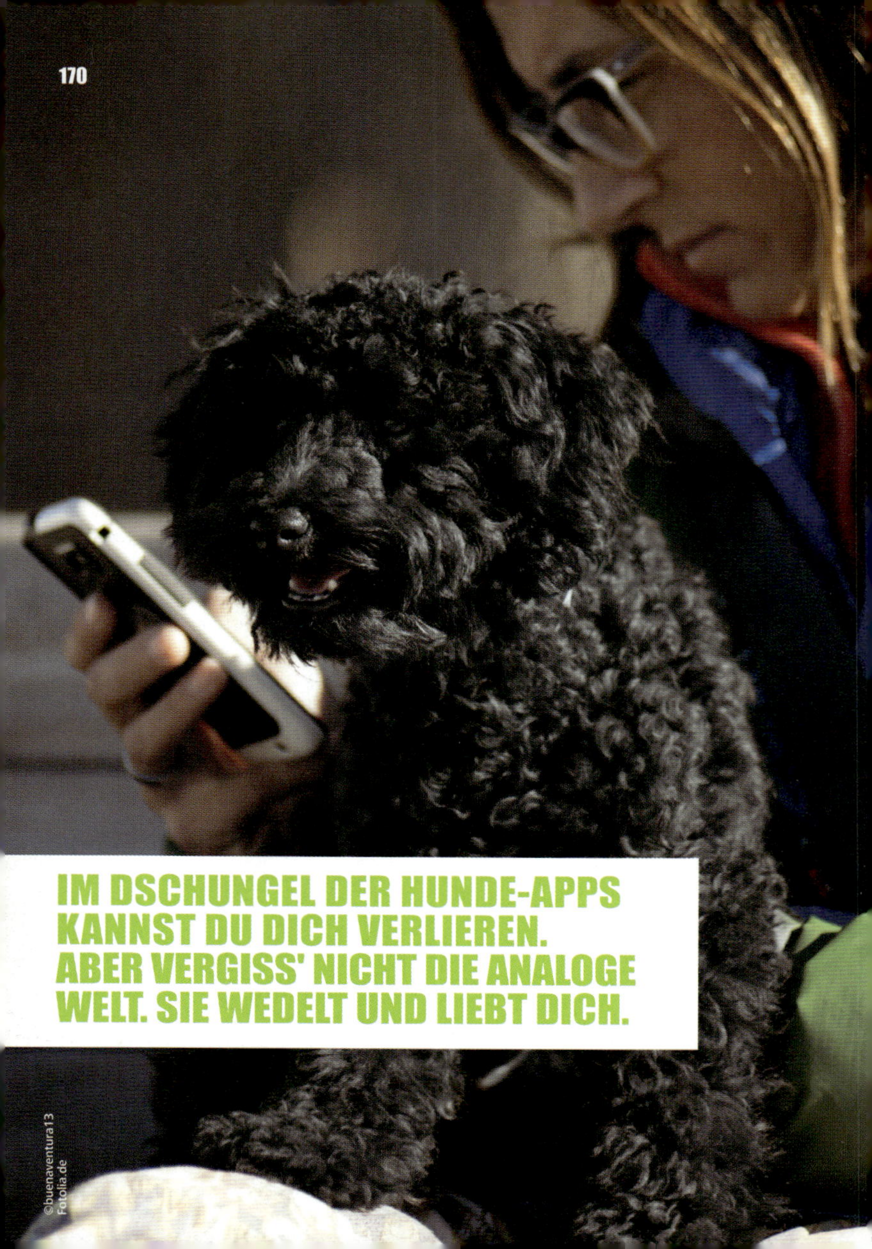

IM DSCHUNGEL DER HUNDE-APPS
KANNST DU DICH VERLIEREN.
ABER VERGISS' NICHT DIE ANALOGE
WELT. SIE WEDELT UND LIEBT DICH.

teilen von Gefahrensituationen. Und wenn Du alle Antworten auf dem Kasten hast, dann steht der erfolgreich absolvierten Prüfung ja nichts mehr im Weg. Wenn sie denn kommt. Wann auch immer.
Daten: 6,44 MB, angeboten von mobivention, Preis: gratis

Dog Whistle – Hundepfeife

Man soll ja nicht von sich auf andere schließen. Daher möchte ich hier auch nicht verheimlichen, dass es diverse Apps gibt, die die Pfeife um den Hals des Hundehalters ersetzen. Bei der App Dog Whistle habe ich die Auswahl verschiedener Frequenzen. Ein Klick auf die gewünschte selbige und der Pfiff ertönt. Und zwar so lange, bis ich den Finger wieder vom Bildschirm nehmen. Nun kommt es natürlich auch auf das Handy und dessen Größe an, ob eine App praktisch ist oder nicht. Was mich stören würde, wäre die Tatsache, dass ich das Handy dabeihaben muss. Für mich ist eine Gassitour Entspannung und daher möglichst handyfrei. Und wenn das Ding schon dabei sein muss, dann am liebsten in der Tasche und nicht in der Hand. Oder gar baumelnd um den Hals, wo eine Hundepfeife nun mal hingehört. Sehr störend, aber das Problem haben ja alle gratis Apps, ist die ständige Werbung, die eingeblendet wird. Mitunter habe ich die noch nicht weggeklickt, aber der Hund ist bereits außer Dog Whistle Hörweite.
Daten: 3 MB, angeboten von Zbigi, Preis: gratis

Relax my Dog – Music for Dogs

»Who let the dogs out« suchst Du in dieser Playlist vergeblich. Hier geht es um Entspannung. Um einen entspannten Hund im Körbchen zu haben, kannst Du ihn bei einem ausgedehnten Spaziergang auslasten, Yoga oder Kontaktliegen praktizieren oder ihm etwas aus den Bereichen »Sleep Music«, »Playtime Music«, »Seperation Anxiety«, »Scared Kittens« und sogar »Pregnancy Music« vorspielen. Ich kann wirklich nicht sagen, ob das hilft. Meine Hunde sind zu Hause – Gott sei Dank – sowohl ohne Musik als auch mit »The Theme from Rocky« im CD-Player tiefenentspannt. Das haben wir geübt, lange geübt. Dafür gibt es bestimmt auch eine App. *zwinker*

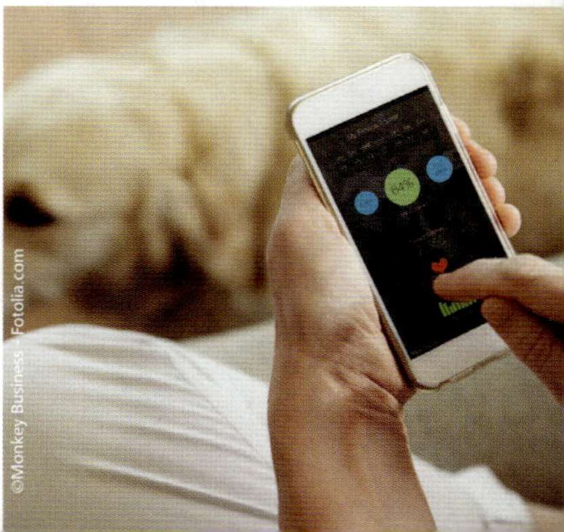
©Monkey Business - Fotolia.com

Normen Mrozinski

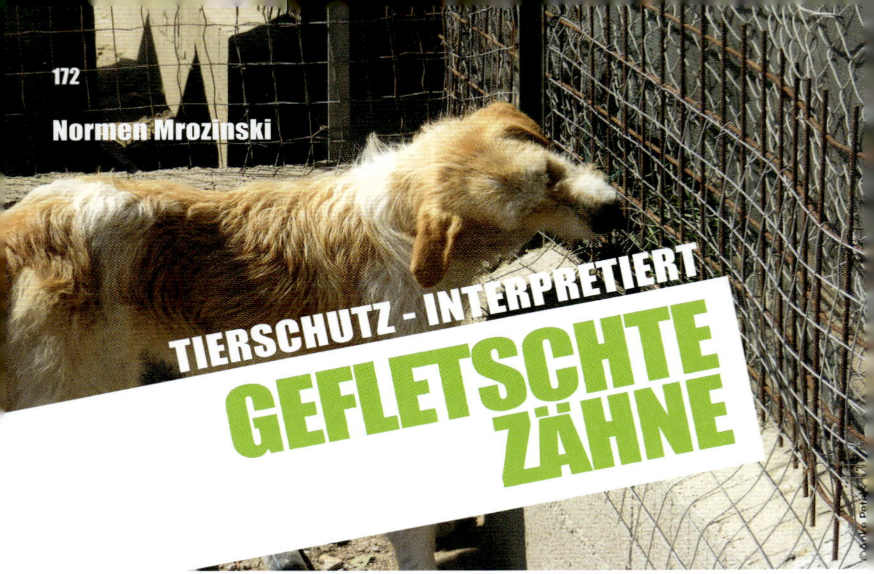

TIERSCHUTZ - INTERPRETIERT

GEFLETSCHTE ZÄHNE

»Niemand darf einem Tier ohne vernünftigen Grund Schmerzen, Leiden oder Schäden zufügen.« So steht's geschrieben, gleich im 1. Paragraphen des TierSchG. Worüber noch keine Einigkeit herrscht, sind die Fragen, was Schmerzen, Leiden und Schäden sind und vor allem, was ein vernünftiger Grund ist. Da gehen die Meinungen weit auseinander. Der tierliebe Mensch unterschreibt die Online-Kampagne gegen jeglichen 20-Stunden-Transport von Hühnern quer durch Europa, um sie günstig zu schlachten und bei Aldi für 1,99€ anbieten zu können. Anders verhält es sich wiederrum, wenn es Hunde sind, die 20 Stunden quer durch Europa gefahren werden. Dafür gibt es schließlich einen guten Grund. Die Hundies werden ja gerettet. Und selbstredend weiß der moderne Straßenhund von Welt, dass er in das Land, in dem Milch und Honig fliessen, befördert wird, während das dumme Huhn den nahenden Tod direkt vor Augen wähnt. Ein weiterer vernünftiger Grund, Schmerzen, Leid und Schäden beim Hund in Kauf zu nehmen, ist die Eitelkeit modebewusster Hundefreunde. So eine schicke, krummbeinige Qualzucht macht sich einfach prima, sieht witzig aus, ist teuer und auffälliger als das neueste Smartphone. So ein kleiner Kurznasiger zum Beispiel hat den Vorteil, dass jeder selbst bei absoluter Dunkelheit mitbekommt, dass man so ein Accessoire sein Eigen nennt.

Er schnorchelt so witzig vor sich hin. Dass so ein Racker kaum in der Lage ist zu atmen und gerne mal nach dem Fressen umfällt, nimmt man gern in Kauf. Dafür gibt es Spezialfutter und OPs. Und die moderne Veterinärmedizin macht möglich, dass sich die Tierchen trotz viel zu schmaler Becken, zu kurzer Beine und zu großen Köpfen sogar fortpflanzen können. Naja, künstliche Befruchtung und späterer Kaiserschnitt vorausgesetzt. Aber immerhin. (…) Dass jegliche Form wie auch immer gearteter Körperlichkeit ganz klar einen Verstoß gegen §1 TierSchG darstellt, haben wir ja inzwischen gelernt.

Nun gibt es aber eine Menge Menschen, die schon den direkten Blickkontakt als Gewalteinwirkung und ein »Nein« als inakzeptables Bedrohungsszenario ansehen und sich dementsprechend erheiternde Methoden haben einfallen lassen, mittels virtuellen Erdbeertees und Flickendecke die absolute Harmonie in die Mensch-Hund-Beziehung zu säuseln. So wird aus dem Kommando ein Wunsch, weil Kommando schon so klingt, als würden gleich die Stachelwürger ausgepackt. Jetzt bin ich ja ein lernfähiges Kerlchen und möchte nicht in den Verdacht geraten, ich wäre einer dieser Tierquäler. Also habe ich mit meinen Hunden den Selbstversuch gemacht (…). Hat nicht geklappt, aber war wohl klar. Wie eine junge Frau bei Facebook schrieb, man muss sich darauf einlassen können. (…). Ich glaube, meine Hunde mögen's eher direkt. Alttestamentarisch! Betrittst du mein Grundstück, bist Du fällig. Auge um Auge. Legst Du deinen Kopf auf, gibt's einen auf die Mütze. Markierst Du in mein Revier. BÄM. Die neuesten wissenschaftlichen Erkenntnisse friedliebenden Miteinanders sind ihnen augenscheinlich fremd, Regeln der Gastfreundschaft auch. Und Teilen erst recht. Sie sind halt Hunde und so behandeln sie ihr Gegenüber. Hart aber herzlich. Gerade noch wild geprügelt, jetzt schon wieder Kontaktliegen auf dem Sofa. Und damit komme ich wieder zu der Frage nach den Schmerzen, Leiden und Schäden. Und nach dem vernünftigen Grund. Denn, wenn man sich die Mühe macht, dieses Gesetz weiter als bis §1 zu lesen, stösst man gleich in §2 auf folgende bemerkenswerte Formulierung.

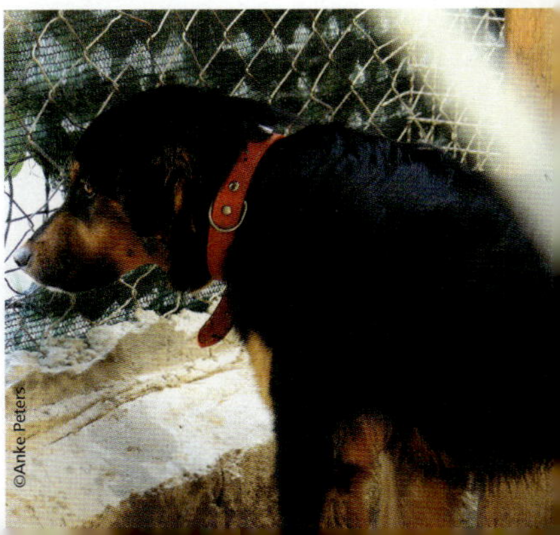
©Anke Peters

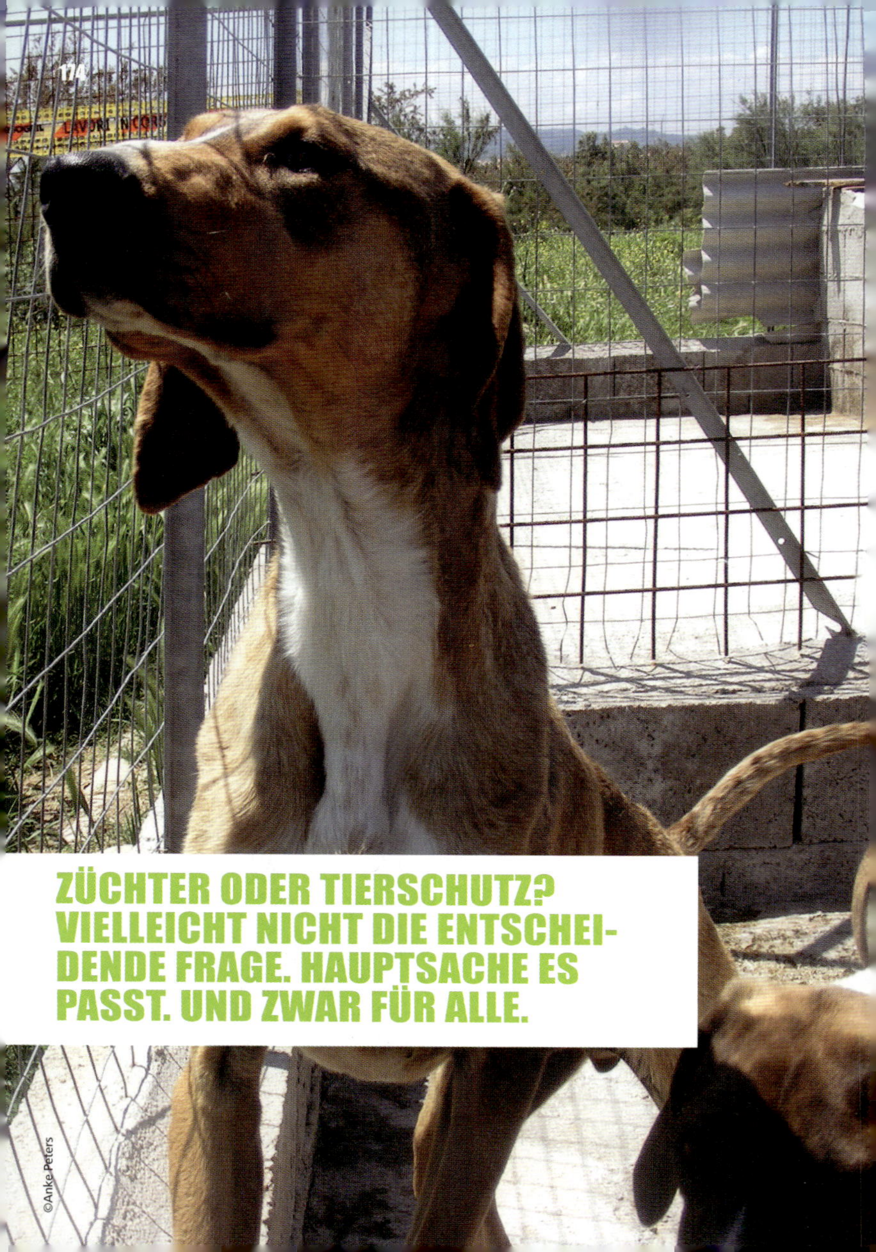

ZÜCHTER ODER TIERSCHUTZ? VIELLEICHT NICHT DIE ENTSCHEIDENDE FRAGE. HAUPTSACHE ES PASST. UND ZWAR FÜR ALLE.

Wer ein Tier hält, betreut oder zu betreuen hat,

1. muss das Tier seiner Art und seinen Bedürfnissen entsprechend angemessen ernähren, pflegen und verhaltensgerecht unterbringen,
2. darf die Möglichkeit des Tieres zu artgemäßer Bewegung nicht so einschränken, dass ihm Schmerzen oder vermeidbare Leiden oder Schäden zugefügt werden,
3. muss über die für eine angemessene Ernährung, Pflege und verhaltensgerechte Unterbringung des Tieres erforderlichen Kenntnisse und Fähigkeiten verfügen.

Verhaltensgerecht heißt das Zauberwort. Und artgemäß. (...). Gibt es einen vernünftigen Grund dafür, Hunde wie kleine Kinder zu behandeln, die sie nicht sind? Was mittlerweile sogar so weit führt, dass sich Befürworter der gewaltfreien Erziehung genötigt sehen, sich von diesem Dummquatsch öffentlich zu distanzieren. Ist es keine dauerhafte Qual für einen Hund, wenn man nicht verhaltensgerecht mit ihm kommuniziert? Wenn man ihn nicht wie einen Hund behandelt? Wenn man ihm Probleme unterstellt, die er gar nicht hat und Lösungen bastelt, die er nicht versteht? Ist es nicht unfair, wenn man zum Zwecke des eigenen Wohlgefühls den Hund an schwierige Situationen vorbeitrickst, anstatt ihm die Chance zu geben, daran zu wachsen? Verursacht es nicht dauerhafte Schäden, wenn man dem Hund sein Wesen und seine Art verbietet, nur damit es immer schön harmonisch bleibt? Und, ist es nicht tierschutzrelevant, den Hund mit Leckerchen vollzustopfen, anstatt sich selber in die Beziehung einzubringen? »Niemand darf einem Tier ohne vernünftigen Grund Schmerzen, Leiden oder Schäden zufügen.« So steht es im Tierschutzgesetz.

Normen Mrozinski, »Der Revoluzzer unter den Hundetrainern«
www.nomro.de

Tierschutzvereine

Berliner Tiertafel e.V.
12437 Berlin, Mörikestraße 15
www.tiertafel.org

Letzte Zuflucht
Tierschutz- und Gnadenhof e.V.
16269 Bliesdorf, OT Kunersdorf
Waldweg, www.letztezuflucht.com

Tieroase am Regenbogen e.V.
15838 Am Mellensee
Klausdorfer Chaussee 8
www.tieroaseamregenbogen.de

NiemandsHunde e. V.
Geprüfte Organisation seit 2008
nach §11 Tierschutzgesetz
50259 Pulheim, Wupperstraße 46
www.niemandshunde.de

ÜBERSICHT GASSI-WEGE

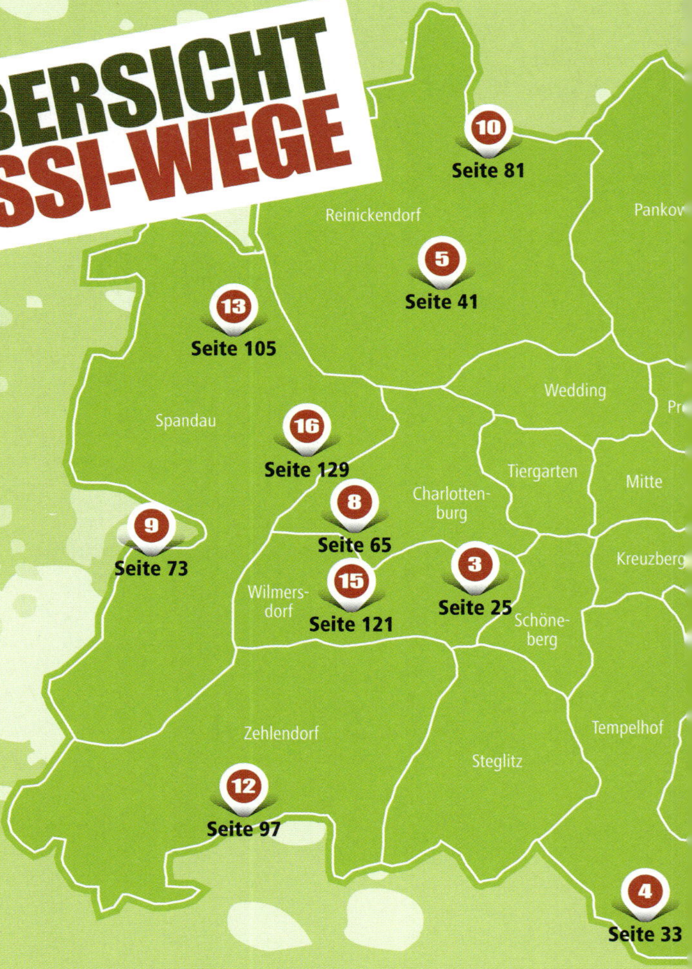

Berlin

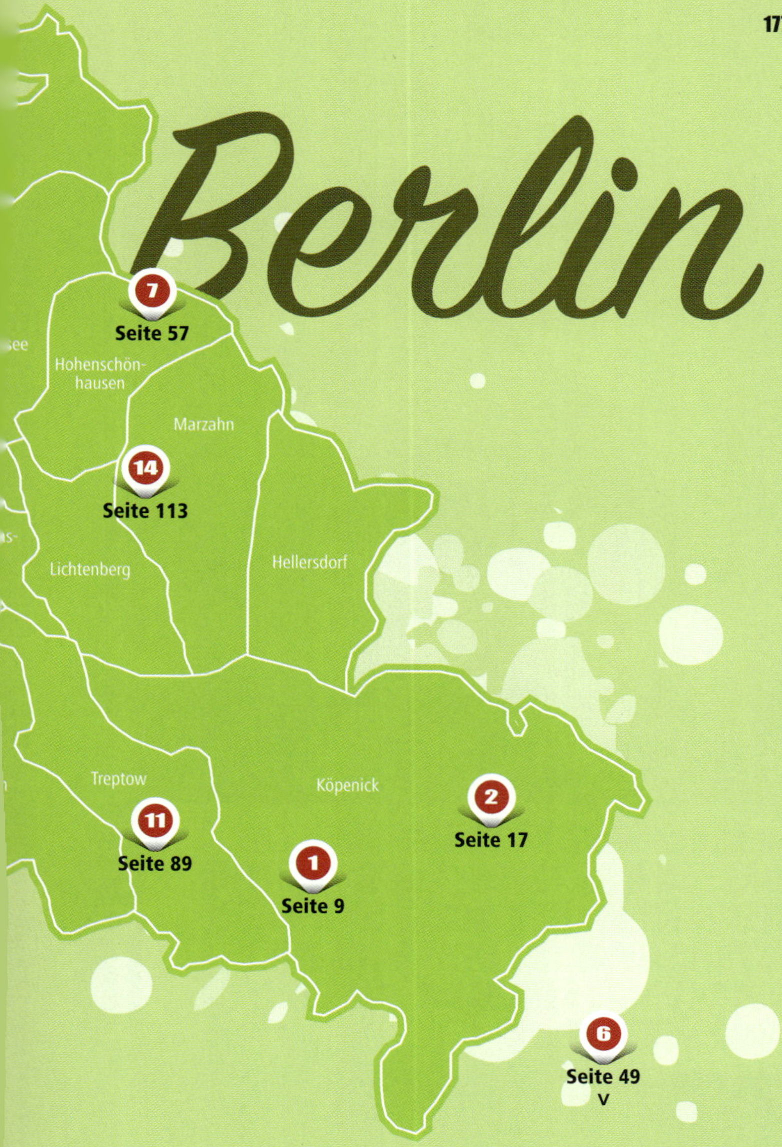
7
Seite 57
Hohenschön-
hausen
Marzahn
14
Seite 113
Lichtenberg
Hellersdorf
Treptow
Köpenick
2
Seite 17
11
Seite 89
1
Seite 9
6
Seite 49

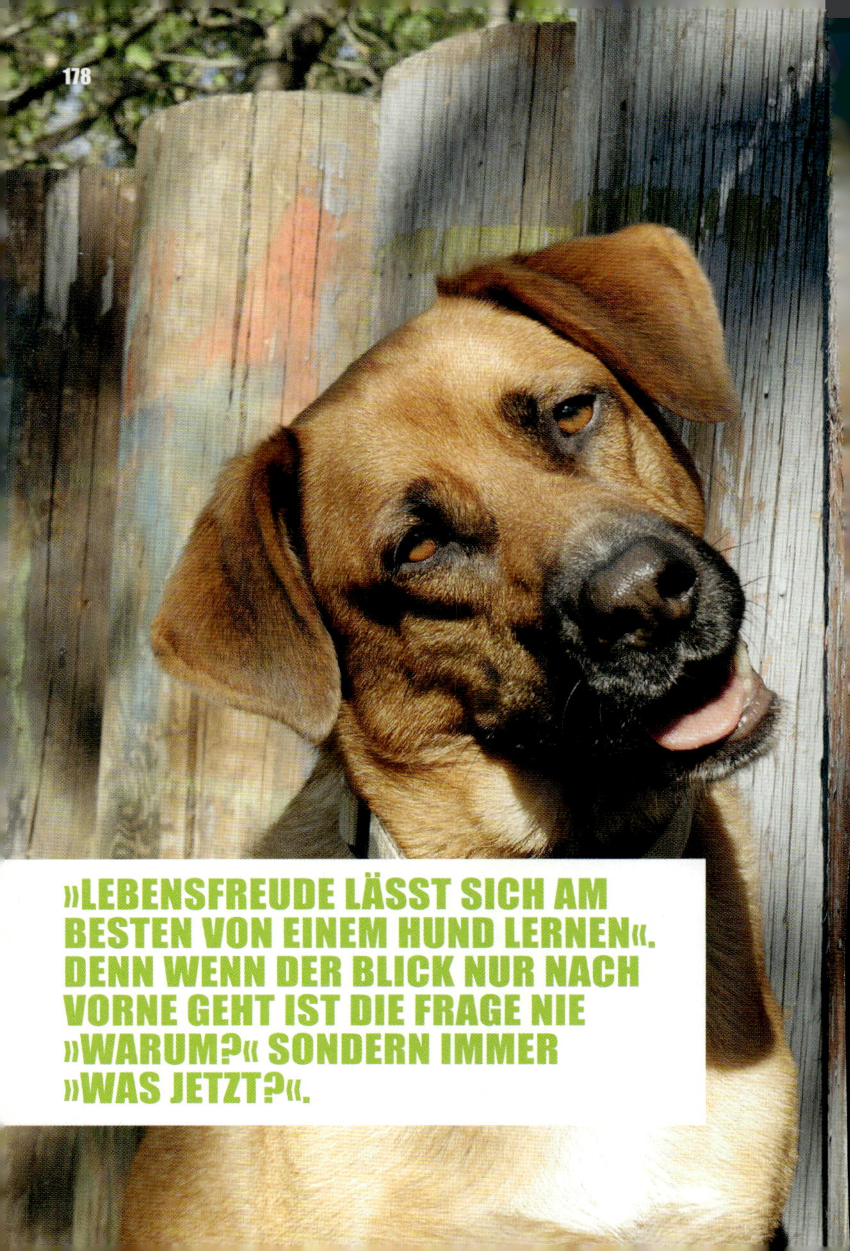

»LEBENSFREUDE LÄSST SICH AM BESTEN VON EINEM HUND LERNEN«. DENN WENN DER BLICK NUR NACH VORNE GEHT IST DIE FRAGE NIE »WARUM?« SONDERN IMMER »WAS JETZT?«.